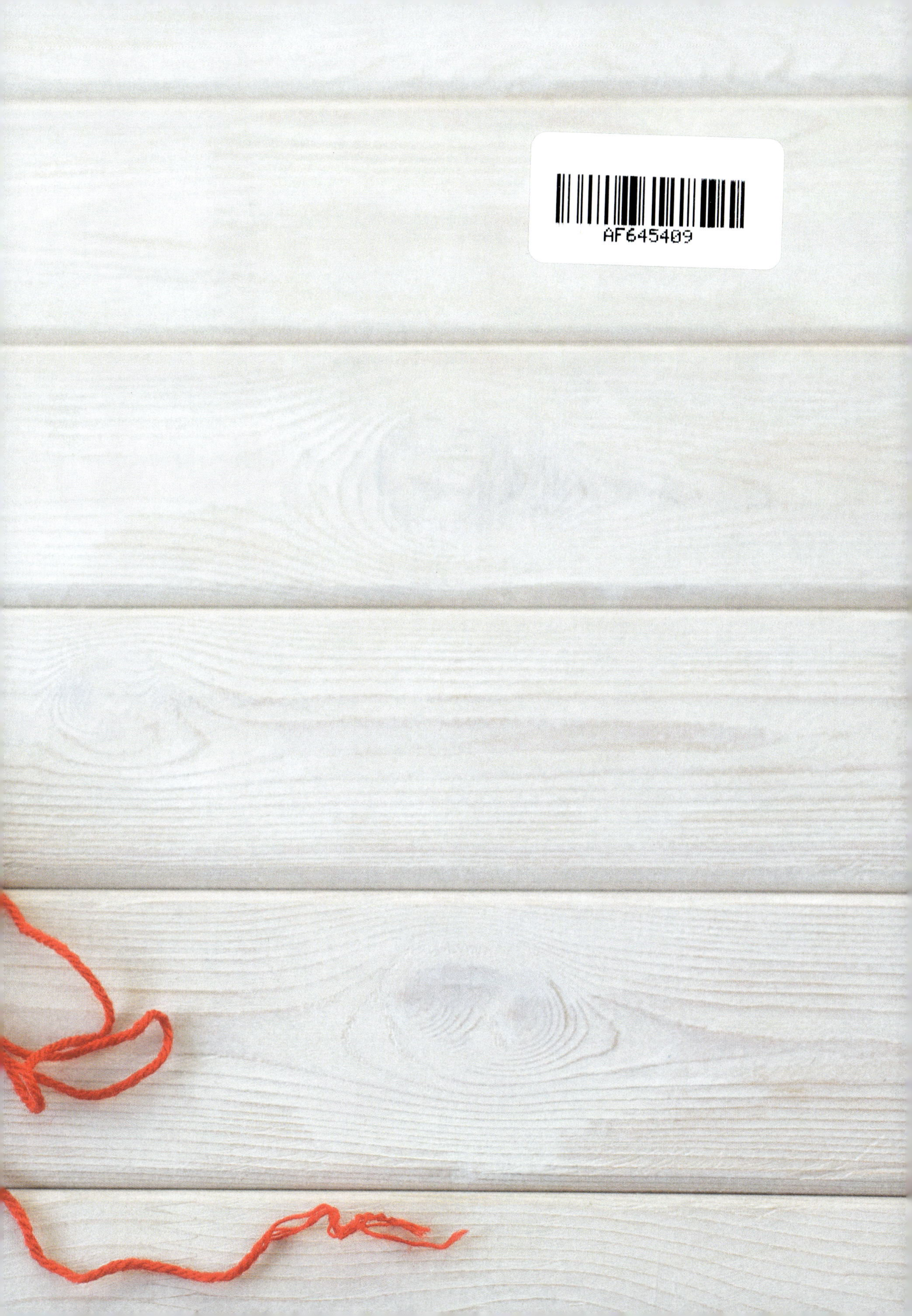

Emma Kaspar

RAGLAN VON OBEN stricken

Pullis ohne Nähte als RVO

CV

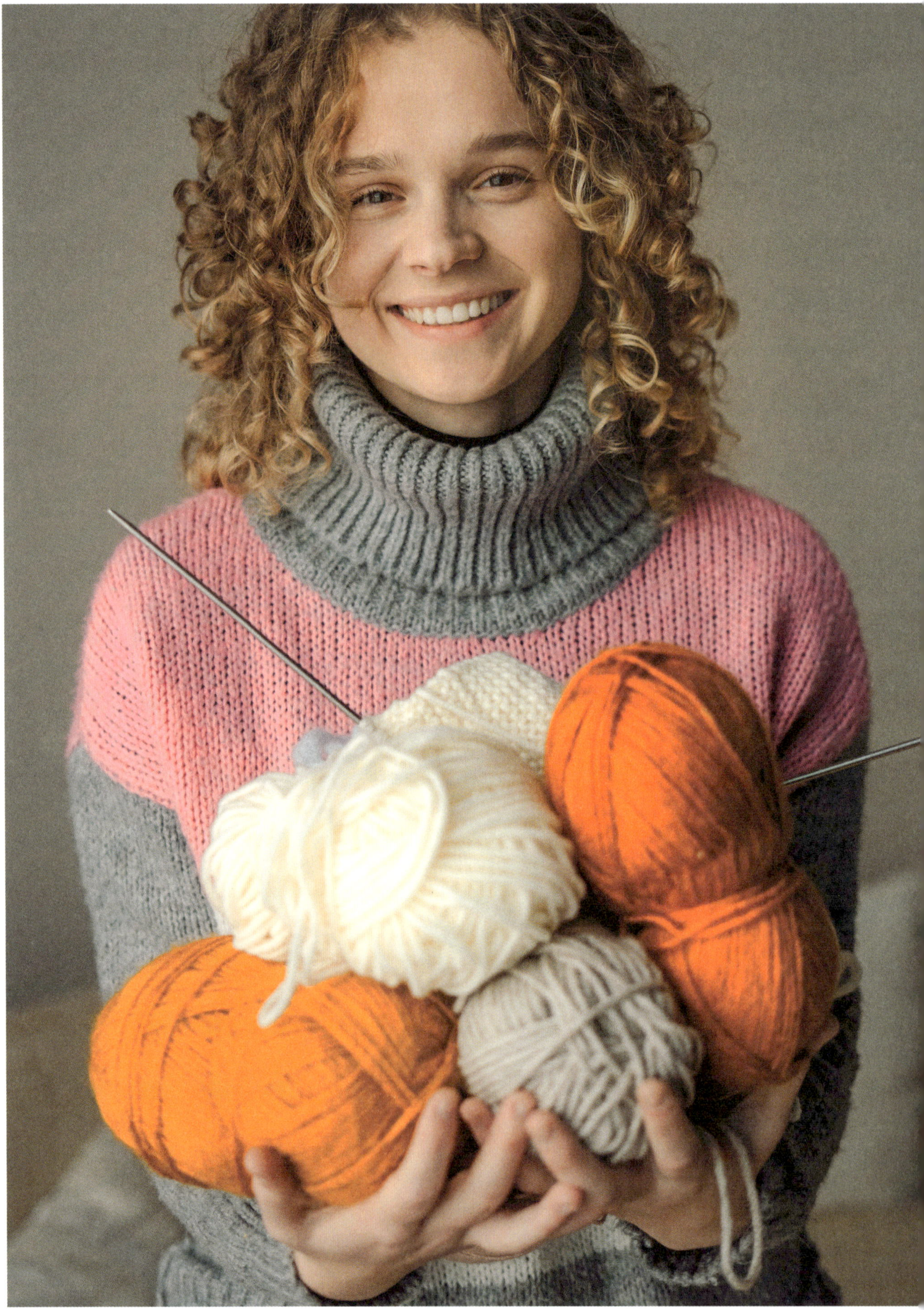

Editorial

Schön, dass du da bist!

Bist du bereit für ein neues Strickabenteuer?

Dann verlieb dich Hals über Kopf in die faszinierende Technik des Top-Down-Strickens. Ob als „RVO", „Top Down" oder „Raglan von oben" bezeichnet: Diese neue Strickerfahrung wird dein Leben für immer verändern und vermutlich wirst du nie wieder Pullover oder Jacken zusammennähen wollen.

Mach dich bereit, die Nadeln zu schwingen und einzigartige, maßgeschneiderte Meisterwerke zu schaffen. Die Vorteile liegen klar auf der Hand: Anprobe leicht gemacht während des Entstehungsprozesses, schnelle Erfolgserlebnisse, perfekt für Einsteiger*innen, kein Zusammennähen von Einzelteilen und Passgenauigkeit, die begeistert.

Mit dieser innovativen Strickmethode bringst du deine Kreationen auf das nächste Level:

von der Inspiration zur Perfektion, von der Wolle zum Wow-Faktor!

Inhalt

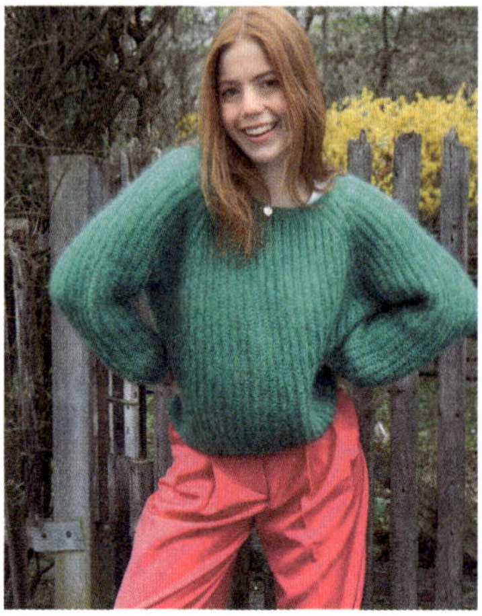

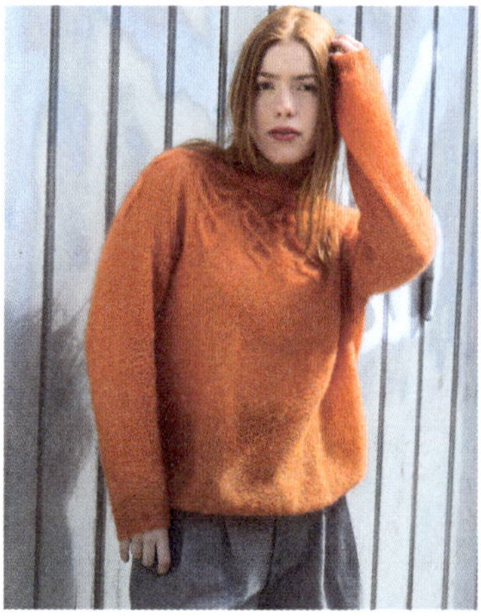

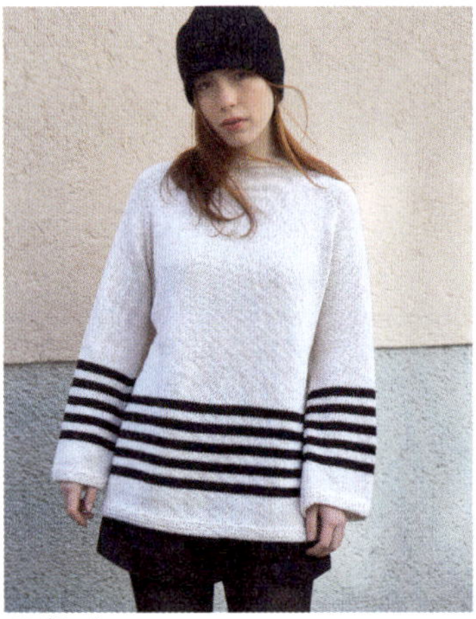

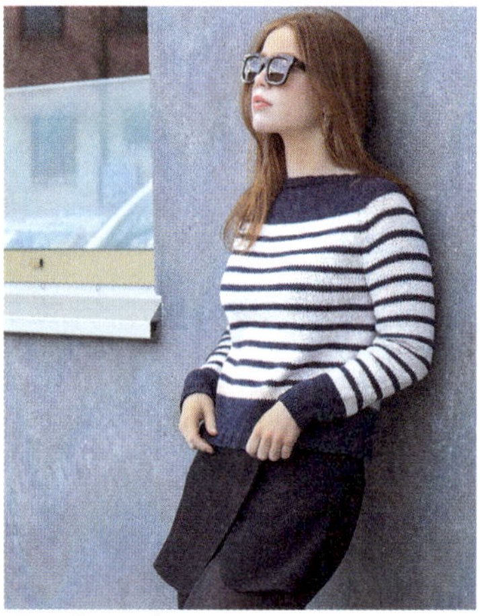

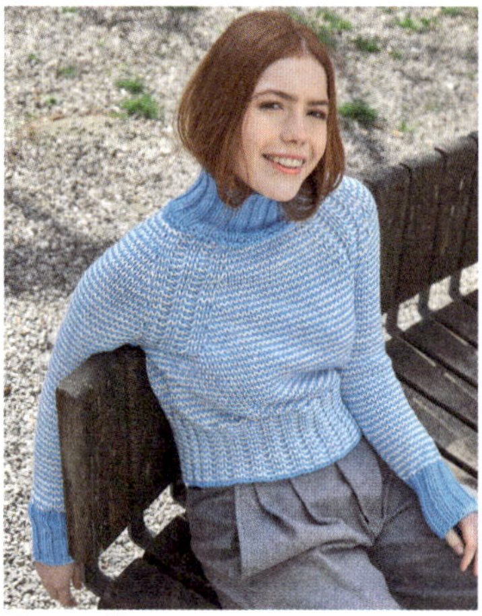

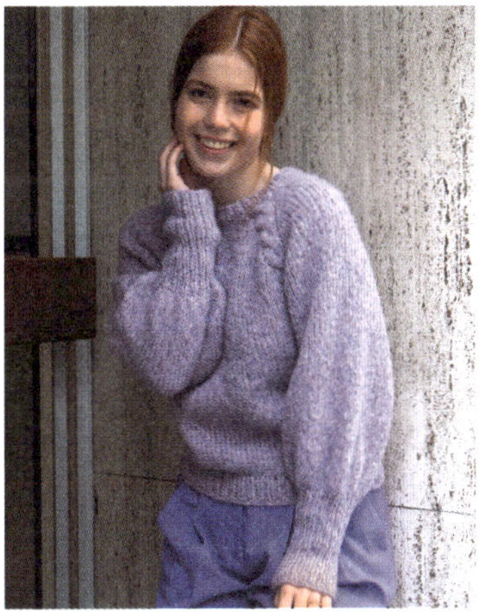

Svenja Seite 26 – 33

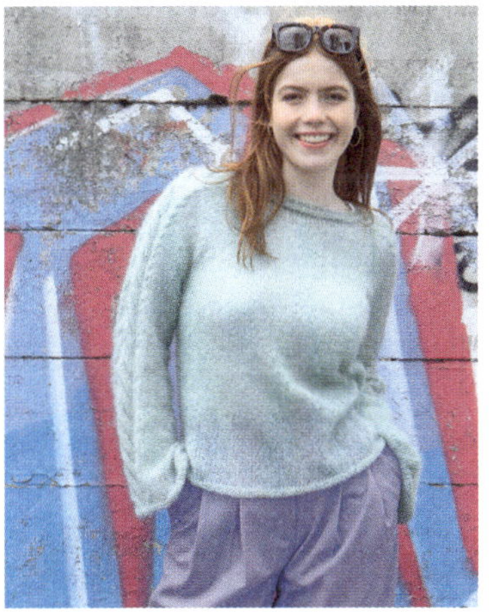

Ilvy Seite 34 – 41

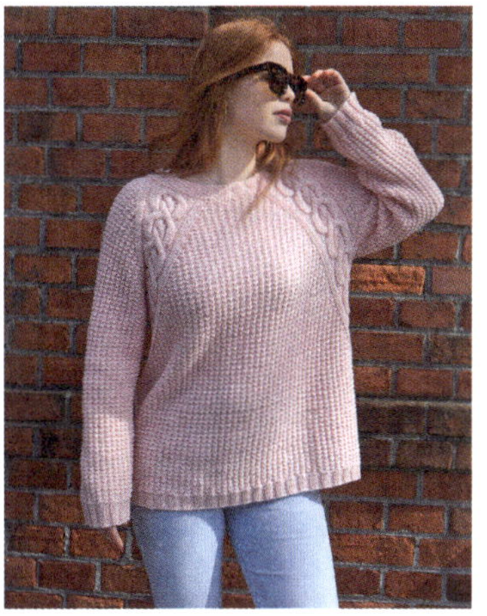

Enid Seite 42 – 49

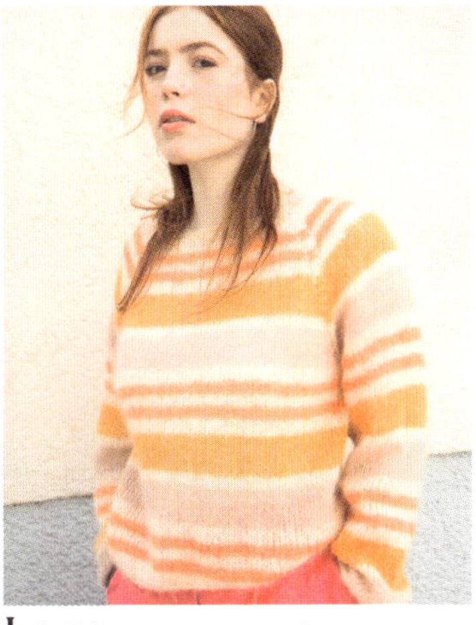

Lena Seite 60 – 67

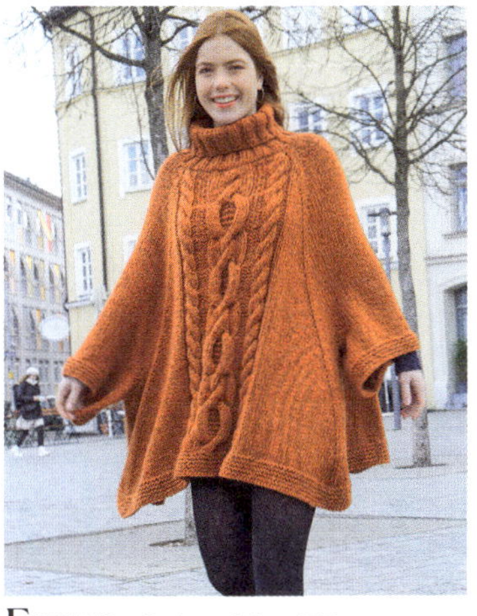

Freya Seite 68 – 75

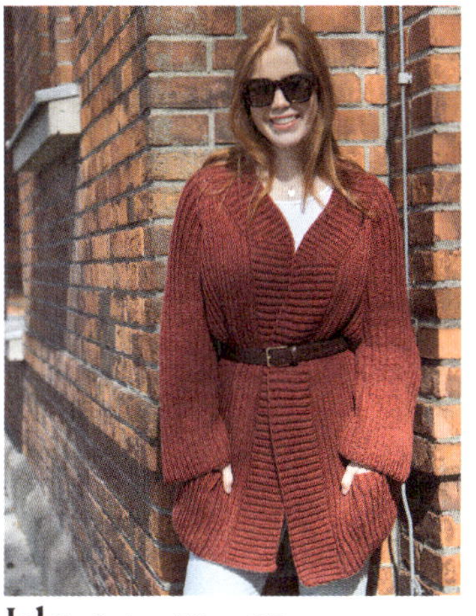

Ida Seite 76 – 83

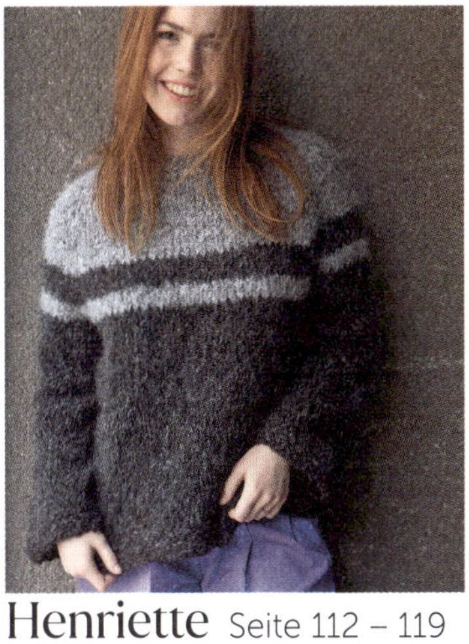

Henriette Seite 112 – 119

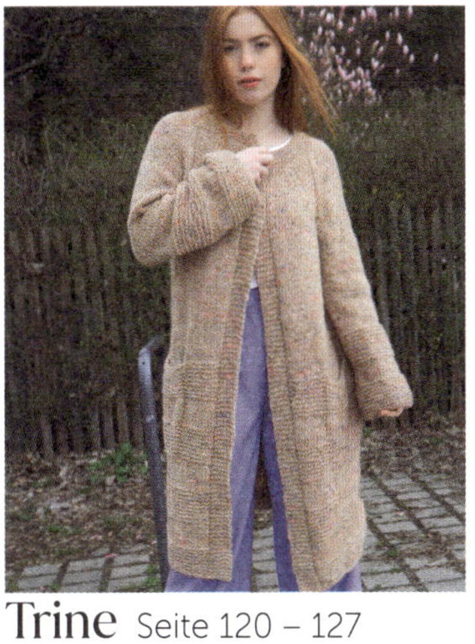

Trine Seite 120 – 127

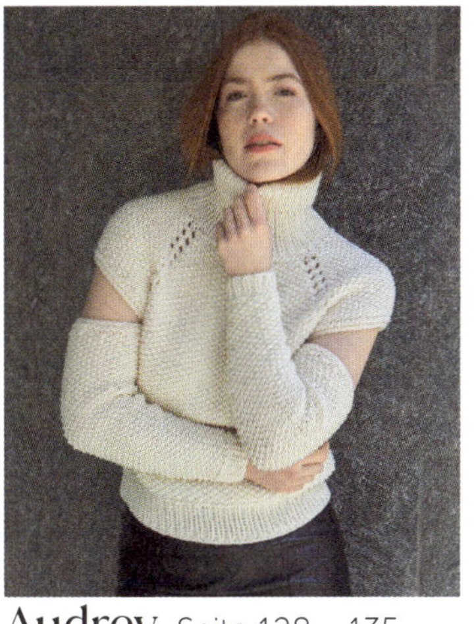

Audrey Seite 128 – 135

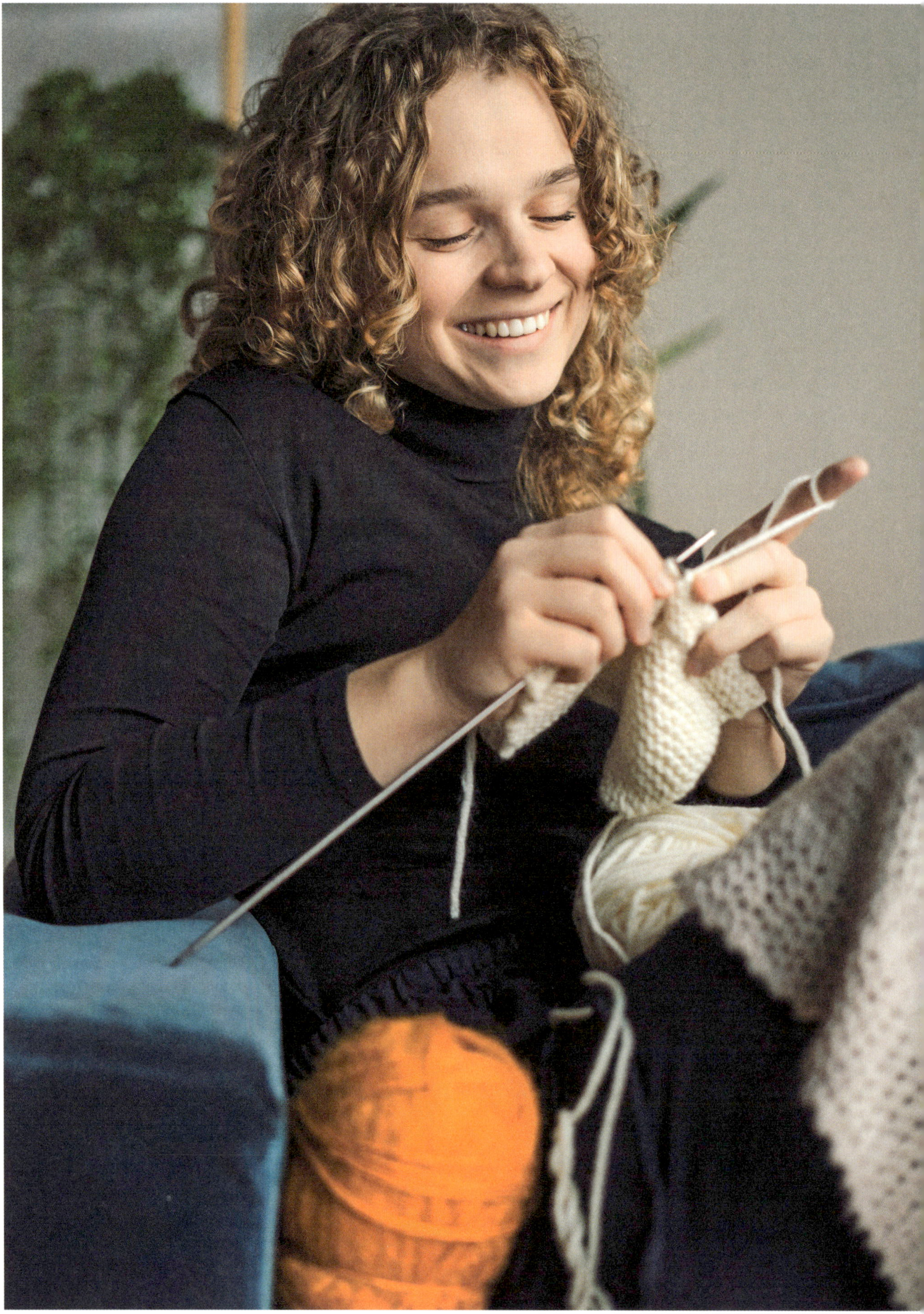

Was ist dran am Hype?

ENTDECKE DIE MAGIE DES TOP-DOWN-STRICKENS: PERFEKTE PASSFORM, GRENZENLOSE KREATIVITÄT!

Was ist dran am Mega-Hype RVO? Top-Down-Stricken kann ein paar unschlagbar gute Argumente für sich verbuchen.

Meisterhafte Passform

Schluss mit Kompromissen bei der Passform deiner Strickstücke. Unsere Top-Down-Methodik ermöglicht es dir, von oben nach unten zu stricken und gleichzeitig die Kontrolle über die perfekte Passform zu behalten. Beginne am Hals und arbeite dich nach unten, während du die Passform in jeder Phase präzise kontrollierst. Kein lästiges Raten, wie lange der Körper oder die Ärmel sein sollten – du bestimmst es! Du kannst jederzeit eingreifen und die Länge oder die Weite individuell verändern und während des Entstehungsprozesses eingreifen.

Schnelle Erfolgserlebnisse

Top-Down-Stricken bedeutet mehr Tempo und weniger Frust. Du siehst rasche Fortschritte, was dein Selbstvertrauen stärkt und dich dazu inspiriert, noch mehr zu schaffen. Runde für Runde oder Reihe für Reihe nimmt dein Meisterstück Form an und du siehst, wie ein fertiger Pulli oder eine Jacke entsteht, statt Einzelteile zu stricken, die du erst am Ende zu einem Kleidungsstück zusammensetzen kannst. Keine Überraschungen: Du siehst den Fortschritt und kannst ihn beeinflussen.

Perfekt für jedes Skill-Level

Egal, ob du ein Strickprofi oder ein*e Anfänger*in bist – Top-Down bietet eine super einfache Methode, die auch erfahrene Stricker*innen begeistert. Einsteigen und loslegen war noch nie so einfach! Schon mit Grundkenntnissen von rechten und linken Maschen kannst du individuelle und perfekt konstruierte Kleidungsstücke schaffen. Erfahrene Stricker*innen toben sich bei herausfordernden Mustern aus. Die einzige Grenze ist deine eigene Neugier!

Keine Naht, kein Stress

Genieße lieber das Stricken und verzichte auf die lästige Näharbeit. Mit Top-Down entsteht ein nahtloses Kleidungsstück, das nicht nur makellos aussieht, sondern auch deinen Stolz und deine Freude steigert. Wer vernäht schon gerne Fäden?

Dein Stil, deine Regeln

Mit Top-Down bist du der Designer. Bringe deinen einzigartigen Stil ein, experimentiere mit Farben, Texturen und Mustern, während du in Echtzeit siehst, wie dein Meisterwerk wächst. Die Möglichkeiten sind endlos. Egal, ob du den klassischen Charme oder den modernen Chic bevorzugst oder es lieber gemütlich magst – alles kann, nichts muss!

Gut zu wissen

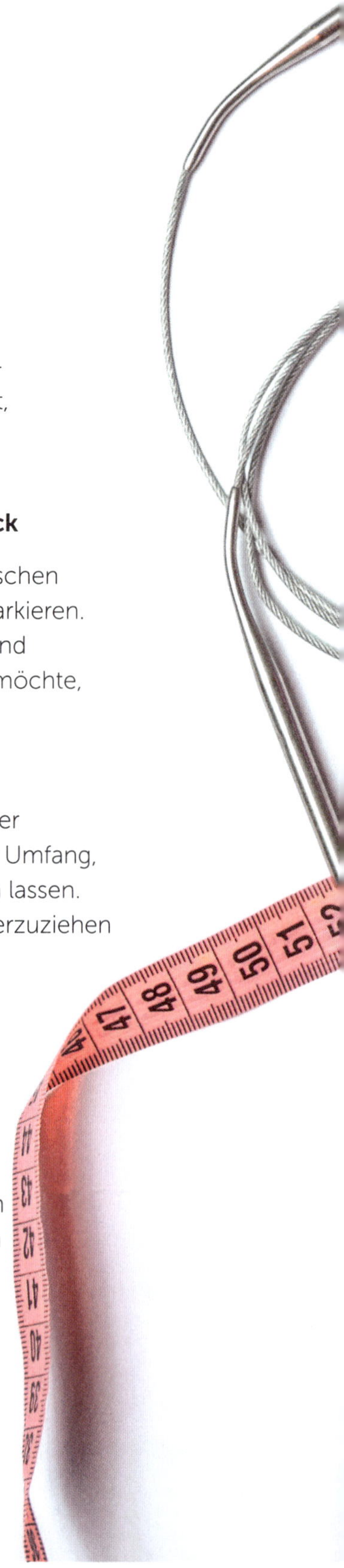

DAS RICHTIGE HANDWERKSZEUG ERLEICHTERT DIE ARBEIT.

Eine Maschenprobe ist alles andere als überflüssig

Mach unbedingt vor dem Start eine Maschenprobe und halte diese ein. Der Vorteil des RVOs kann – wenn die Maschenprobe nicht passt – schnell zu Enttäuschungen führen. Da du von oben nach unten strickst, merkst du unter Umständen erst recht spät, wenn die Passe zu eng oder zu weit ausfällt.

Mit Maschenmarkierern und Reihenzählern behältst du den Überblick

Gerade wenn du noch nicht ganz so geübt bist, hilft es, die Raglan-Maschen sowie die Übergänge von Vorder- und Rückenteil zu den Ärmeln zu markieren. Mit einem Reihenzähler behältst du deine Zunahme-Runden im Blick und kannst nichts vergessen. Wer kein zusätzliches Equipment anschaffen möchte, kann sich mit Wollfäden und der guten alten Strichliste behelfen.

Vertrauen ist gut, Kontrolle ist besser

Auch wenn die Maschenprobe passt, ist es hilfreich, zwischendrin immer mal wieder zu messen. Der große Vorteil beim RVO ist ja, dass sich der Umfang, die Ärmel- und Rumpflänge sowie die Passenhöhe individuell anpassen lassen. Ab einer gewissen Länge ist es auch möglich, den Pulli einfach mal überzuziehen und zu schauen, ob alles so sitzt, wie du es dir für deinen Lieblingspulli erträumt hast.

Nadelsalat adé

Bei den Anleitungen ist jeweils nur die erforderliche Nadelstärke angegeben, nicht aber die Längen und die Art der Nadel. Egal, ob du in Runden bei Pullovern und Pullundern oder in Reihen bei Jacken und Mänteln strickst, du benötigst immer Rundnadeln in verschiedenen Längen. Wechsel bei entsprechender Maschenzahl zur nächstgrößeren oder -kleineren Nadel oder bei engen Bündchen oder Rollkragen zu einem Nadelspiel. Besonders gut geeignet sind Modulsysteme aus Nadelspitzen und Seilen, die individuell kombiniert werden können oder auf denen durch anzuschraubende Stopper-Enden Maschen stillgelegt werden können. Diese Module sind nicht ganz billig, aber die Anschaffung lohnt sich.

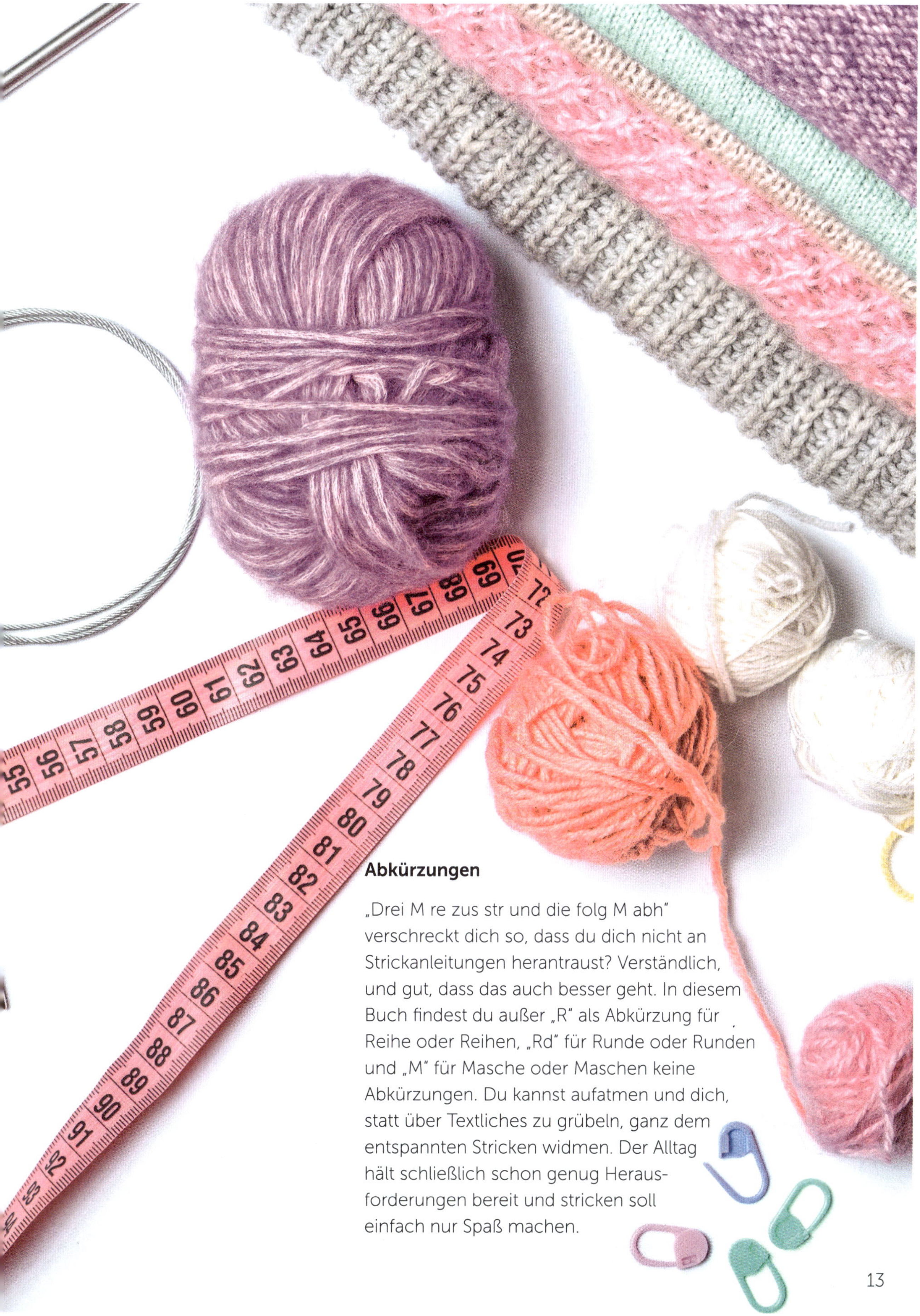

Abkürzungen

„Drei M re zus str und die folg M abh" verschreckt dich so, dass du dich nicht an Strickanleitungen herantraust? Verständlich, und gut, dass das auch besser geht. In diesem Buch findest du außer „R" als Abkürzung für Reihe oder Reihen, „Rd" für Runde oder Runden und „M" für Masche oder Maschen keine Abkürzungen. Du kannst aufatmen und dich, statt über Textliches zu grübeln, ganz dem entspannten Stricken widmen. Der Alltag hält schließlich schon genug Herausforderungen bereit und stricken soll einfach nur Spaß machen.

RVO – wie geht das eigentlich?

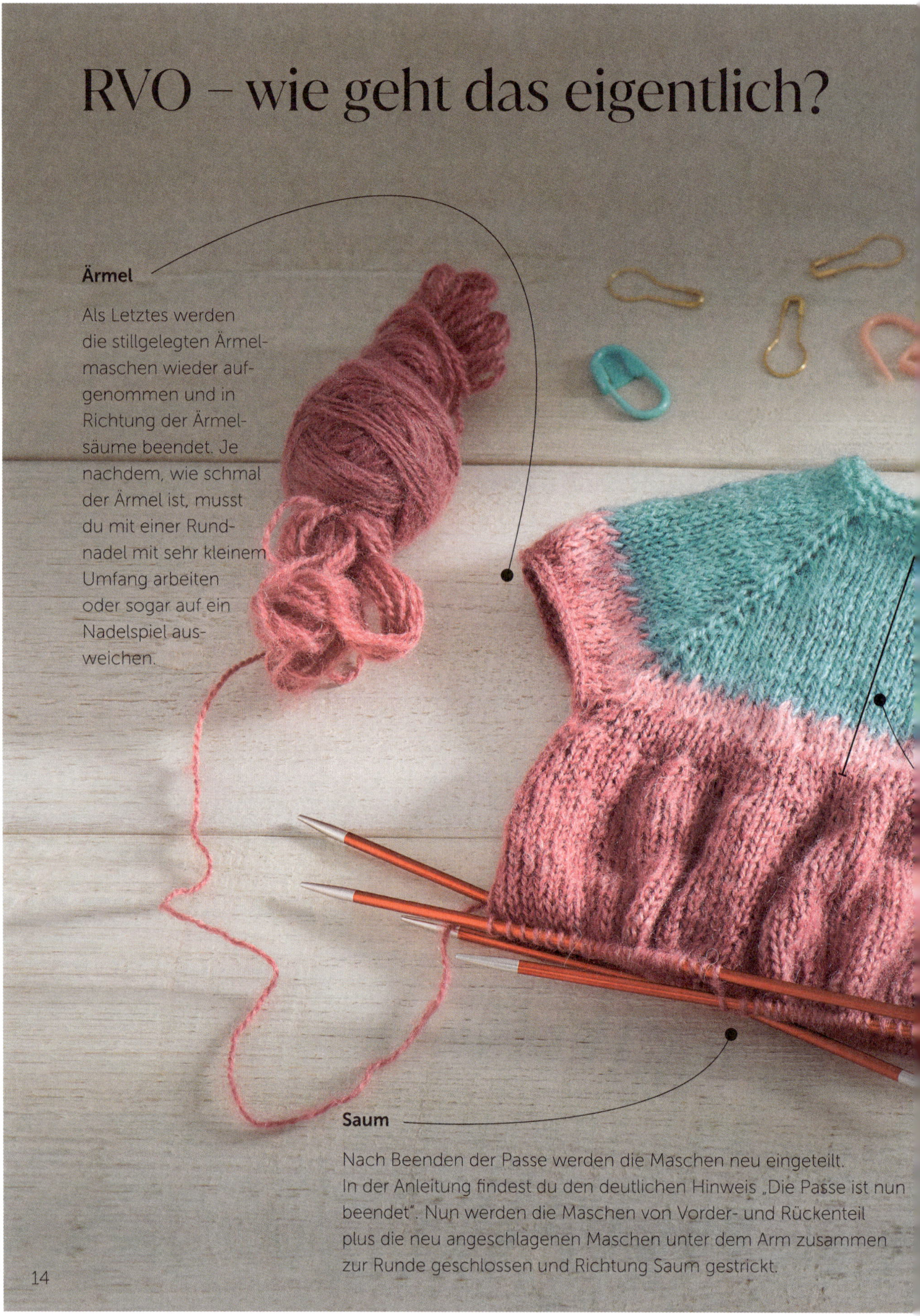

Ärmel

Als Letztes werden die stillgelegten Ärmelmaschen wieder aufgenommen und in Richtung der Ärmelsäume beendet. Je nachdem, wie schmal der Ärmel ist, musst du mit einer Rundnadel mit sehr kleinem Umfang arbeiten oder sogar auf ein Nadelspiel ausweichen.

Saum

Nach Beenden der Passe werden die Maschen neu eingeteilt. In der Anleitung findest du den deutlichen Hinweis „Die Passe ist nun beendet". Nun werden die Maschen von Vorder- und Rückenteil plus die neu angeschlagenen Maschen unter dem Arm zusammen zur Runde geschlossen und Richtung Saum gestrickt.

Halsausschnitt

Hier geht's los: Alle Modelle werden am Halsbündchen oder am Rollkragen begonnen. Nach dem Bündchen werden die Maschen eingeteilt und die Anzahl der Raglan-Maschen definiert. Die Mascheneinteilung findest du in jeder Anleitung in einem separaten Absatz und gut nachvollziehbar.

Raglan-Maschen

Zu Anfang jeder Anleitung findest du sehr genau beschrieben, wie viele Raglan-Maschen je Schrägung gestrickt werden und wie sie gestrickt werden. Hier ist der Kreativität keine Grenze gesetzt. Von einer Masche, vor und nach der unauffällig eine Masche aus dem Querfaden zugenommen wird, bis hin zu aufwendigen Lochmusterstreifen oder Zöpfen ist alles möglich. Grundsätzlich wird immer vor und nach den Raglan-Maschen zugenommen.

Armlochhöhe

Die Armlochhöhe wird senkrecht vom Ausschnitt nach unten gemessen und findet sich auch als Maß in der Skizze wieder. Sie ist maßgeblich für die Bequemlichkeit und die Passform verantwortlich. Je kleiner das Maß ist, desto enger wird das Armloch. Ihr könnt die Armlochhöhe beeinflussen, indem bis zur Neuaufteilung der Maschen zu Vorder- und Rückenteil bzw. Ärmeln mehr Runden gestrickt werden. Zu beachten ist, dass bei mehr Runden also auch mehr zugenommen wird. Soll die Ärmel- und Rumpfweite nicht verändert werden, ändert sich der Zunahme-Rhythmus, statt in jeder 3. Runde nimmst du nur in jeder 4. Runde zu. So wird das Armloch höher, aber die Weite bleibt gleich. Hier ist etwas Mut zum Rechnen gefragt. Mit einem einfachen Dreisatz lässt sich das gut lösen. Im Internet findet man auch sehr praktische Online-Raglan-Rechner.

Süß in Pastell

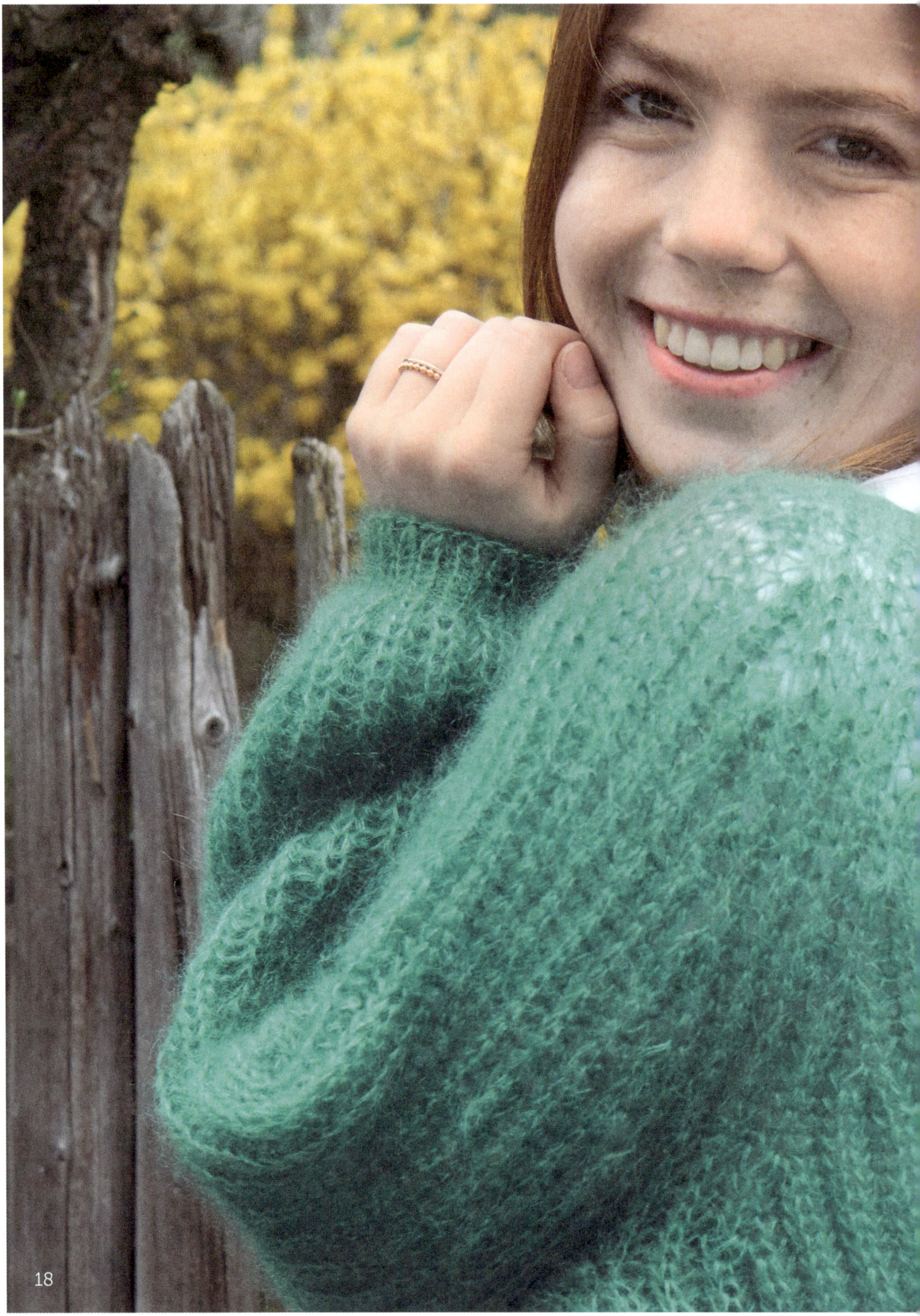

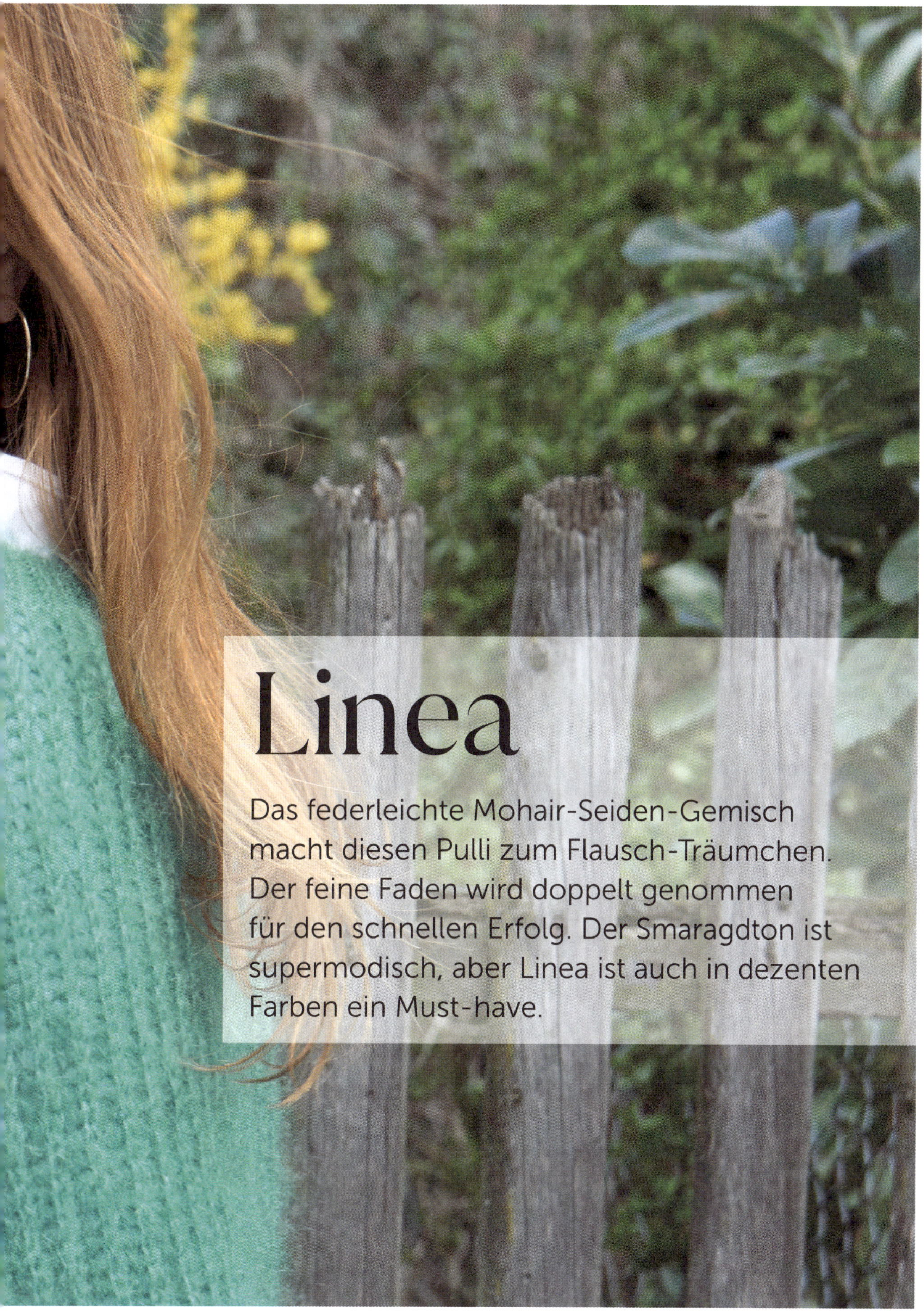

Linea

Das federleichte Mohair-Seiden-Gemisch macht diesen Pulli zum Flausch-Träumchen. Der feine Faden wird doppelt genommen für den schnellen Erfolg. Der Smaragdton ist supermodisch, aber Linea ist auch in dezenten Farben ein Must-have.

Linea

Luftig – Lässig – Oversize

SCHWIERIGKEITSGRAD

mittel

GRÖSSE

36–40, 42–46, 48–50.

Die Angaben für Größe 36–40 stehen vor der Klammer, für 42–46 in der Klammer an erster Stelle, für 48–50 an letzter Stelle: 36–40 (42–46 / 48–50).

MATERIAL

200 (250 / 300) g Kid-Seta (70% Mohair, 30% Seide) in Smaragdgrün (Fb. 129) von Schulana mit einer Lauflänge von 210 m / 25 g;

Rundnadel 5,0 mm und 6,0 mm.

MASCHENPROBE

Mit Nadel 6,0 mm im Patentmuster mit doppeltem Faden gestrickt und leicht gedehnt gemessen ergeben 12 M und 30 Rd (= 15 sichtbare Rd) 10 cm x 10 cm.

Bündchenmuster 1:1-Rippe

1 M rechts und 1 M links im Wechsel stricken.

Patentmuster Vollpatent in Runden

Basis-Rd: 1 M rechts, 1 linke M wie zum Linksstricken mit 1 Umschlag abheben.

1. Rd: 1 rechte M wie zum Linksstricken mit 1 Umschlag abheben, 1 linke M zusammen mit dem Umschlag der Vor-Rd links zusammenstricken.

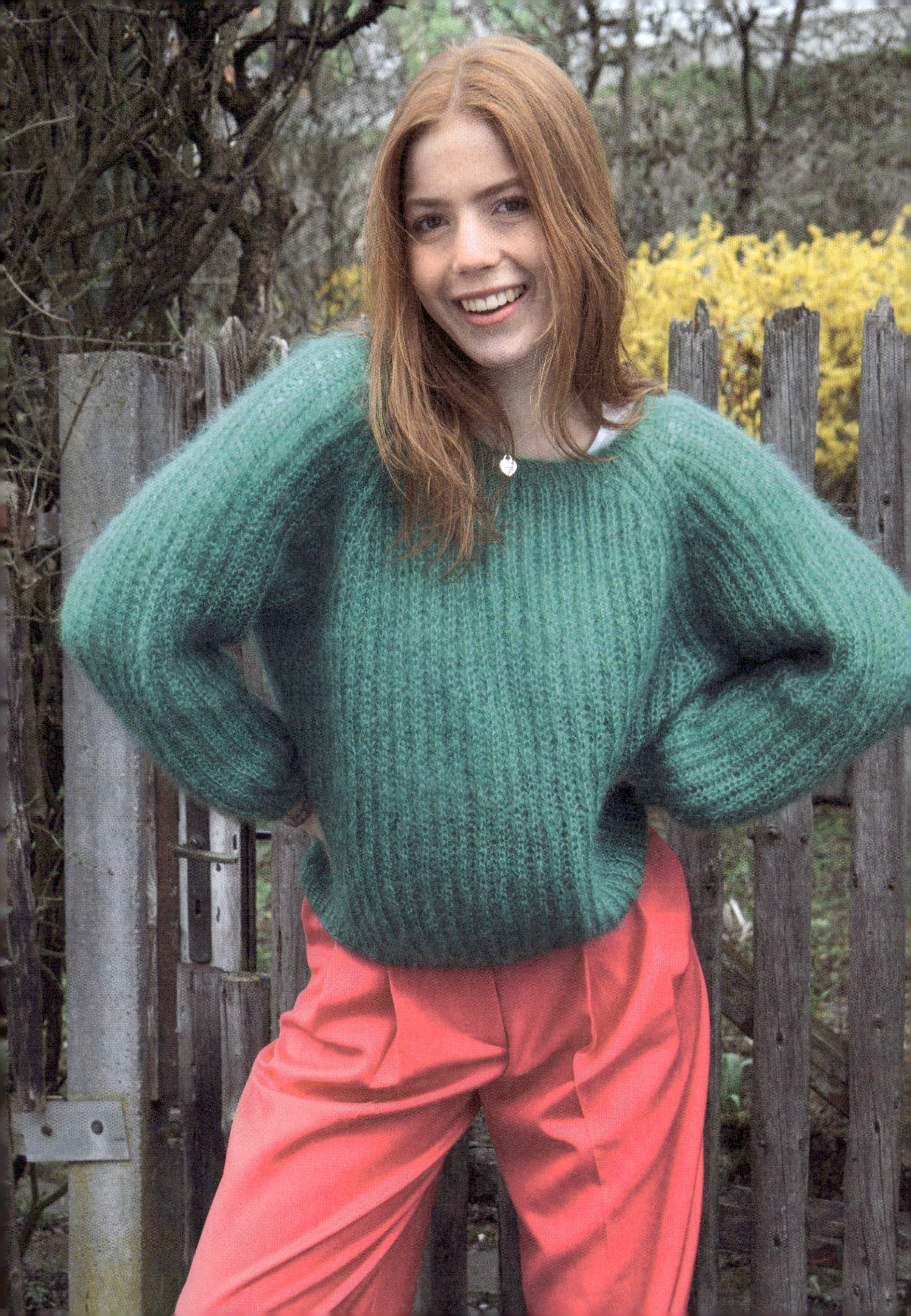

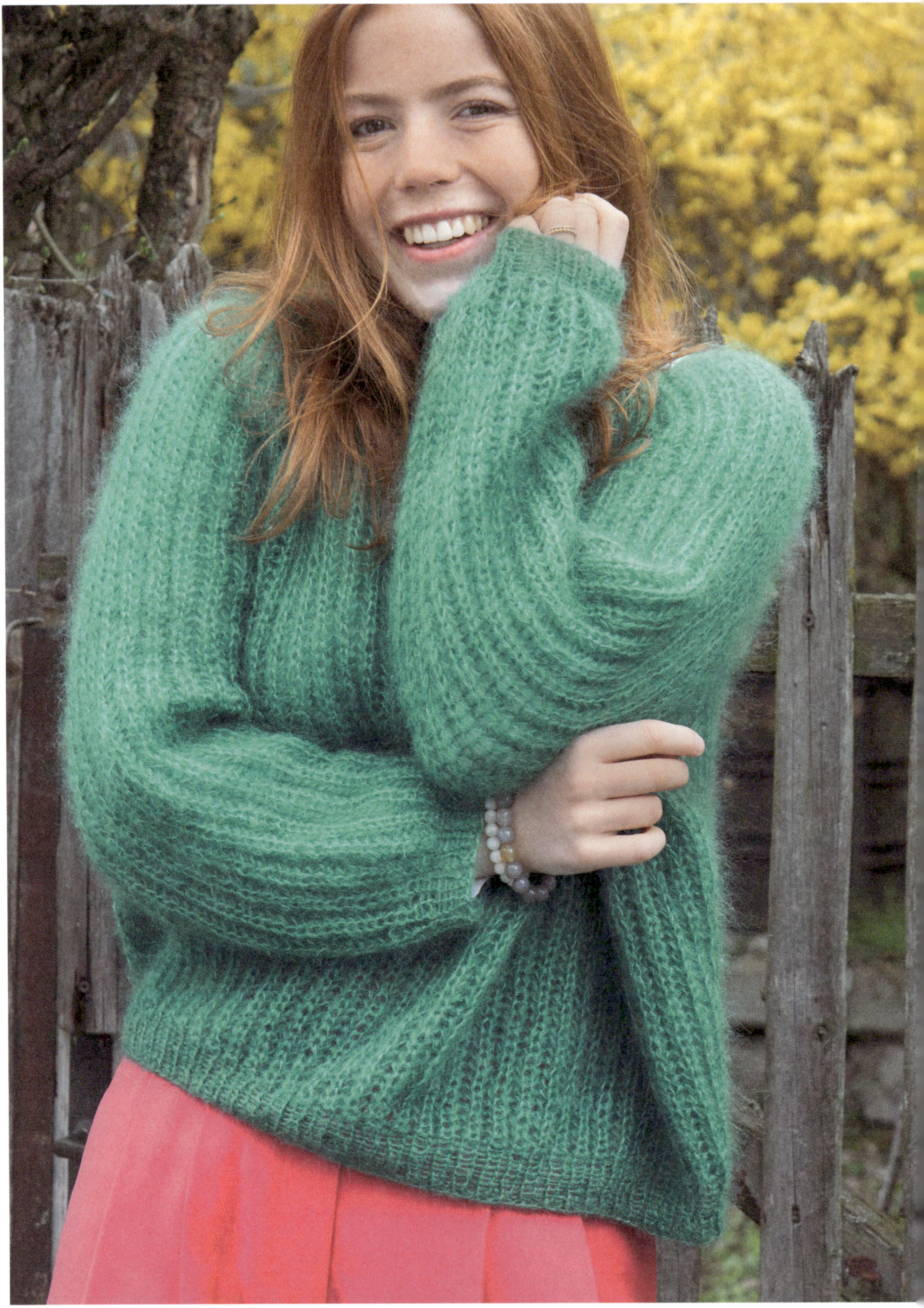

2. Rd: 1 rechte M zusammen mit dem Umschlag der Vor-Rd rechts zusammenstricken, 1 linke M wie zum Linksstricken mit 1 Umschlag abheben.

Die 1. und 2. Rd fortlaufend wiederholen.

Raglan-Maschen

7 Raglan-M: Im Vollpatent stricken wie oben beschreiben. Die 1. und letzte M der 7 M ist jeweils 1 rechte M. Die Zunahmen erfolgen jeweils in der 2. Rd des Musters, indem aus der 1. und letzten der 7 M 3 M (= 1 M rechts mit dem Umschlag zusammenstricken, 1 Umschlag und 1 M rechts) herausgestrickt werden. Der Umschlag wird in den folgenden Rd als linke M gestrickt, damit im Maschenrhythmus verblieben wird.

SO WIRD'S GEMACHT

Halsbündchen: Mit Nadeln 5 mm und doppeltem Faden 88 M anschlagen. Die M zur Runde schließen. 6 Rd im Bündchenmuster stricken. Danach weiter im Patentmuster mit Nadel 6,0 mm stricken und die M einteilen. Die Übergänge mit Maschenmarkierern kennzeichnen.

Mascheneinteilung: Vorder- und Rückenteil: Je 23 M, Ärmel: Je 7 M, Raglan-Maschen: 4x je 7 M.

Raglanpasse: Der Rd-Übergang liegt am Rückenteil am Übergang zum rechten Ärmel vor den Raglan-M. In jeder Zunahme-Rd werden 16 M zugenommen.

Im Patentmuster stricken und 1x die Basis-Rd. 2x die 1.–2. Rd arbeiten. In der folgenden Rd (=3. sichtbare Rd) die erste Zunahme ausführen:

6. Rd: *** 7 Raglan-M nach Strickschrift arbeiten und beidseitig wie beschrieben die 1. und letzte der 7 M verdreifachen = 11 M***, 7 Ärmel-M im Patentmuster, Raglan-M wie von *** bis *** beschrieben stricken, 23 Vorderteil-M im Patentmuster, 7 Raglan-M wie von *** bis *** beschrieben, 7 Ärmel-M, 7 Raglan-M von *** bis ***, 23 Rückenteil-M rechts stricken = 104 M.

Weiter im Patentmuster stricken.

Für Größe 36–40 die Zunahmen noch 7x in jeder 8. Rd (= 4. sichtbare Rd) wiederholen = 216 M.

Für Größe 42–46 die Zunahmen danach noch 1x in jeder 6. Rd (= 3. sichtbare Rd) wiederholen = 232 M.

Für Größe 48–50 die Zunahmen danach noch 2x in jeder 6. Rd (= 3. sichtbare Rd) wiederholen = 248 M.

Nach der 62. (68. / 74.) Rd (= 31. (34. / 37. sichtbare Rd) ergibt sich folgende Mascheneinteilung: Vorder- und Rückenteil: Je 55 (59 / 63) M, Ärmel: Je 39 (43 / 47) M, 4x 7 Raglan-M.

Die Passe ist nun beendet.

Für die neue Mascheneinteilung werden beidseitig jeweils die 5 zum Vorder- bzw Rückenteil zeigenden Raglan-M dem Vorder- und Rückenteil zugeschlagen und die 2 zum Ärmel zeigenden M dem Ärmel zugeschlagen. Es ergeben sich somit je 65 (69 / 73) M für Vorder- und Rückenteil und je 43 (47 / 51) M pro Ärmel.

Vorder- und Rückenteil: Fortlaufend auf eine 6-mm-Nadel 5 Raglan-M stricken, 15 M neu anschlagen, 5 Raglan-M, 55 (59 / 63) M des Vorderteils stricken, 5 Raglan-M, nochmals 15 M neu anschlagen, 5 Raglan-M sowie die 55 (59 / 63) Rückenteil-M abstricken = 160 (168 / 176) M. Die M zur Rd schließen. Die 39 (43 / 47) M der Ärmel sowie beidseits der Ärmel-M die je 2 verbleibenden Raglan-M zunächst stilllegen = 43 (47 / 51) M.

Weiter in Rd und fortlaufend im Patentmuster weiterarbeiten.

Nach 25 (26 / 27) cm ab Unterarm-Maschenanschlag die Nadel wechseln und für das Bündchen weiter mit der 5-mm-Nadel 3 cm im Bündchenmuster 1:1-Rippe arbeiten. Alle M locker abketten, dabei im Maschenrhythmus stricken.

Ärmel: Mit der Rundnadel 6 mm aus den unter dem Arm neu angeschlagenen 15 M 15 M auffassen. Dabei so arbeiten, dass du auf die rechte, also äußere Seite des Pullis schaust. Im weiteren Verlauf alle 43 (47 / 51) stillgelegten M auf dieselbe Nadel stricken = 58 (62 / 66) M. Die M zur Rd schließen und weiter Patent stricken. Die mittleren 5 der 15 neu aufgefassten M markieren. Hier liegt der Rd-Übergang.

In der 16. Rd (8. sichtbare Rd) die 3 M vor den 5 markierten M als 1 M rechts abheben, 2 M rechts zusammenstricken und die abgehobene M über die gestrickten M ziehen arbeiten. Nach den 5 markierten M 1 M rechts abheben, 1 M rechts stricken, dann erst die abgehobene M über die gestrickte M und die nächst folgende M über die gestrickte M ziehen = 54 (58 / 62) M. Den Vorgang von *** bis *** noch 4x wiederholen = 38 (42 / 46) M.

Nach 39 cm ab Unterarm-Maschenanschlag die Nadel wechseln und für das Bündchen weiter mit der 5-mm-Nadel arbeiten und noch 3 cm im Bündchenmuster stricken. Für Größe 42–46 zusätzlich 2x 2 M rechts zusammenstricken und für Größe 48–50 4x 2 M rechts zusammenstricken = 38 (40 / 42) M.

Dann alle M locker abketten, dabei im Maschenrhythmus bleiben.

Den 2. Ärmel ebenso arbeiten.

Zu guter Letzt: Alle Fäden vernähen. Den Pullover glatt hinlegen, leicht anfeuchten und unter feuchten Tüchern trocknen lassen.

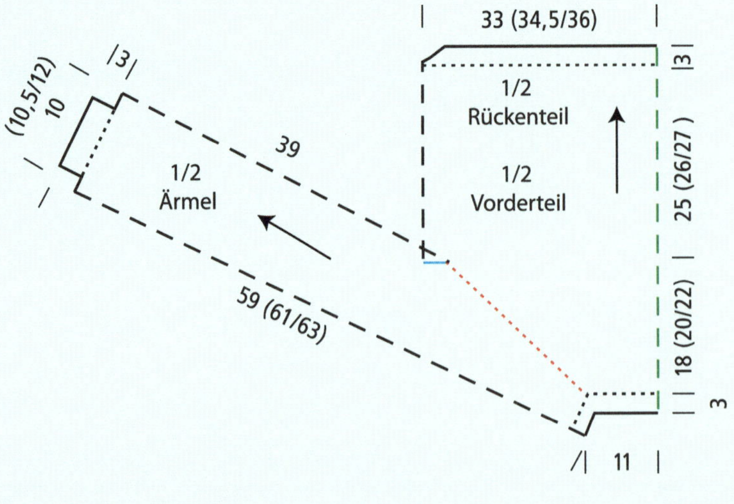

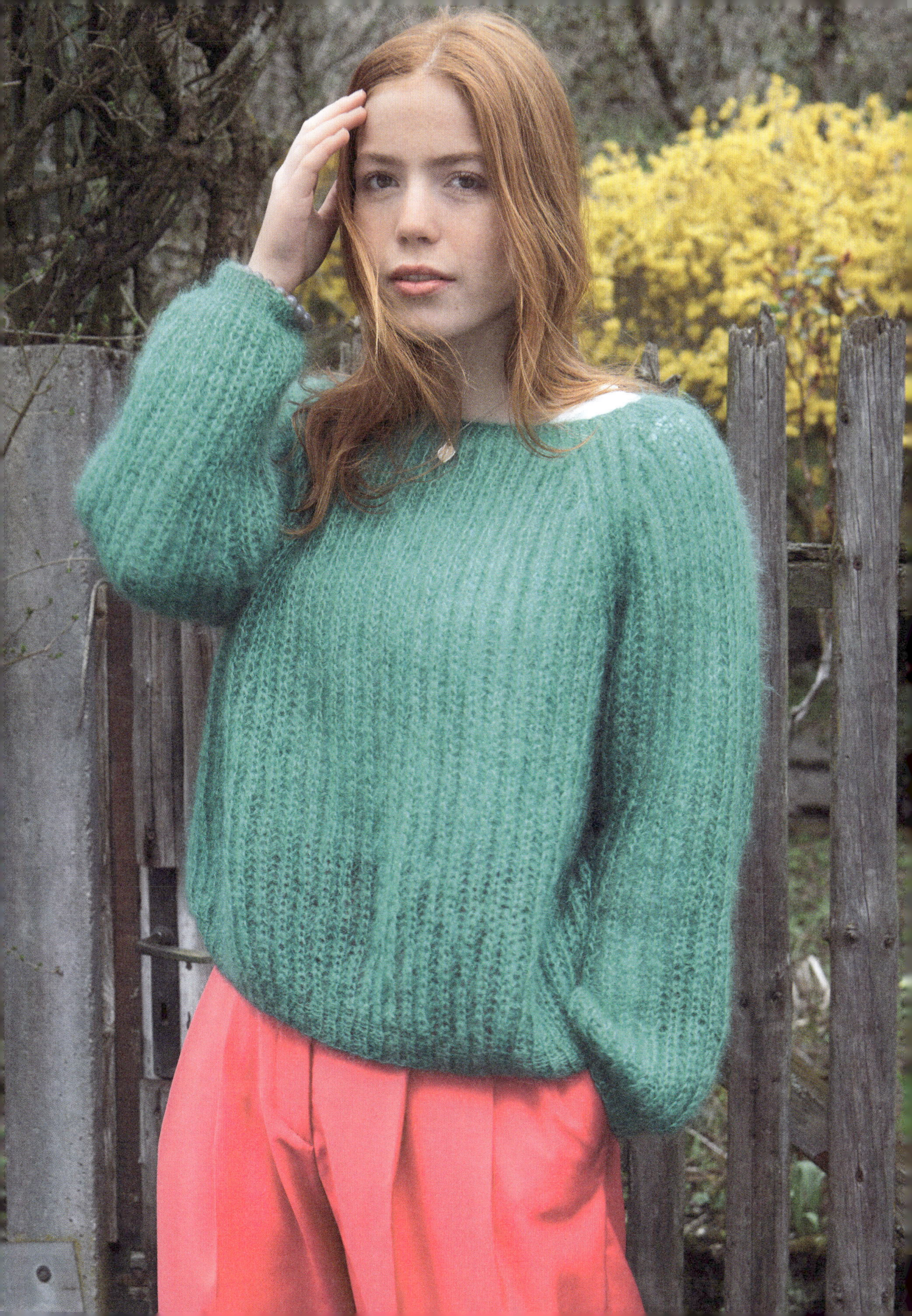

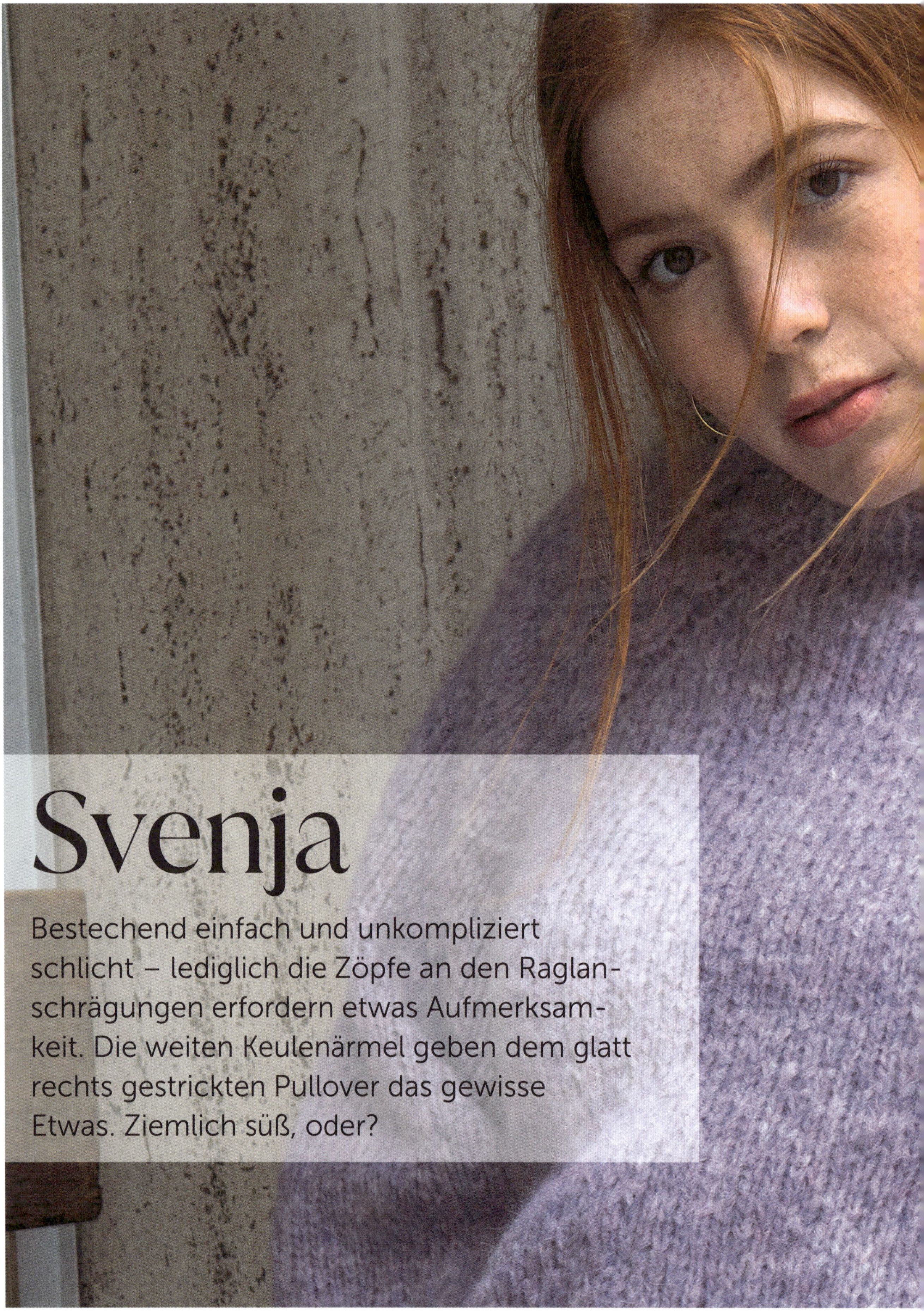

Svenja

Bestechend einfach und unkompliziert schlicht – lediglich die Zöpfe an den Raglanschrägungen erfordern etwas Aufmerksamkeit. Die weiten Keulenärmel geben dem glatt rechts gestrickten Pullover das gewisse Etwas. Ziemlich süß, oder?

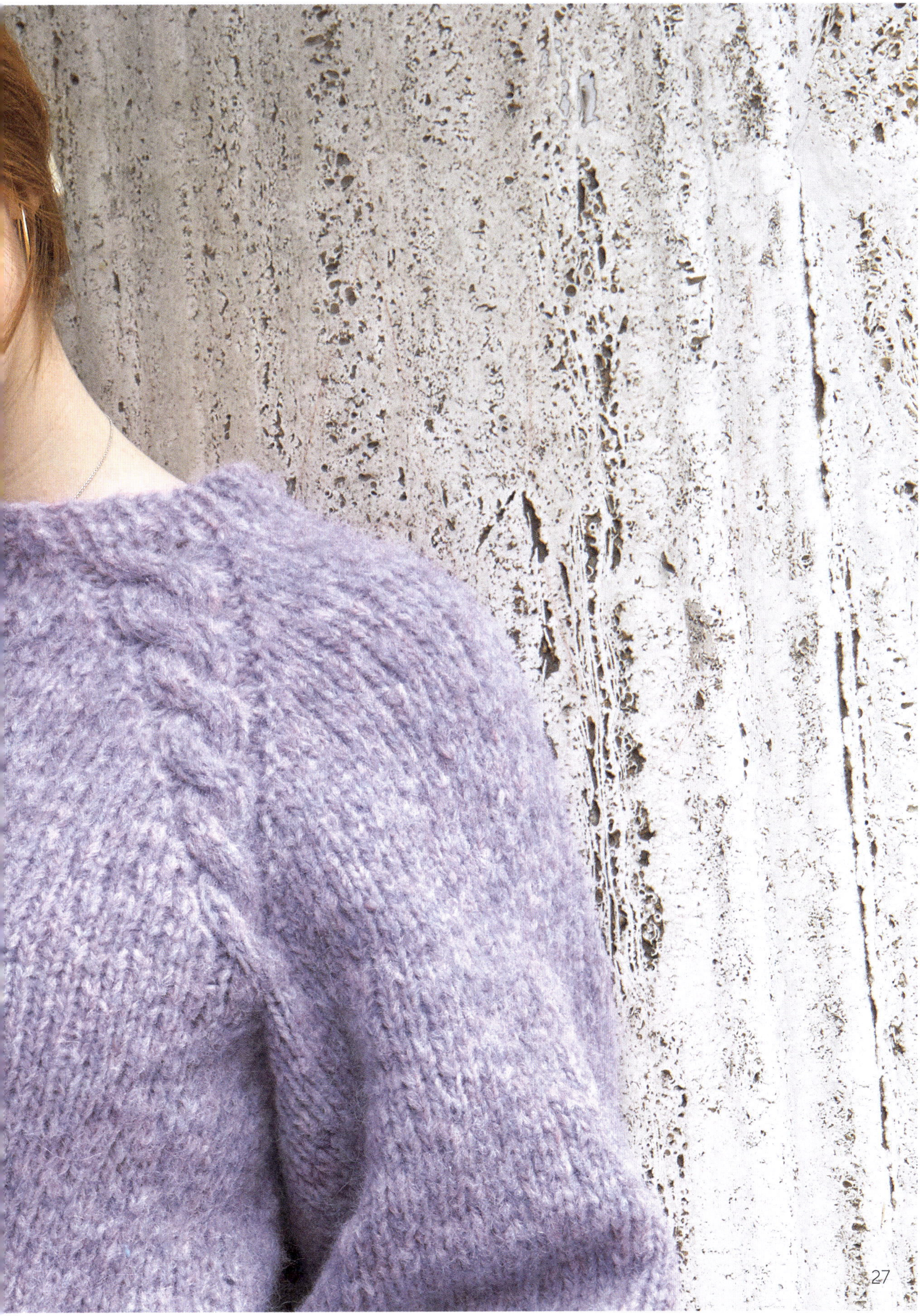

Svenja

Lässig – Raffiniert – Flauschig

SCHWIERIGKEITSGRAD

mittel

GRÖSSE

36–38, 40–42, 44–46, 48–50. Die Angaben für Größe 36–38 stehen vor der Klammer, für 40–42 in der Klammer an erster Stelle, für 44–46 an zweiter und für 48–50 an letzter Stelle: 36–38 (40–42 / 44–46 / 48–50).

MATERIAL

250 (300 / 300 / 350) g Alpaca Moda (74% Alpaka, 13% Schurwolle, 13% Polyamid) in Flieder (Fb. 17) von Lana Grossa mit einer Lauflänge von 135 m / 50 g;

Rundnadel 7 mm und 6 mm.

MASCHENPROBE

Mit Nadel 7 mm glatt rechts gestrickt ergeben 13 M und 14 Rd 10 cm x 10 cm.

Bündchenmuster 1:1-Rippe

1 M rechts und 1 M links im Wechsel stricken.

Glatt rechts

In allen Rd rechte M stricken.

Raglan-Maschen

Zopf über 7 und nach der Zopf-Zunahme 8 M: 1 M links, 5 Zopf-M, 1 M links. Nach Strickschrift arbeiten. 1x die 1.–4. Rd stricken, danach die 5.–11. Rd stets wiederholen und

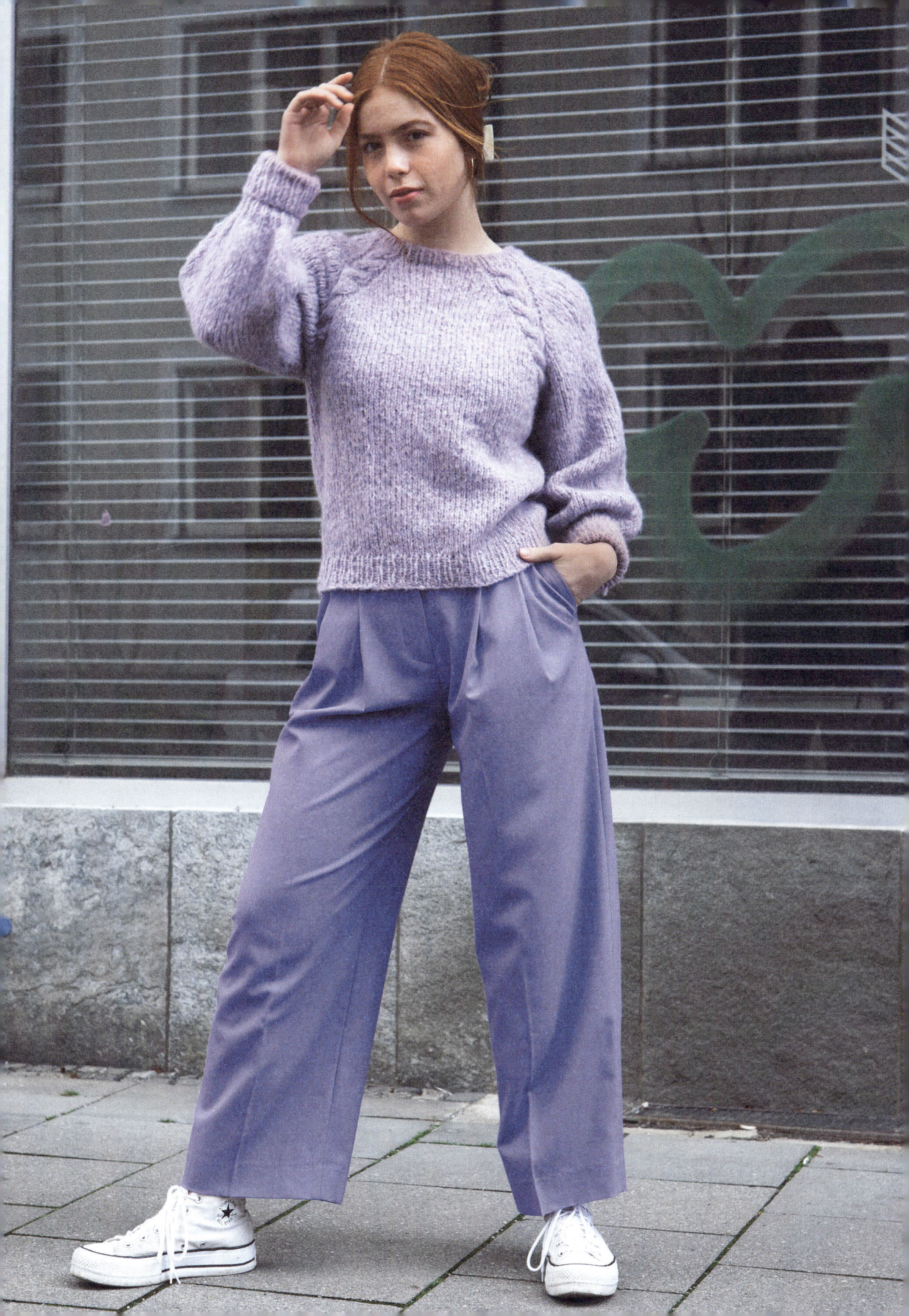

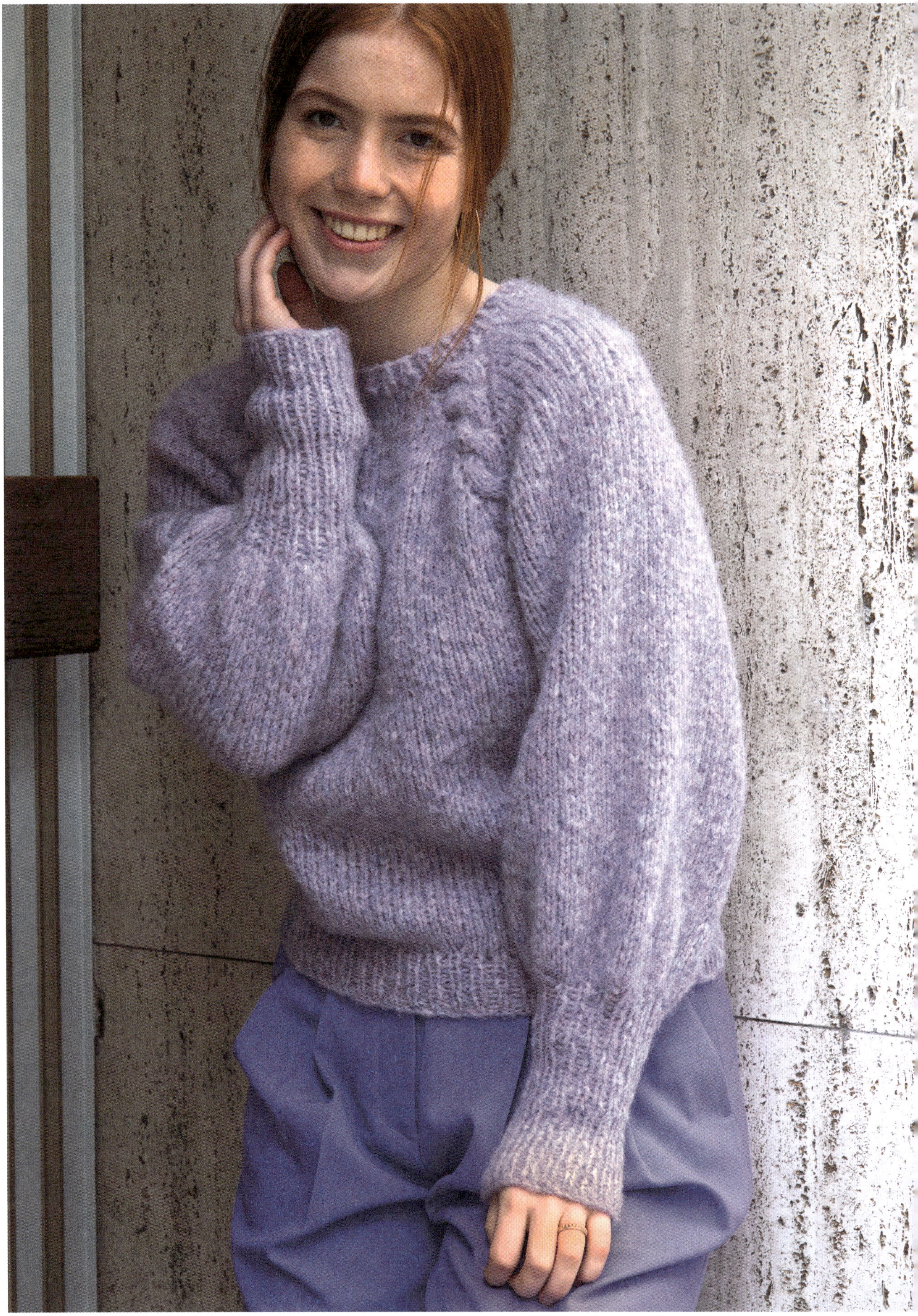

noch 1x die 5.–6. Rd stricken. Es gibt Strickschrift A und B.

SO WIRD'S GEMACHT

Halsbündchen: Mit Nadeln 6 mm 76 M anschlagen. Die M zur Runde schließen und 5 Rd = 2 cm im Bündchenmuster stricken. Danach weiter glatt rechts in Rd arbeiten und zu Nadel 7 mm wechseln. Die M einteilen und die Übergänge mit Maschenmarkierern kennzeichnen.

Mascheneinteilung: Vorder- und Rückenteil: Je 11 M, Ärmel: Je 13 M, Raglan-Maschen: 4x je 7, nach der Zunahme 8 M.

Raglanpasse: Der Rd-Übergang liegt am Rückenteil am Übergang zum linken Ärmel vor den Raglan-M. In jeder Zunahme-Rd werden 8 M zugenommen.

Zopf A am Übergang Vorderteil zum rechten Ärmel und am Rückenteil zum linken Ärmel

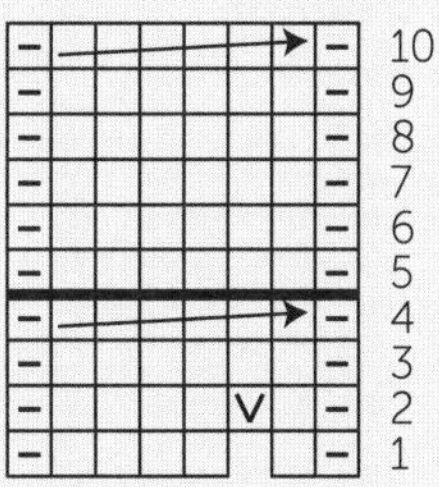

Raglan-M
7+1 M = 8 M

Zopf B am Übergang vom linken Ärmel zum Vorderteil und am rechten Ärmel zum Rückenteil

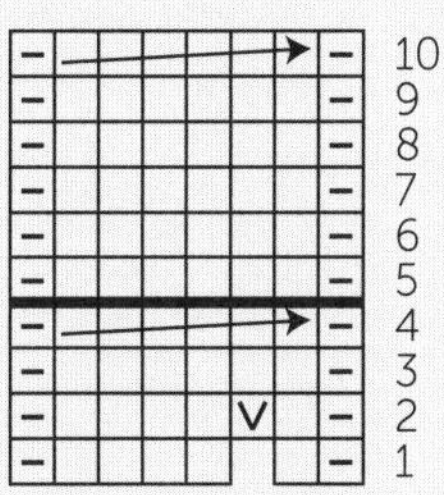

Raglan-M
7+1 M = 8 M

1. Rd: ***1 Querfaden auf die Nadel nehmen und diesen verschränkt abstricken, 7 Raglan-M nach Strickschrift A arbeiten und 1 M wie beschrieben aus dem Querfaden zunehmen***, 13 Ärmel-M rechts stricken, Raglan-M wie von *** bis *** beschrieben stricken, jedoch mit Strickschrift B, 11 Vorderteil-M rechts stricken, 7 Raglan-M wie von *** bis *** beschrieben mit Strickschrift A, 13 Ärmel-M rechts stricken, 7 Raglan-M mit Strickschschrift B von *** bis ***, 11 Rückenteil-M rechts stricken = 84 M.

2. Rd: Alle M rechts stricken, die Raglan-M wie in der Strickschrift beschrieben arbeiten. An allen 4 Zöpfen wird lt. Strickschrift A und B je 1 M zugenommen = 88 M.

3. Rd: Alle M rechts stricken, die Raglan-M wie in der Strickschrift beschrieben arbeiten.

4. Rd: ***1 Querfaden auf die Nadel nehmen und diesen verschränkt abstricken, 8 Raglan-M nach Strickschrift arbeiten und 1 M wie beschrieben aus dem Querfaden zunehmen***, 15 Ärmel-M rechts stricken, Raglan-M wie von *** bis *** beschrieben stricken, 13 Vorderteil-M rechts stricken, 8 Raglan-M wie von *** bis *** beschrieben, 15 Ärmel-M rechts stricken, 8 Raglan-M von *** bis ***, 13 Rückenteil-M rechts stricken. = 96 M.

5. Rd: Alle M rechts stricken, die Raglan-M wie in der Strickschrift beschrieben arbeiten.

☐ = 1 M rechts

[–] = 1 M links

[V] = 1 M rechts verschränkt aus dem Querfaden zunehmen

[←——] = 3 M auf einer Hilfsnadel hinter die Arbeit legen, 3 M rechts stricken, dann die M der Hilfsnadel rechts abstricken

[——→] = 3 M auf einer Hilfsnadel vor die Arbeit legen, 3 M rechts stricken, dann die M der Hilfsnadel rechts abstricken

6. Rd: Alle M rechts stricken, die Raglan-M wie in der Strickschrift beschrieben arbeiten.

Die 4.–5. Rd noch 18x (19x / 20x / 21x) wiederholen = 240 (248 / 256 / 264) M.

Nach der 42. (44. / 46. / 48.) Rd ergibt sich folgende Mascheneinteilung: Vorder- und Rückenteil: Je 51 (53 / 55 / 57) M, Ärmel: Je 53 (55 / 57 / 59) M, Raglan-Maschen: 4x je 8 M = 240 (248 / 256 / 264) M. Die Passe ist nun beendet.

Vorder- und Rückenteil: Auf eine 7-mm-Nadel nacheinander die folgenden M auf eine Nadel stricken: 4 Raglan-M rechts stricken, 8 M neu anschlagen, 4 Raglan-M, 51 (53 / 55 / 57) M des Vorderteils, 4 Raglan-M rechts stricken, 8 M neu anschlagen, 4 Raglan-M, dann 51 (53 / 55 / 57) M des Rückenteils stricken = 134 (138 / 142 / 146) M.

Die M zur Rd schließen und die M der Ärmel zunächst stilllegen.

Weiter in Rd 28 (29 / 30 / 31) cm glatt rechts stricken. Danach die Nadel wechseln und weiter mit der 6-mm-Nadel arbeiten. Für das Bündchen 5 cm im Bündchenmuster 1:1-Rippe stricken, dann alle M locker abketten, dabei im Maschenrhythmus stricken.

Ärmel: Mit der Rundnadel 7 mm zunächst die 4 Raglan-M abstricken, dann aus den unter dem Arm neu angeschlagenen 8 M 8 M auffassen. Dabei so arbeiten, dass du auf die rechte, also äußere Seite des Pullis schaust. In weiteren Verlauf die 53 (55 / 57 / 59) stillgelegten Ärmel-M rechts auf dieselbe Nadel stricken und die Rd mit 4 Raglan-M beenden = 69 (71 / 73 / 75) M. Die M zur Rd schließen.

34 cm glatt rechts stricken. Danach für das Ärmelbündchen wechseln zu Nadel 6 mm, noch eine Rd rechte M stricken, dabei 33x 2 M rechts zusammenstricken und so 33 M abnehmen = 36 (38 / 40 / 42) M. 16 cm im Bündchenmuster stricken, dann die M locker abketten, dabei im Maschenrhythmus stricken.

Den 2. Ärmel ebenso arbeiten.

Zu guter Letzt: Alle Fäden vernähen. Den Pullover glatt hinlegen, leicht anfeuchten und unter feuchten Tüchern trocknen lassen.

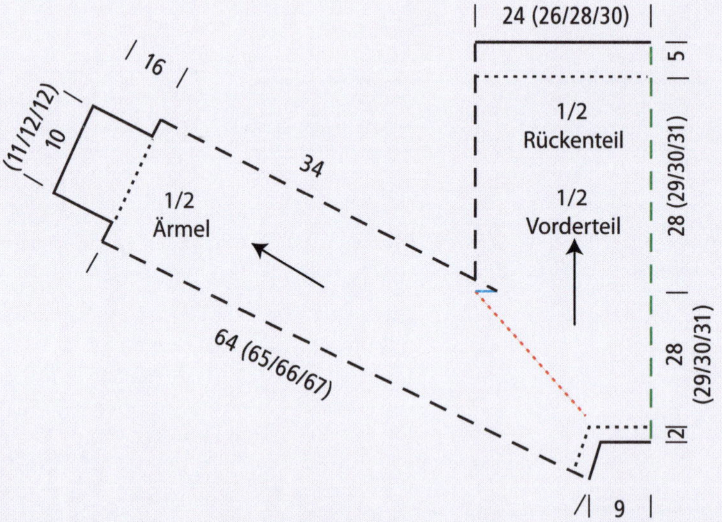

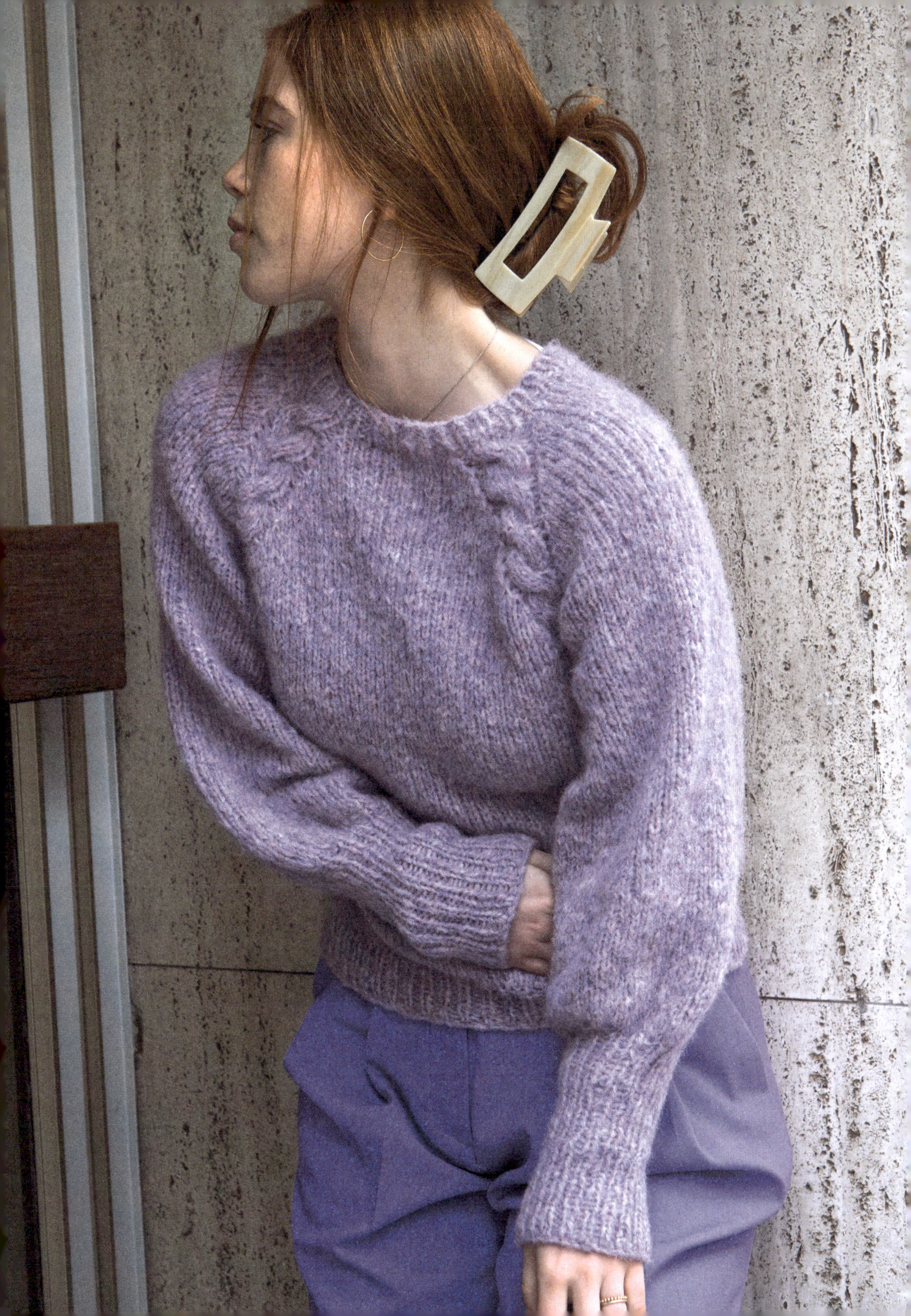

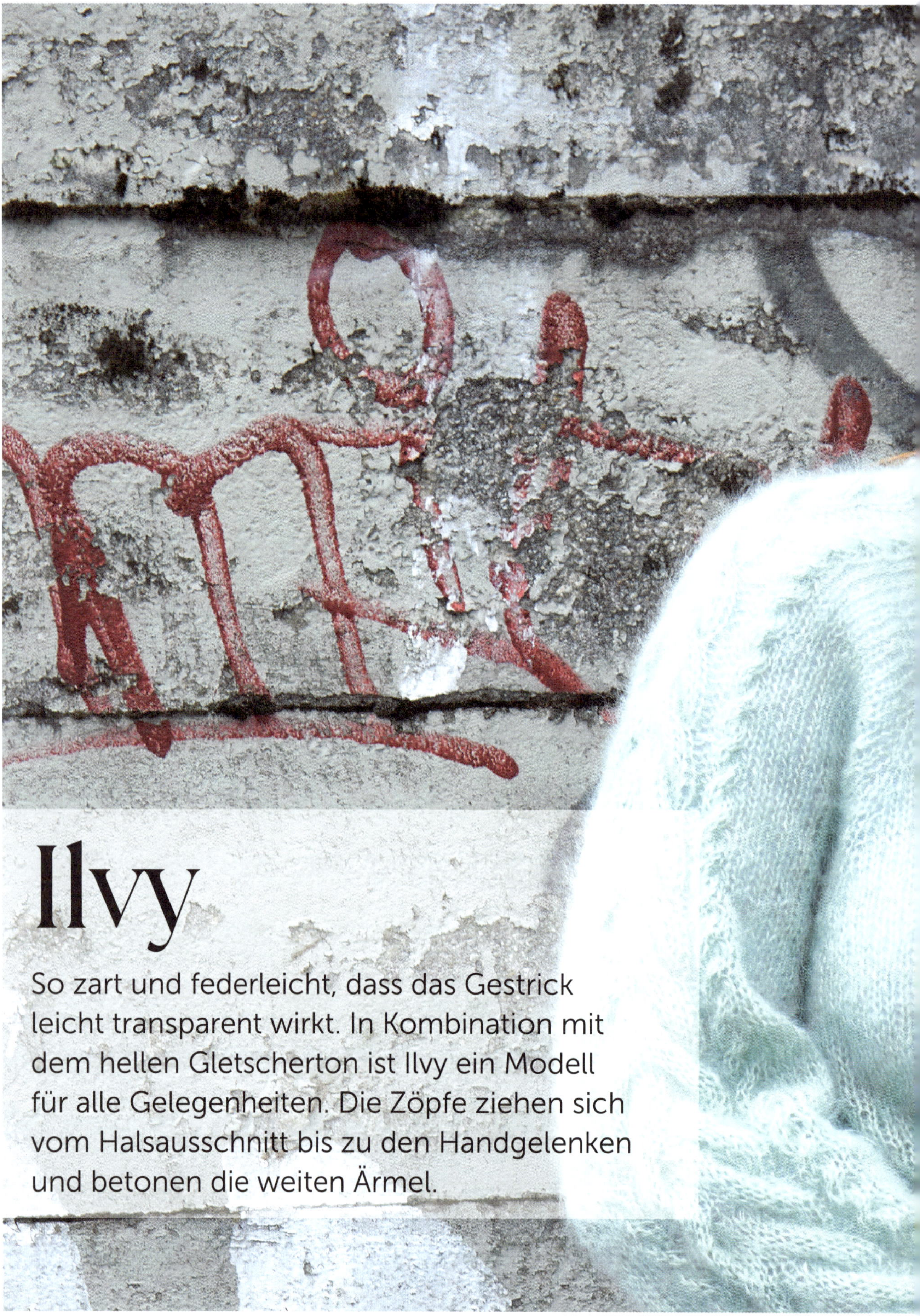

Ilvy

So zart und federleicht, dass das Gestrick leicht transparent wirkt. In Kombination mit dem hellen Gletscherton ist Ilvy ein Modell für alle Gelegenheiten. Die Zöpfe ziehen sich vom Halsausschnitt bis zu den Handgelenken und betonen die weiten Ärmel.

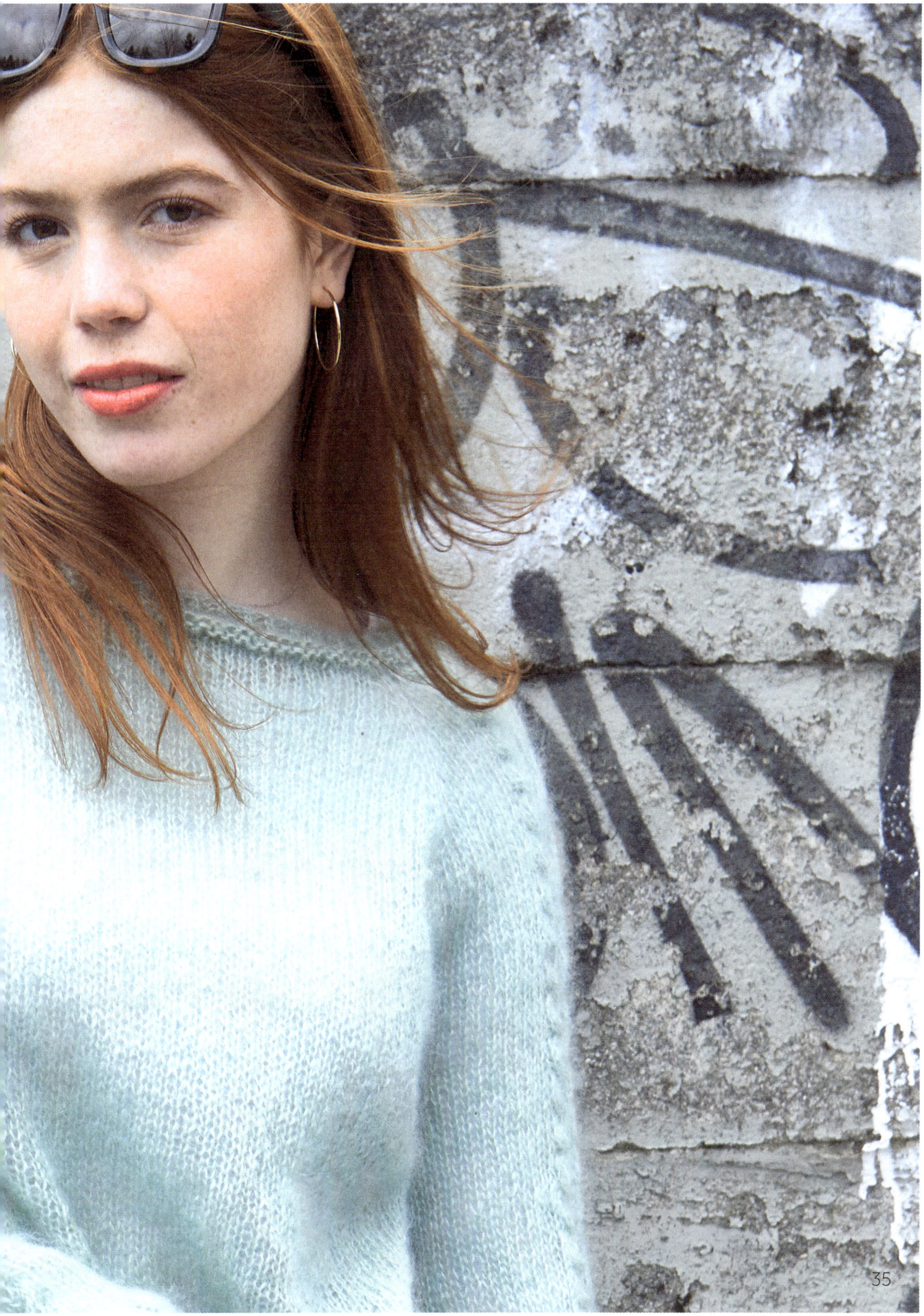

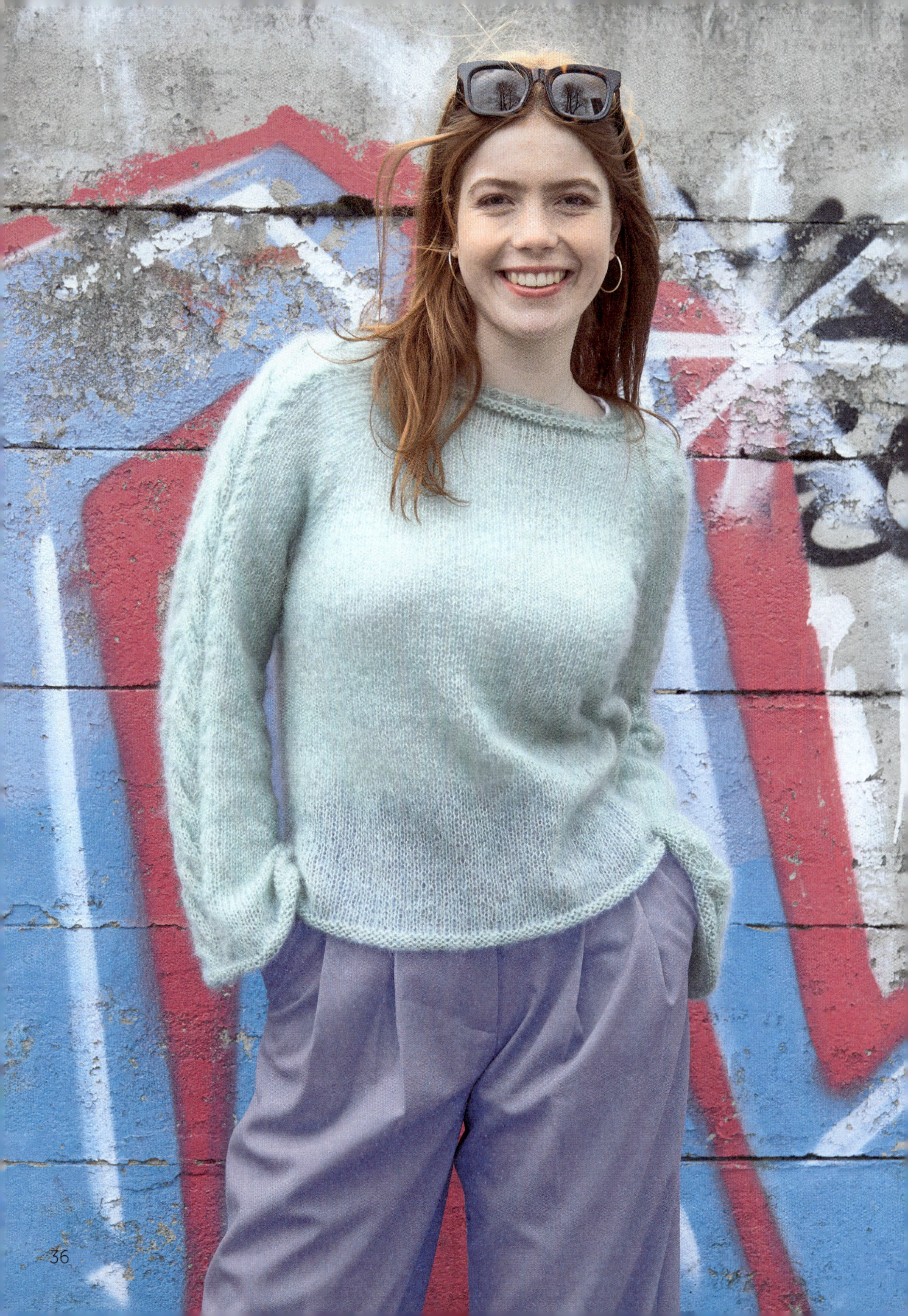

Ilvy

Fein – Leicht – Zart

SCHWIERIGKEITSGRAD

mittel

GRÖSSE

36–38, 40–42, 44–46, 48–50.

Die Angaben für Größe 36–38 stehen vor der Klammer, für 40–42 in der Klammer an erster Stelle, für 44–46 an zweiter und für 48–50 an letzter Stelle: 36–38 (40–42 / 44–46 / 48–50).

MATERIAL

200 (225 / 250 / 275)g Silkhair (70% Mohair, 30% Seide) in Pastellgrün (Fb. 186) von Lana Grossa mit einer Lauflänge von 210 m / 25 g;

Rundnadel 5,5 mm und 5,0 mm

MASCHENPROBE

Mit Nadel 5,5 mm glatt rechts mit doppeltem Faden gestrickt ergeben 16 M und 22 Rd 10 cm x 10 cm.

Bündchenmuster Kraus rechts

Im Wechsel 1 Rd rechte M und 1 Rd linke M stricken.

Glatt rechts

In allen Rd rechte M stricken.

Zopf-Muster: Nach Strickschrift A und B stricken. Es sind nur die Muster-Rd (= ungerade Rd) gezeichnet. In den Zwischen-Rd (= gerade Rd) die M so stricken, wie sie erscheinen.

1x Strickschrift A von 1.–8. Rd über 19 M + 6 Zunahme-M = 25 M stricken. Danach 1x Strickschrift B von 9.–18. Rd über 25 M + 4 Zunahme-M = 29 M stricken. Danach fortlaufend die 11.–18. Rd wiederholen.

Raglan-Maschen

1 Raglan-M: 1 rechte M. Jeweils vor und nach der Raglan-M wird ein Umschlag auf die Nadel genommen und rechts verschränkt abgestrickt.

SO WIRD'S GEMACHT

Der Pulli wird durchgehend mit 2 Fäden gestrickt.

Halsbündchen: Es wird eine doppelte Halsblende gestrickt.

Innere Blende: Mit Nadel 5,0 mm und doppeltem Faden 92 M anschlagen. Die M zur Runde schließen und 6 Rd im Wechsel 1 M rechts verschränkt und 1 M links stricken. M nicht abketten und die Blende zunächst zur Seite legen.

Zopf am Übergang Vorderteil zum rechten Ärmel und am Rückenteil zum linken Ärmel

Strickschrift B

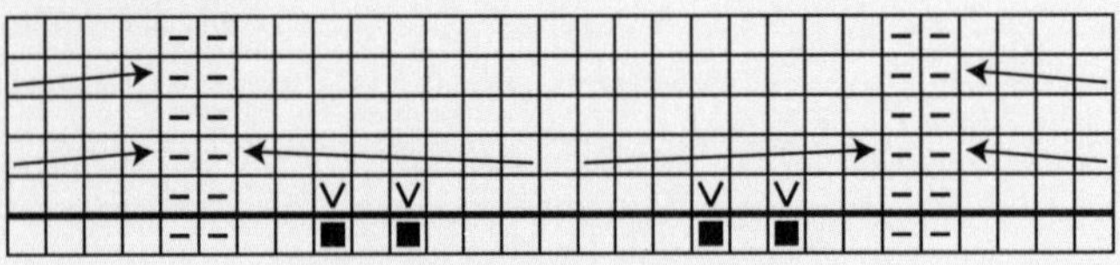

19
17
15
13
11
9

| 25 M + 4 M Zunahme = 29 M |

Strickschrift A

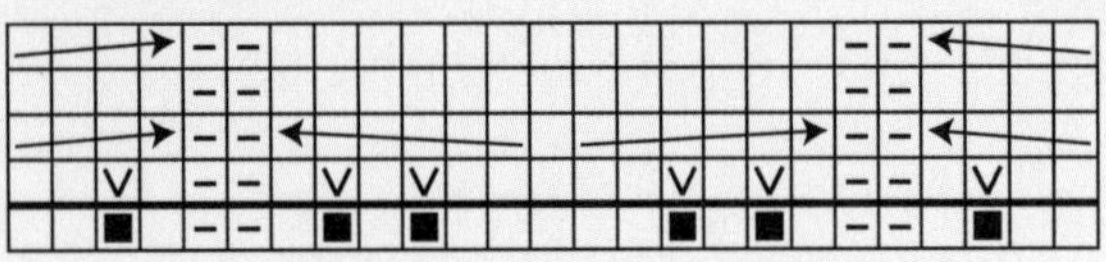

7
5
3
1
Maschenanschlag

| 19 M + 6 M Zunahme = 25 M |

□ = 1 M rechts

⊟ = 1 M links

☑ = 1 M rechts verschränkt aus dem Querfaden zunehmen

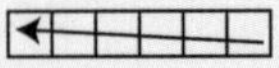 = 3 M auf einer Hilfsnadel vor die Arbeit legen, 3 M rechts stricken, dann die M der Hilfsnadel rechts abstricken

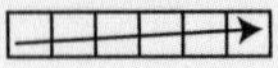 = 3 M auf einer Hilfsnadel hinter die Arbeit legen, 3 M rechts stricken, dann die M der Hilfsnadel rechts abstricken

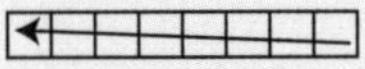 = 4 M auf einer Hilfsnadel vor die Arbeit legen, 4 M rechts stricken, dann die M der Hilfsnadel rechts abstricken

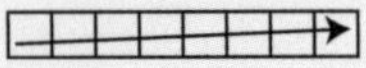 = 4 M auf einer Hilfsnadel hinter die Arbeit legen, 4 M rechts stricken, dann die M der Hilfsnadel rechts abstricken

■ = keine M, das Zeichen dient nur zur besseren Lesbarkeit der Strickschrift

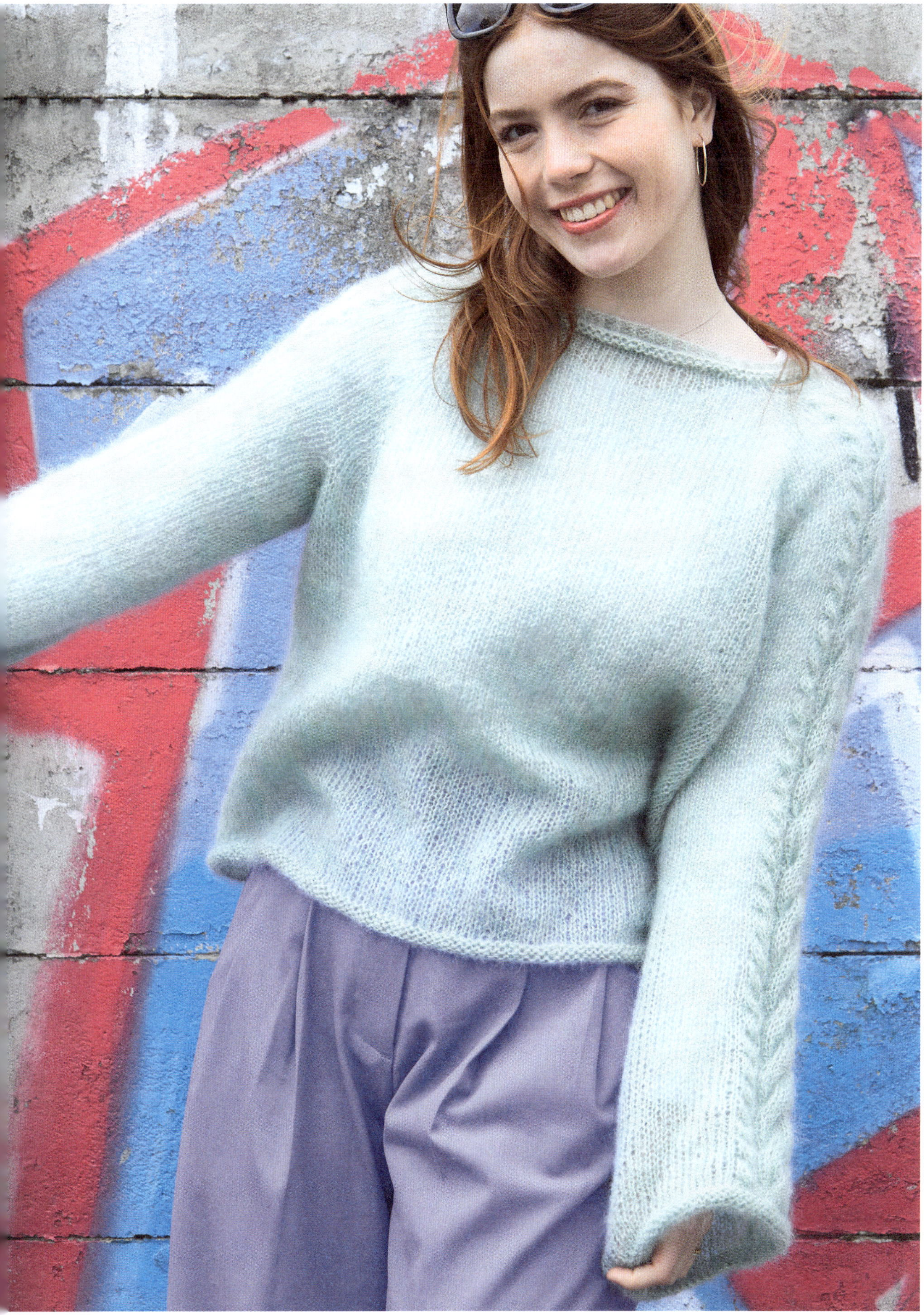

Äußere Blende: Mit einer zweiten Nadel 5,0 mm erneut mit doppeltem Faden 92 M anschlagen. Die M zur Runde schließen und kraus rechts 2x *** 1 Rd linke M und 1 Rd rechte M *** stricken.

Nun die Blenden so übereinanderlegen, dass die gerippte Blende unter der kraus rechts gestrickten Blende liegt. 1 Rd rechte M stricken und dabei immer eine unten und eine obenliegende M rechts zusammenstricken, sodass die Blenden verbunden sind.

Danach weiter glatt rechts mit Nadel 5,5 mm stricken und die M einteilen. Die Übergänge mit Maschenmarkierern kennzeichnen.

Mascheneinteilung: Vorder- und Rückenteil: Je 25 M, Ärmel: Je 19 M, Raglan-Maschen: 4x je 1 M.

Raglanpasse: Der Rd-Übergang liegt am Rückenteil am Übergang zum linken Ärmel vor den Raglan-M. Die Ärmel-M nach Strickschrift A stricken. In jeder Zunahme-Rd werden 8 M zugenommen.

1. Rd: ***1 Querfaden auf die Nadel nehmen und diesen verschränkt abstricken, 1 Raglan-M, 1 Querfaden auf die Nadel nehmen und diesen verschränkt abstricken***, 19 Ärmel-M nach Strickschrift A arbeiten, dabei wie eingezeichnet 6 M zunehmen, 1 Raglan-Zunahme wie von *** bis *** beschrieben ausführen, 25 Vorderteil-M glatt rechts, 1 Raglan-Zunahme wie von *** bis *** beschrieben, 19 Ärmel-M nach Strickschrift A stricken, 1 Raglan-Zunahme wie von *** bis *** beschrieben und die Rd mit 25 Rückenteil-M beenden.

Nun sind 112 M auf der Nadel: 92 M wurden angeschlagen, 8 M kommen durch die Raglan-Zunahmen dazu und in der Strickschrift wurden je Ärmel 6 M zugenommen.

2. Rd: Alle M rechts und die Zopf-M nach Strickschrift arbeiten.

3. Rd: Alle M rechts und die Zopf-M nach Strickschrift arbeiten. An den Raglan-M zunehmen wie beschrieben = 120 M.

4. Rd: Alle M rechts und die Zopf-M nach Strickschrift arbeiten.

5. Rd: Alle M rechts und die Zopf-M nach Strickschrift arbeiten. An den Raglan-M zunehmen wie beschrieben = 128 M.

6. Rd: Alle M rechts und die Zopf-M nach Strickschrift arbeiten.

7. Rd: Alle M rechts und die Zopf-M nach Strickschrift arbeiten. An den Raglan-M zunehmen wie beschrieben = 136 M.

8. Rd: Alle M rechts und die Zopf-M nach Strickschrift arbeiten.

9. Rd: Alle M rechts und die Zopf-M nach Strickschrift arbeiten. In dieser Rd nach Strickschrift B arbeiten und an beiden Ärmeln laut Strickschrift noch mal 4 M zunehmen. Das Zopfmuster besteht nun aus 29 M. An den Raglan-M zunehmen wie beschrieben = 152 M.

10. Rd: Alle M rechts und die Zopf-M nach Strickschrift arbeiten.

11. Rd: Alle M rechts und die Zopf-M nach Strickschrift arbeiten. An den Raglan-M zunehmen wie beschrieben = 160 M.

12. Rd: Alle M rechts und die Zopf-M nach Strickschrift arbeiten.

Die 11. und 12. Rd noch 3x wiederholen = 184 M.

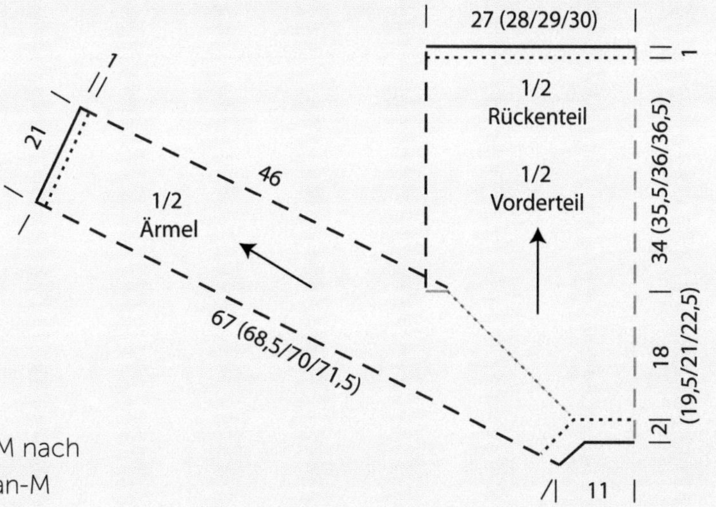

19. Rd: Alle M rechts und die Zopf-M nach Strickschrift arbeiten. An den Raglan-M zunehmen wie beschrieben = 192 M.

20.–21. Rd: Alle M rechts und die Zopf-M nach Strickschrift arbeiten.

Die 19.–21. Rd noch 7x (8x / 9x / 10x) wiederholen = 248 (256 / 264 / 272) M.

Nach der 42. (45. / 48. / 51.) Rd ergibt sich folgende Mascheneinteilung: Vorder- und Rückenteil: Je 59 (61 / 63 / 65) M, Ärmel: Je 63 (65 / 67 / 69) M, 4x 1 Raglan-M.

Die Passe ist nun beendet.

Für die neue Mascheneinteilung nun für die Ärmel die 29 Zopf-M und beidseitig davon 12 rechte M stilllegen = 53 M. Die verbleibenden 142 (150 / 158 / 166) zu zwei Hälften à 71 (75 / 79 / 83) M in Vorder- und Rückenteil aufteilen.

Vorder- und Rückenteil: Die verbleibenden je 71 (75 / 79 / 83) Vorderteil- und Rückenteil-M fortlaufend auf eine 5,5-mm-Nadel stricken und an den Übergängen zwischen den Teilen unter dem Arm beidseitig 15 M neu anschlagen = 172 (180 / 188 / 196) M.

Weiter in Rd und fortlaufend im glatt rechts weiterarbeiten. Nach 34 (35,5 / 36 / 36,5) cm ab Unterarmanschlag noch 2x *** 1 Rd linke M und 1 Rd rechte M *** stricken. Dann alle M locker abketten, dabei rechts stricken.

Ärmel: Mit der Rundnadel 5,5mm 15 M aus den unter dem Arm neu angeschlagenen 15 M auffassen und fortlaufend die stillgelegten 53 Ärmel-M auf die Nadel stricken = 68 M. M zur Rd schließen und das Zopfmuster fortführen. Alle anderen M glatt rechts stricken. Nach 47 cm ab Unter-arm-Maschenanschlag innerhalb des Zopfes 6x 2 M zusammenstricken und danach über 62 M noch 3x *** 1 Rd linke M und 1 Rd rechte M *** stricken. Dann alle M locker abketten, dabei rechts stricken.

Den 2. Ärmel ebenso arbeiten.

Zu guter Letzt: Alle Fäden vernähen. Den Pullover glatt hinlegen, leicht anfeuchten und unter feuchten Tüchern trocknen lassen.

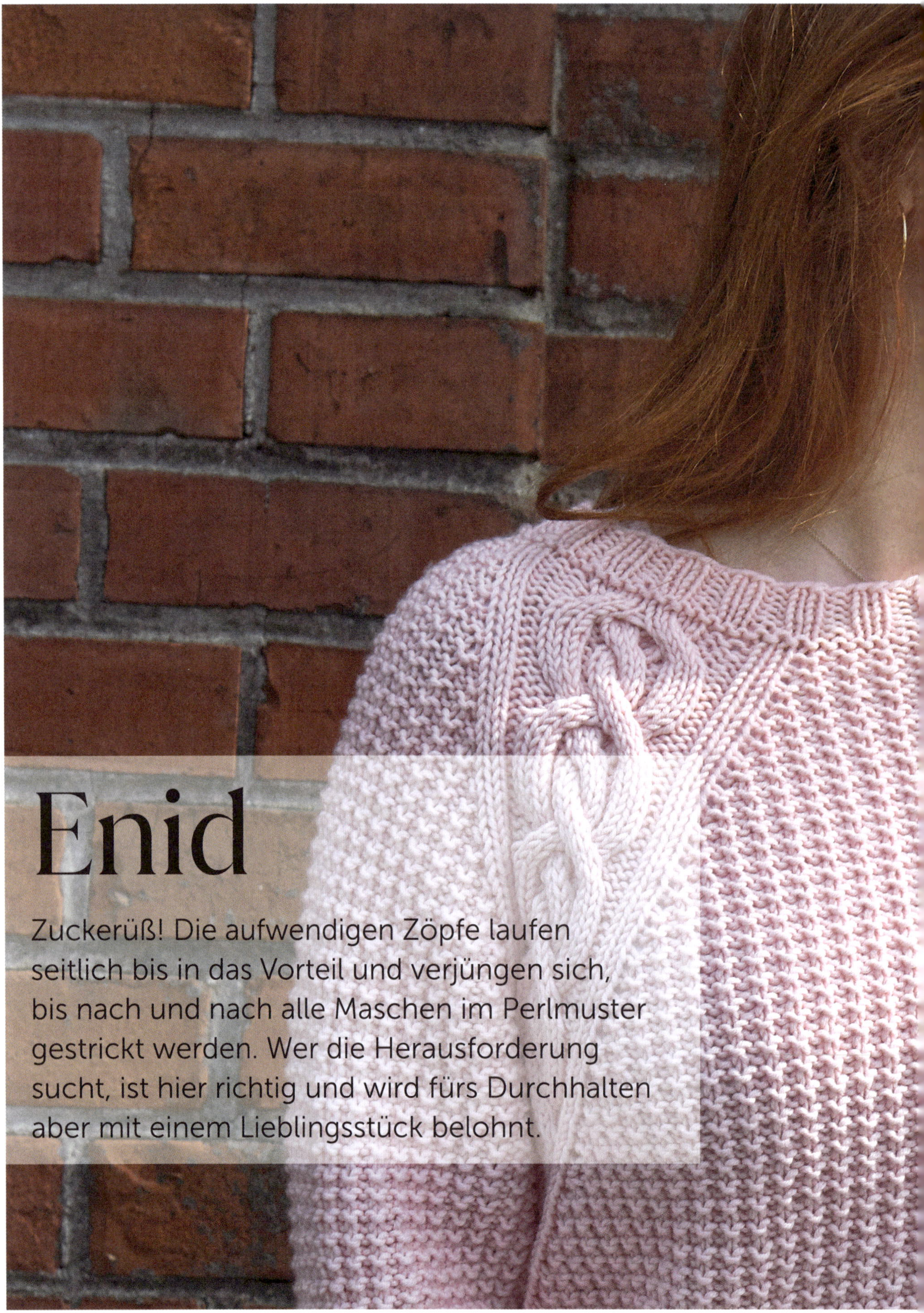

Enid

Zuckerüß! Die aufwendigen Zöpfe laufen seitlich bis in das Vorteil und verjüngen sich, bis nach und nach alle Maschen im Perlmuster gestrickt werden. Wer die Herausforderung sucht, ist hier richtig und wird fürs Durchhalten aber mit einem Lieblingsstück belohnt.

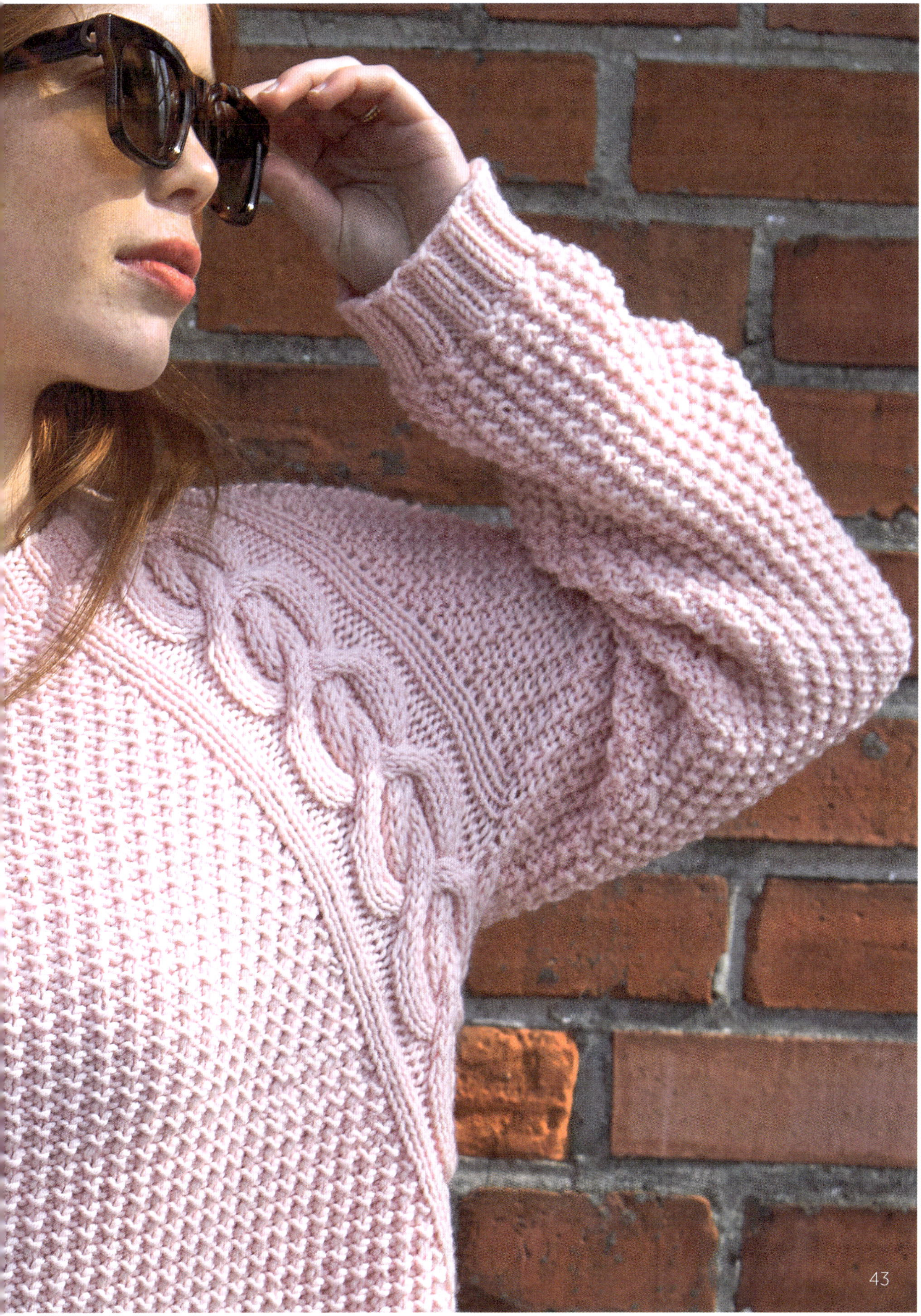

Enid

Süß – Sportiv – Oversize

SCHWIERIGKEITSGRAD

etwas Strickerfahrung nötig

GRÖSSE

One Size. Der Pullover ist sehr großzügig geschnitten und passt ca. für Größe 36–42.

MATERIAL

Bingo (100% Schurwolle); 800g in Rosa (Fb. 64) von Lana Grossa mit einer Lauflänge von 80m/50g;

Rundnadel 5mm und 4,5mm.

MASCHENPROBE

Mit Nadel 5mm im Perlmuster gestrickt ergeben 18 M und 25 Rd 10cm x 10cm.

Bündchenmuster 2:2-Rippe

2 M rechts und 2 M links im Wechsel stricken.

Glatt rechts

In allen Rd rechte M stricken.

Großes Perlmuster

1.–2. Rd: 1 M rechts und 1 M links im Wechsel

3.–4. Rd: 1 M links und 1 M rechts im Wechsel

Raglan-Maschen: Nach Strickschrift über 18 M arbeiten, nach der Zunahme über

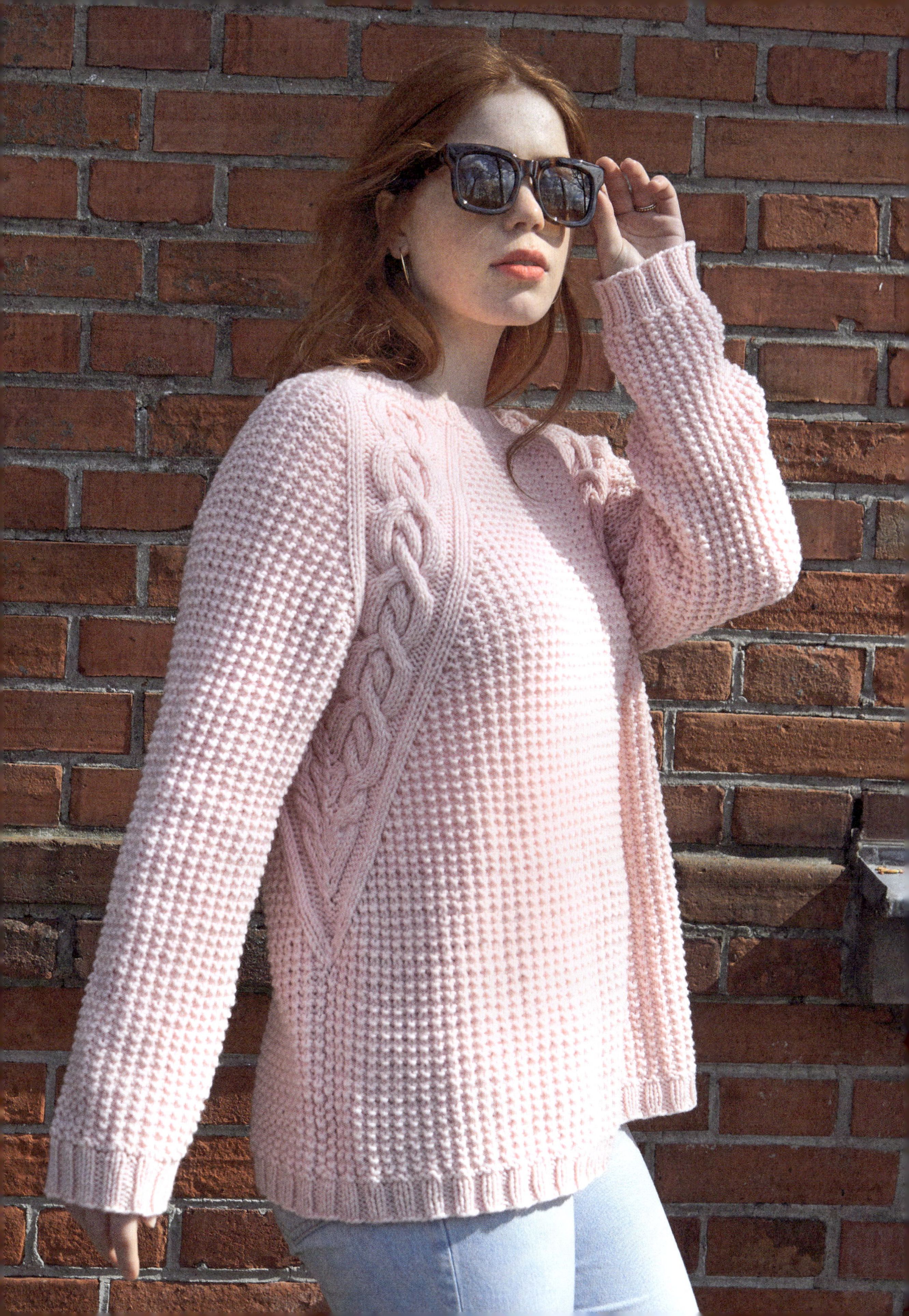

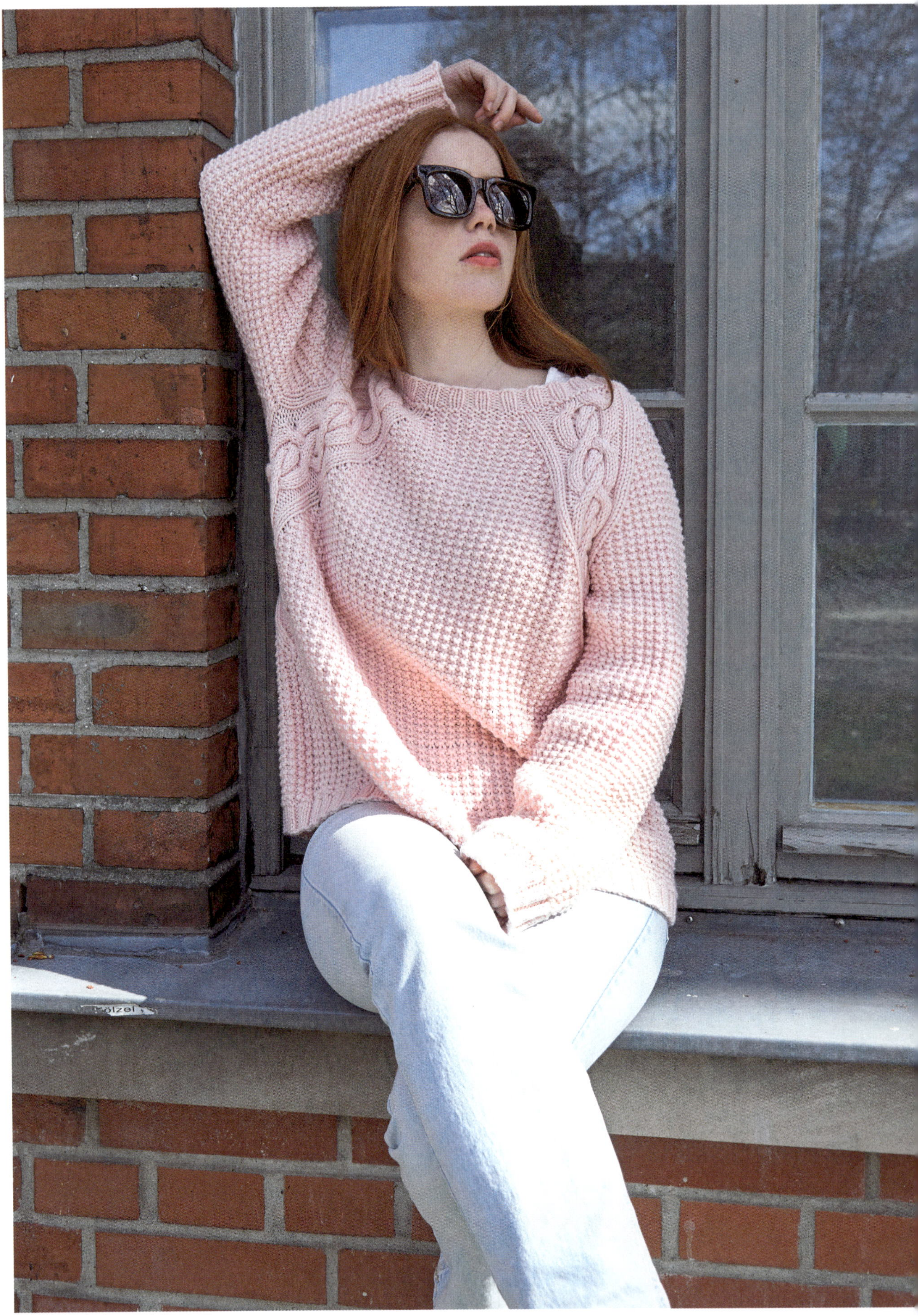

24 M arbeiten. Es sind nur die Muster-Rd (=ungerade Rd) gezeichnet. In den Zwischen-Rd (=gerade Rd), die M stricken, wie sie erscheinen oder wie in der Legende angegeben. 1x die Zunahme-Rd, 4x die 1.–12. Rd und noch 1x die 1.–4. Rd stricken. Danach das Muster nach der Strickschrift „Musterkeil" fortführen. Die Raglan-M, die rechts vom Vorder- und Rückenteil liegen, nach der Strickschrift „Raglan-Maschen rechte Seite" stricken, die links liegenden nach der Strickschrift „Raglan-Maschen linke Seite" stricken.

Muster-Keil: Über 13 M und die rechts und links verbleibenden 22 Raglan-M = 53 M stricken. Dabei alle nicht gezeichneten M mustergemäß fortsetzen. Ab 99. Rd keine Zwischen-Rd mehr stricken und die Abnahmen in jeder Rd arbeiten.

SO WIRD'S GEMACHT

Halsbündchen: Mit Nadeln 4,5 mm 100 M anschlagen. Die M zur Runde schließen. 6 Rd = 3 cm im Bündchenmuster 2:2-Rippe stricken. Danach 1 Rd rechte und 1 Rd linke M stricken. Wechseln zu Nadel 5 mm und weiter zwischen den Raglan-M im großen Perlmuster stricken. Die M einteilen und die Übergänge mit Maschenmarkierern kennzeichnen.

Mascheneinteilung: Vorder- und Rückenteil: Je 13 M, Ärmel: Je 1 M, Raglan-Maschen: 4x je 18 M und nach den Zunahmen lt. Strickschrift je 24 M = 124 M.

Raglanpasse: Der Rd-Übergang liegt am Rückenteil am Übergang zum linken Ärmel vor den Raglan-M. In jeder Zunahme-Rd werden 8 M zugenommen.

Zunahme-Rd: ***18 M nach Strickschrift, dabei wie eingezeichnet 6 M = 24 M zunehmen*** , 1 M im Großen Perlmuster für den linken Ärmel (= 1 rechte M), 24 Raglan-M wie von *** bis *** beschrieben, 13 M im Großen Perlmuster für das Vorderteil, dabei mit 1 M rechts beginnen und enden, 24 Raglan-M wie von *** bis *** beschrieben, 1 M im Großen Perlmuster für den rechten Ärmel (= 1 rechte M), 24 Raglan-M wie von *** bis *** beschrieben, 13 M im Großen Perlmuster für das Rückenteil, dabei mit 1 M rechts beginnen und enden. Es sind nun 124 M auf der Nadel.

1. Rd: Alle M im Perlmuster mustergemäß stricken und die Raglan-M nach Strickschrift arbeiten.

2. Rd: Alle M im Perlmuster mustergemäß stricken. Jeweils vor und nach den Raglan-M 1 Umschlag auf die Nadel nehmen und in der Folge-Rd links verschränkt abstricken = 130 M.

Die 1. und 2. Rd noch 25x wiederholen.

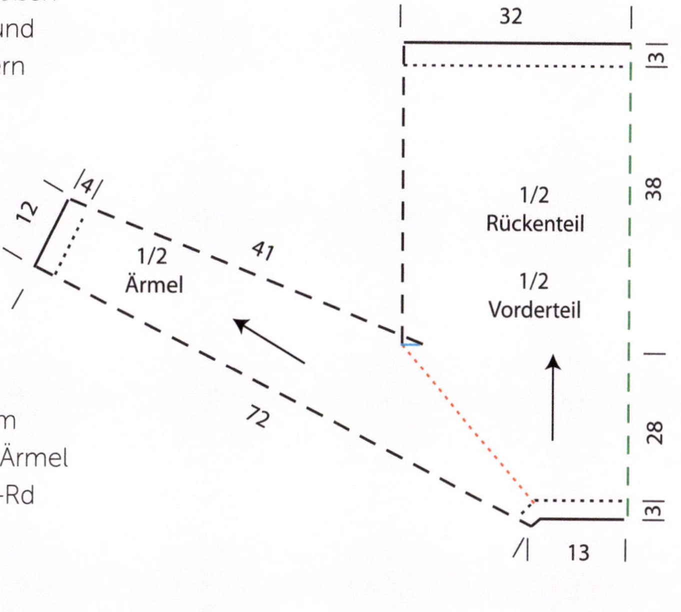

Muster-Keil

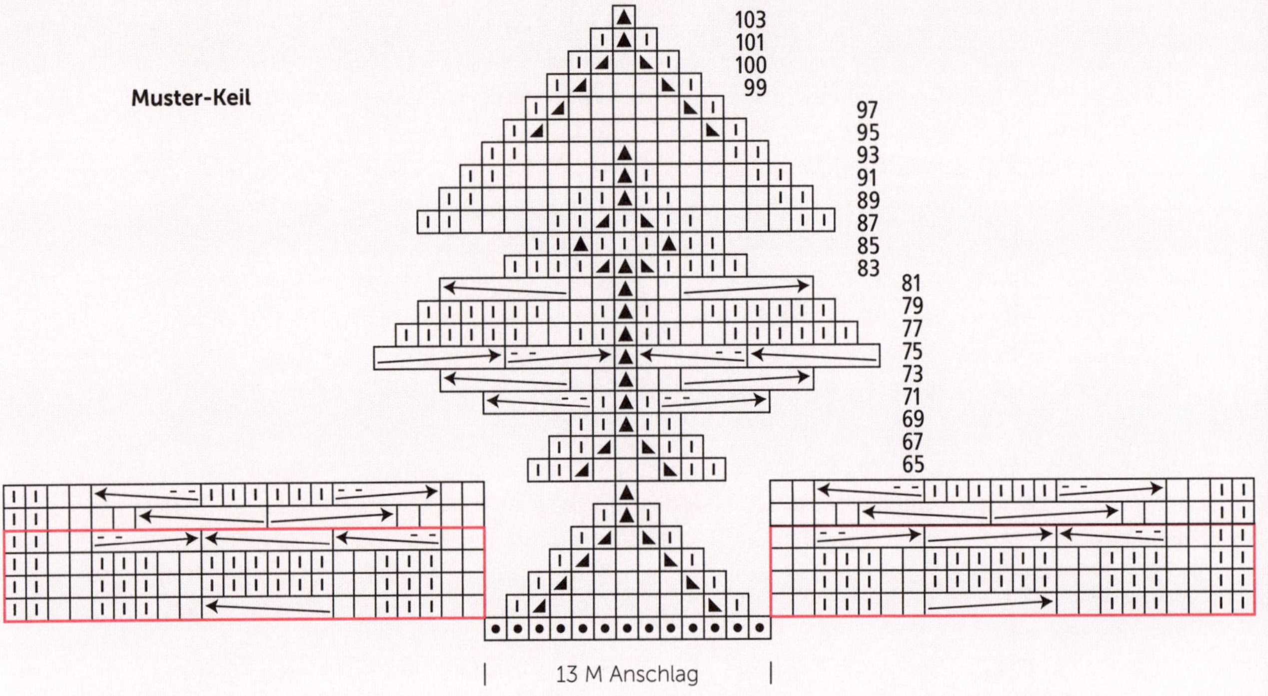

Nach der 52. Rd ergibt sich folgende Maschenеinteilung: Vorder- und Rückenteil: Je 65, Ärmel: Je 53 M, Raglan-Maschen: 4x je 24 M = 332 M. Die Passe ist nun beendet.

Die M neu einteilen. Für die Ärmel je 53 M plus rechts und links je 2 M, die zu den Raglan-M gehören = 57 M stilllegen.

Vorder- und Rückenteil: Die verbleibenden 22 vorderen Raglan-M, 65 M des Vorderteils und nochmals 22 vordere Raglan- auf eine Nadel nehmen, 13 M neu schlagen, 22 hintere Raglan-M, 65 M des Rückenteils und 22 hintere Raglan-M auf die Nadel nehmen und nochmals 13 M neu anschlagen = 244 M. Weiter nach Strickschrift den Musterkeil stricken. Alle anderen M im Perlmuster stricken. Weiterhin aber jeweils vor und nach dem Keil 1 M zunehmen wie oben beschrieben. Somit wird der Keil immer schmaler, die Gesamt-Maschenzahl bleibt aber erhalten. Sind die Keil-M verbraucht, alle M im Perlmuster stricken.

[I] = 1 M rechts

[ ] = 1 M links

[V] = 1 M rechts verschränkt aus dem Querfaden zunehmen

[•] = 1 M neu anschlagen

[◢] = 2 M rechts zusammenstricken

[◣] = 1 M abheben, 1 M rechts stricken, dann die abgehobene M über die gestrickte M ziehen

[▲] = 3 M überzogen zusammenstricken: 1 M abheben, 1 M rechts stricken, dann erst die abgehobene M und dann die folgende M über die gestrickte M ziehen

[←] = 3 M auf einer Hilfsnadel hinter die Arbeit legen, 3 M rechts stricken,dann die M der Hilfsnadel rechts abstricken

[→] = 3 M auf einer Hilfsnadel vor die Arbeit legen, 3 M rechts stricken,dann die M der Hilfsnadel rechts abstricken

[- - →] = 2 M hinter die Arbeit legen, 3 M rechts stricken, dann die 2 M der Hilfsnadel links abstricken

[← - -] = 3 M auf einer Hilfsnadel vor die Arbeit legen, 2 M links abstricken, dann die 3 M der Hilfsnadel rechts stricken

Nach 38 cm ab Unterarm-Maschenanschlag wechseln zu Nadel 4,5 mm und 6 Rd = 3 cm im Bündchenmuster stricken. Dann alle M abketten.

Ärmel: Mit der Rundnadel 5 mm die stillgelegten 57 M auf eine Nadel nehmen und 13 M aus den neu angeschlagenen M auffassen, zusätzlich an den Übergängen zu den Ärmel-M beidseitig der neu angeschlagenen M noch 1 M auffassen = 72 M. Dabei so arbeiten, dass du auf die rechte, also äußere Seite des Pullis schaust. Das Perlmuster fortsetzen. Den Rd-Übergang markieren.

11x in jeder 8. Rd am Rd-Übergang 3 M rechts zusammenstricken (=1 M rechts abheben, 2 M rechts zusammenstricken, dann die abgehobene M über die gestrickte M ziehen) = 50 M.

Ist der Ärmel, gemessen ab Unterarm-Maschenanschlag, 41 cm lang, noch 1 Rd rechte, 1 Rd linke und 1 Rd rechte M stricken, dabei in der letzten Rd 2x 2 M rechts zusammenstricken = 48 M.

Nun wechseln zur 4,5-mm-Nadel und 9 Rd = 4 cm im Bündchenmuster stricken, dann alle M locker abketten.

Den 2. Ärmel ebenso arbeiten.

Zu guter Letzt: Alle Fäden vernähen. Den Pullover glatt hinlegen, leicht anfeuchten und unter feuchten Tüchern trocknen lassen.

Raglan-Maschen „Rechte Seite"
Übergang Vorderteil zum rechten Ärmel
und am Rückenteil zum linken Ärmel

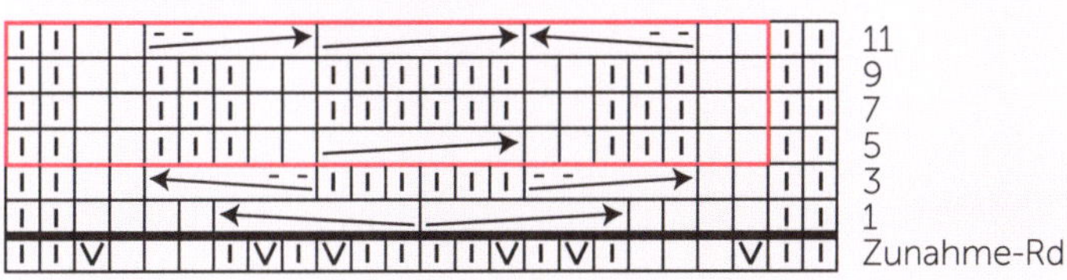

Raglan-M
18 M + 6 M Zunahme = 24 M

Raglan-Maschen „Linke Seite"
Übergang vom linken Ärmel zum Vorderteil
und am rechten Ärmel zum Rückenteil

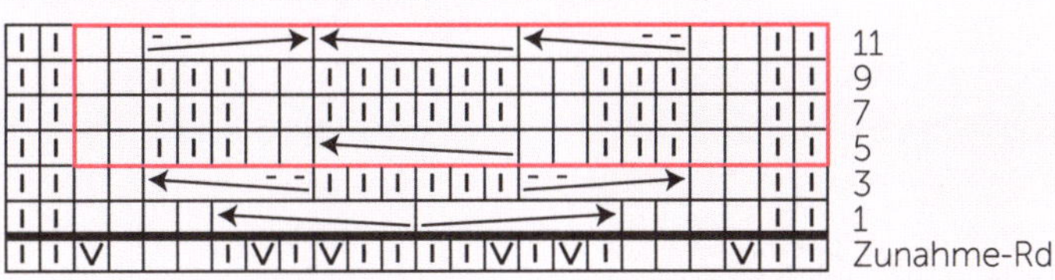

Raglan-M
18 M + 6 M Zunahme = 24 M

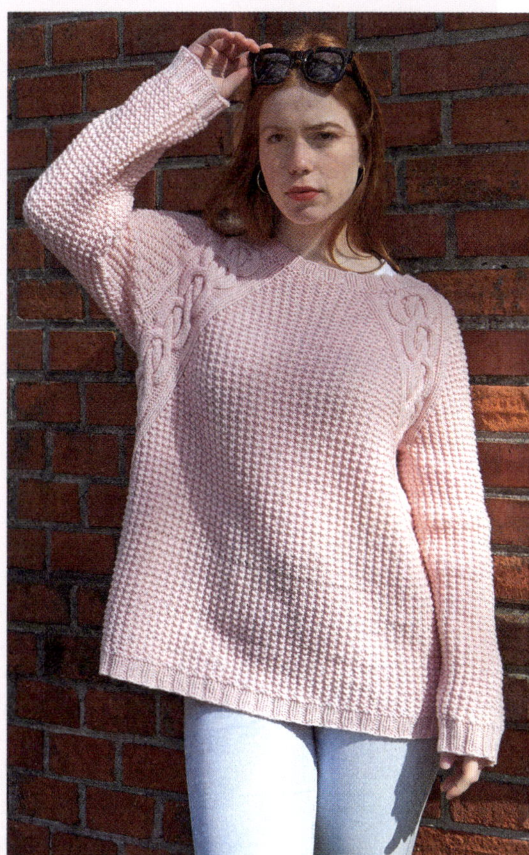

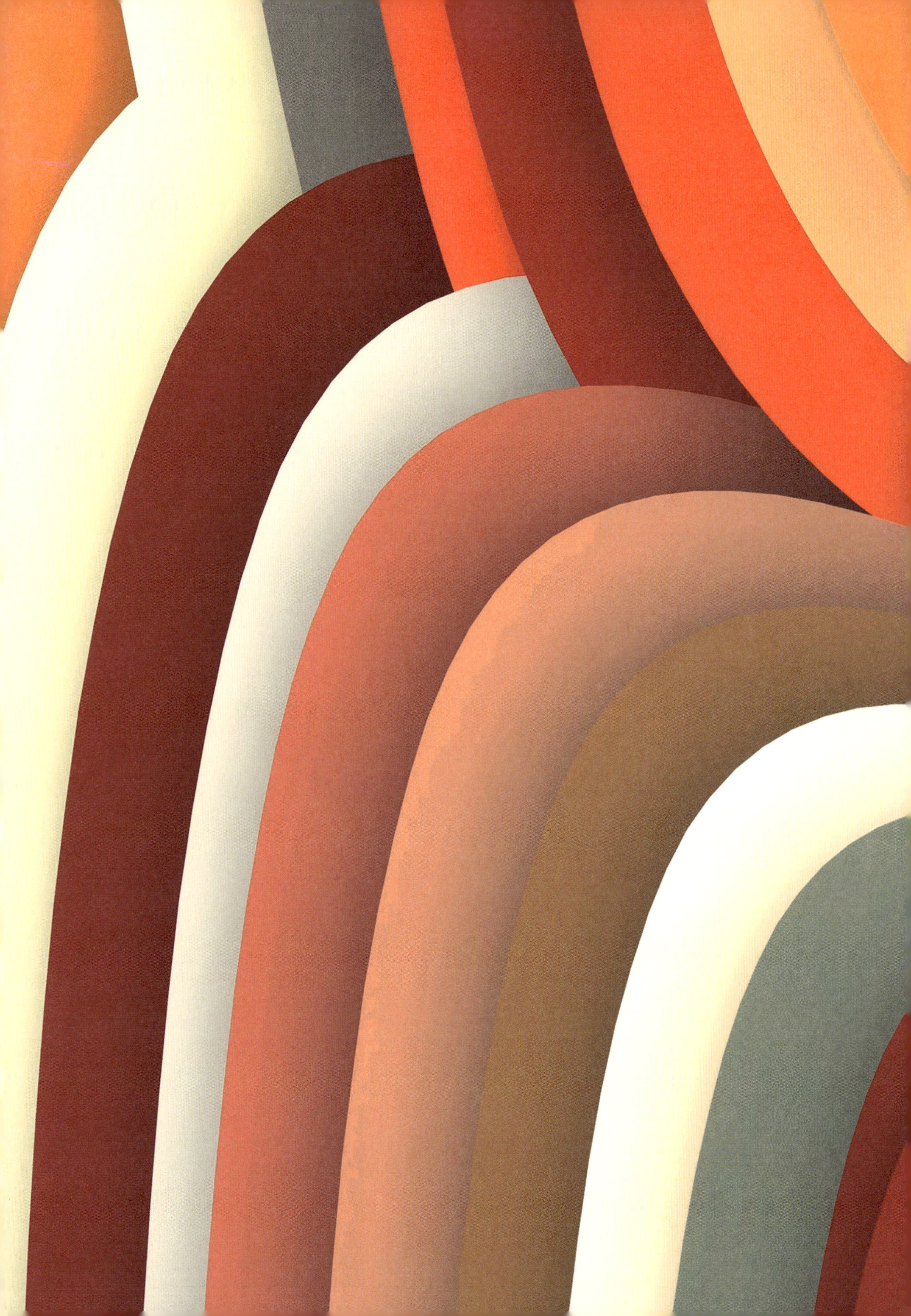

Herbstlich in Erd-tönen

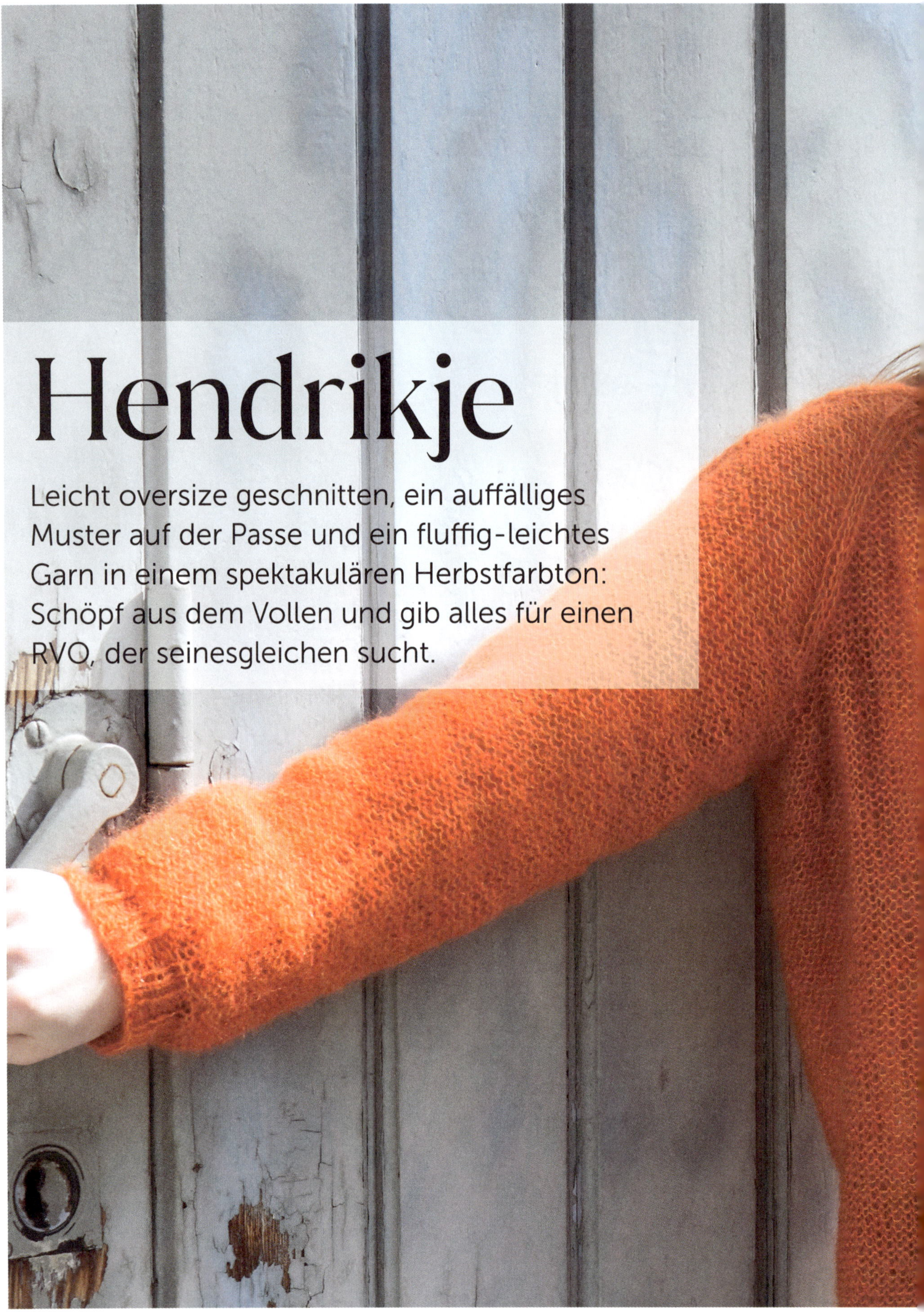

Hendrikje

Leicht oversize geschnitten, ein auffälliges Muster auf der Passe und ein fluffig-leichtes Garn in einem spektakulären Herbstfarbton: Schöpf aus dem Vollen und gib alles für einen RVO, der seinesgleichen sucht.

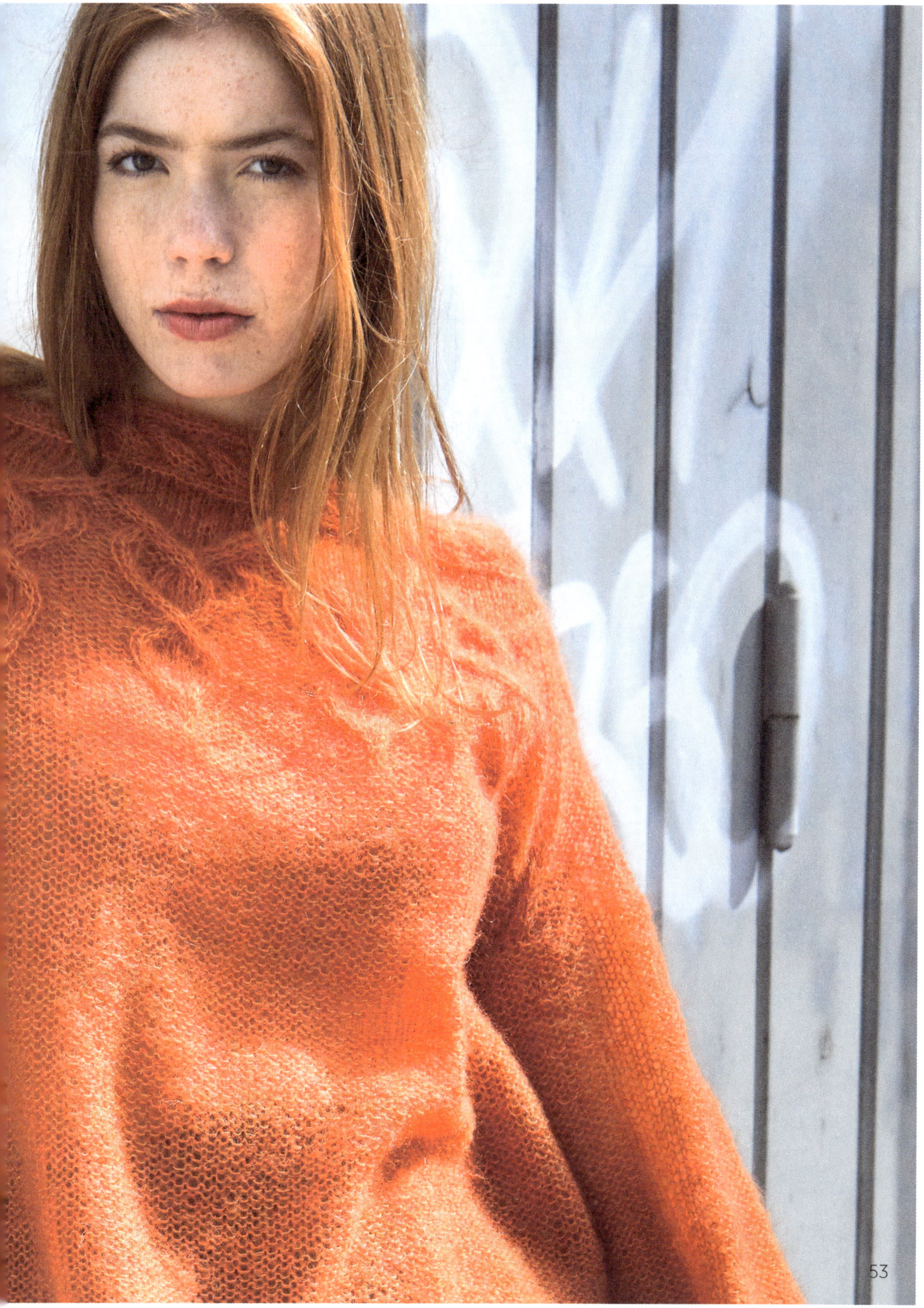

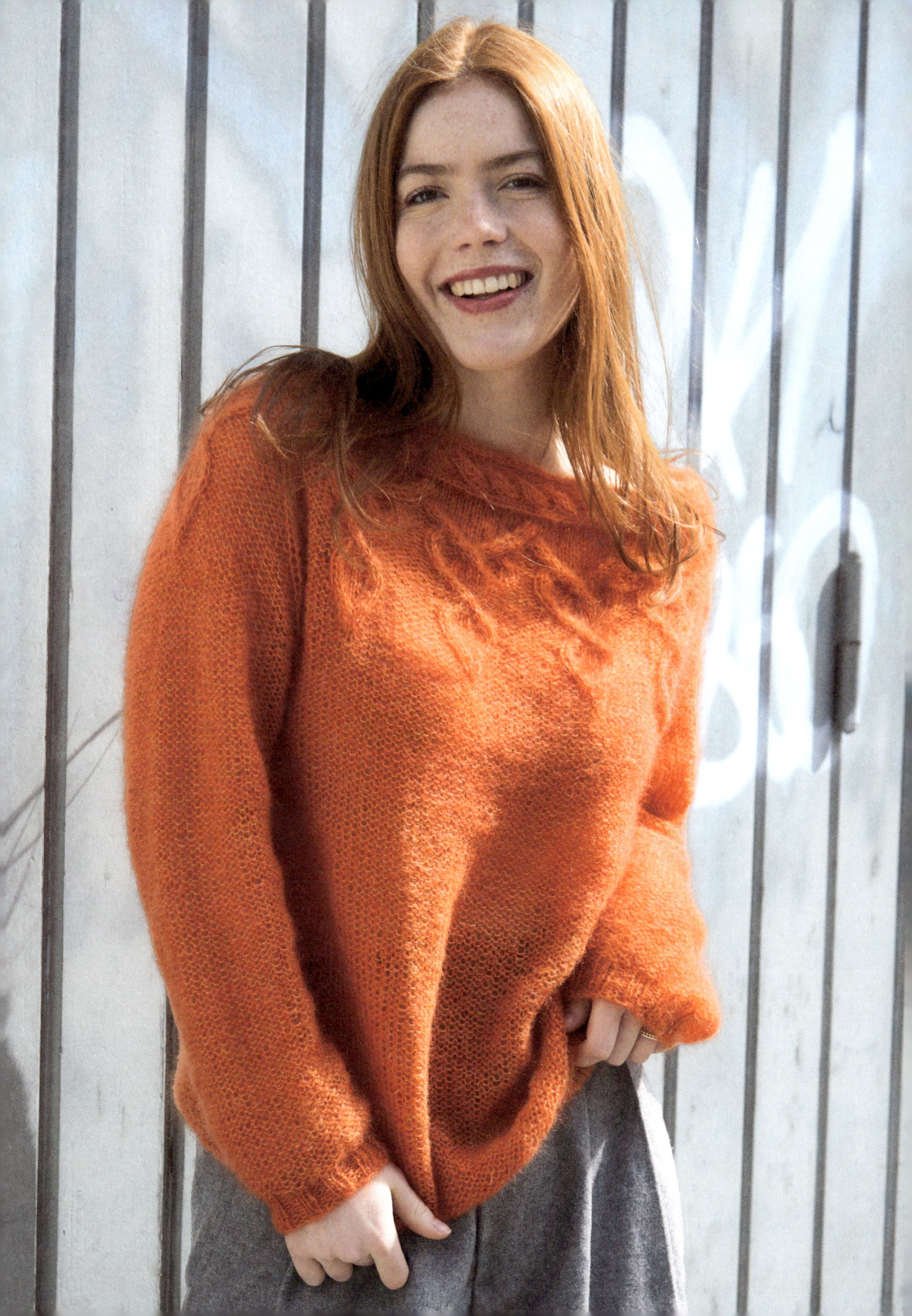

Hendrikje

Flauschig – Herausfordernd – Herbstlich

SCHWIERIGKEITSGRAD

anspruchsvoll

GRÖSSE

36–38, 40–44, 46–48. Die Angaben für Größe 36–38 stehen vor der Klammer, für 40–44 in der Klammer an erster Stelle, für 46–48 an letzter Stelle: 36–38 (40–44 / 46–48).

MATERIAL

Je 100 (125 /150)g Silkhair (70% Mohair, 30% Seide) in Dunkelorange (Fb.136) und Mandarin (Fb. 161) von Lana Grossa mit einer Lauflänge von 210 m / 25g.

Rundnadel 5 mm und 5,5 mm.

MASCHENPROBE

Mit Nadel 5,5 mm glatt links und mit doppeltem Faden gestrickt ergeben 16 M und 17 Rd 10 cm x 10 cm.

Bündchenmuster 2:2-Rippe

2 M rechts und 2 M links im Wechsel stricken.

Glatt links

In allen Rd linke M stricken.

Zopf-Muster für die Halsblende: Nach Strickschrift über 13 M stricken. Es sind nur die Muster-R (= Hin-R) gezeichnet. In den Rück-R (= gerade Rd) die M so stricken, wie sie erscheinen. Die 1.–6. R fortlaufend wiederholen.

Zopf-Muster für die Passe: Nach Strickschrift über 14 M + Zunahmen = 18 M stricken. Es sind nur die Muster-Rd (= gerade Rd) gezeichnet. In den Zwischen-Rd (= ungerade Rd) die M so stricken, wie sie erscheinen. Alle M außerhalb der Strickschrift mit Ausnahme der Raglan-M glatt links stricken.

Raglan-Maschen

2 rechte M. Die Raglan-M sind in der Strickschrift „Passe" rot eingezeichnet. Für die Raglan-Schrägungen jeweils vor und nach den beiden rechten M eine M aus dem Querfaden zunehmen.

SO WIRD'S GEMACHT

Der Pullover wird durchgehend mit 2 Fäden, also je einem Faden in Mandarin und in Dunkelorange, gestrickt.

Halsblende: Mit Nadeln 5,0 mm und zwei Fäden 13 M anschlagen. Es wird nur an einer Seite mit Rand-M gestrickt.

Nach Strickschrift „Blende" arbeiten und mit der 1. R beginnen: 3 M rechts, 1 M links, 6 M rechts für den Zopf, 1 M links, 1 M rechts, 1 Rand-M. Die Seite mit der Rand-M bildet später die Seite, an der die M für die Raglan-Passe herausgestrickt werden.

Insgesamt 31x die 1.–6. R stricken, dann alle M abketten. Die schmalen Seiten der Blende so aneinanderlegen und schließen, dass ein Ring entsteht.

Raglanpasse: Mit Nadel 5,5 mm aus der Kante mit der Rand-M 140 M auffassen.

Die M zur Runde schließen und 1 Rd rechte M stricken. Danach weiter nach Strickschrift „Passe" arbeiten. Die 1. Rd ist die Zunahme-Rd. In jedem der 4 Rapport 4 M = 40 M zunehmen = 180 M.

Die M einteilen und die Übergänge mit Maschenmarkierern kennzeichnen.

Der Rd-Übergang liegt am Rückenteil am Übergang vom rechten Ärmel zum Rückenteil vor den Raglan-M. In jeder Zunahme-Rd werden 8 M zugenommen.

Mascheneinteilung: Vorder- und Rückenteil: Je 4 Rapporte à 18 M, Ärmel: Je 1 Rapport à 18 M. Raglan-Maschen: 4x je 2 M werden nach und nach zugenommen bzw ergeben sich aus dem Muster, siehe Strickschrift. Die Raglan-M werden jeweils nur an den Übergängen gearbeitet.

1. Rd: 10x den Rapport nach Strickschrift arbeiten. Später verschieben sich die Rapportübergänge durch die zugenommenen Raglan-M.

2. Rd: Alle M stricken, wie sie erscheinen.

3. Rd: 10x den Rapport nach Strickschrift arbeiten.

4. Rd: Alle M stricken, wie sie erscheinen, die Raglan-M wie in der Strickschrift beschrieben arbeiten.

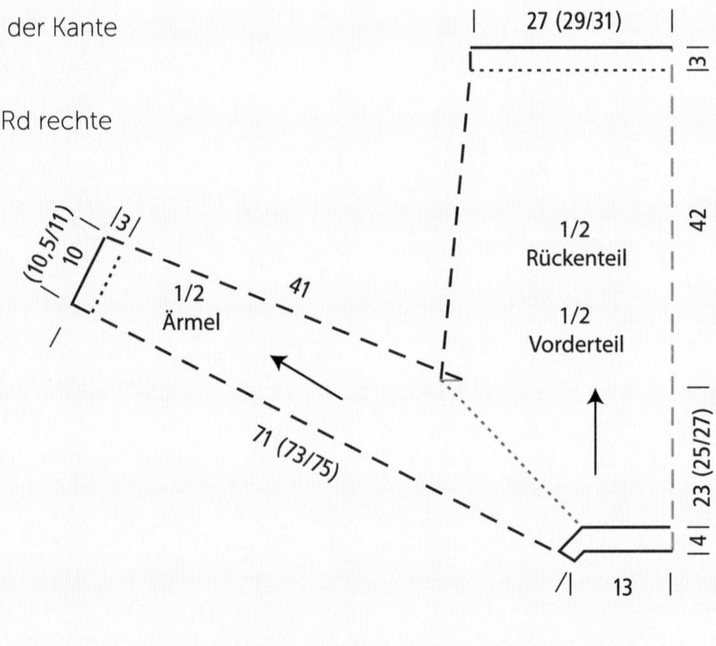

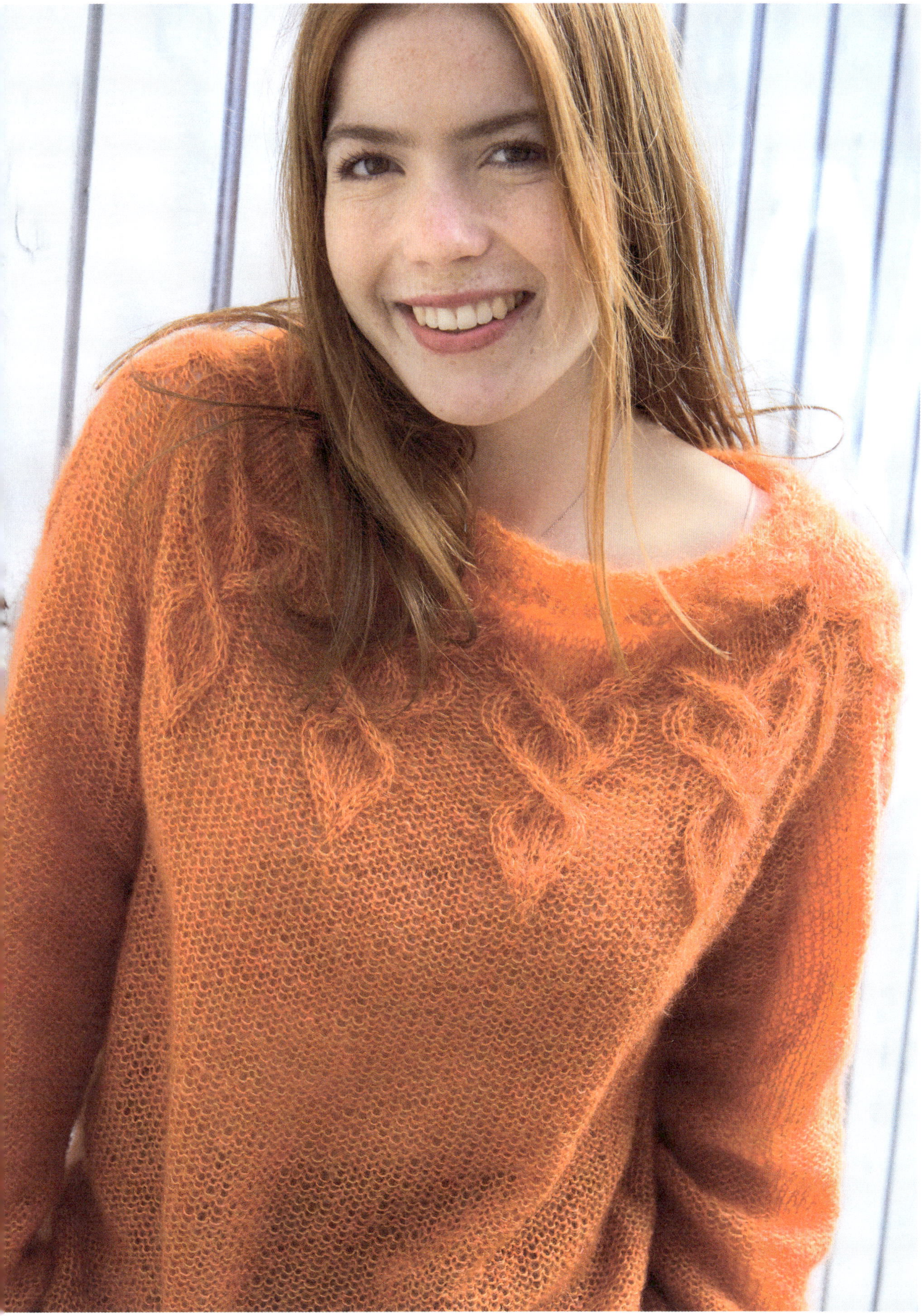

Zopf an der Passe

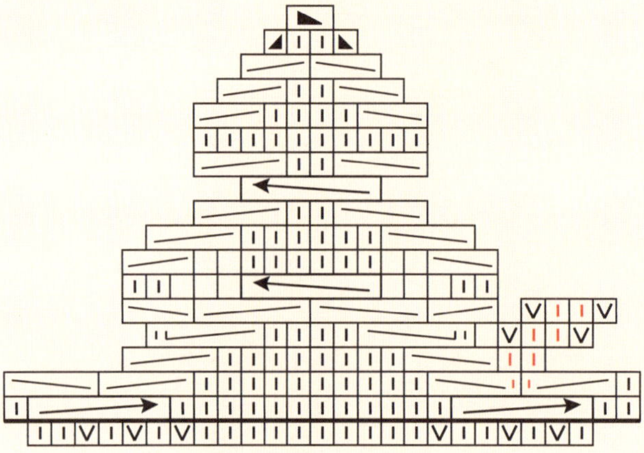

7
5
3
1
Zunahme-Rd

| 14 M + 4 M Zunahmen = 18 M |

| Rapport |

Zopf an der Halsblende

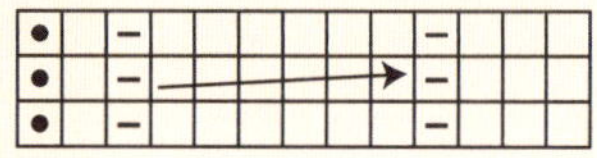

5
3
1

| 13 M |

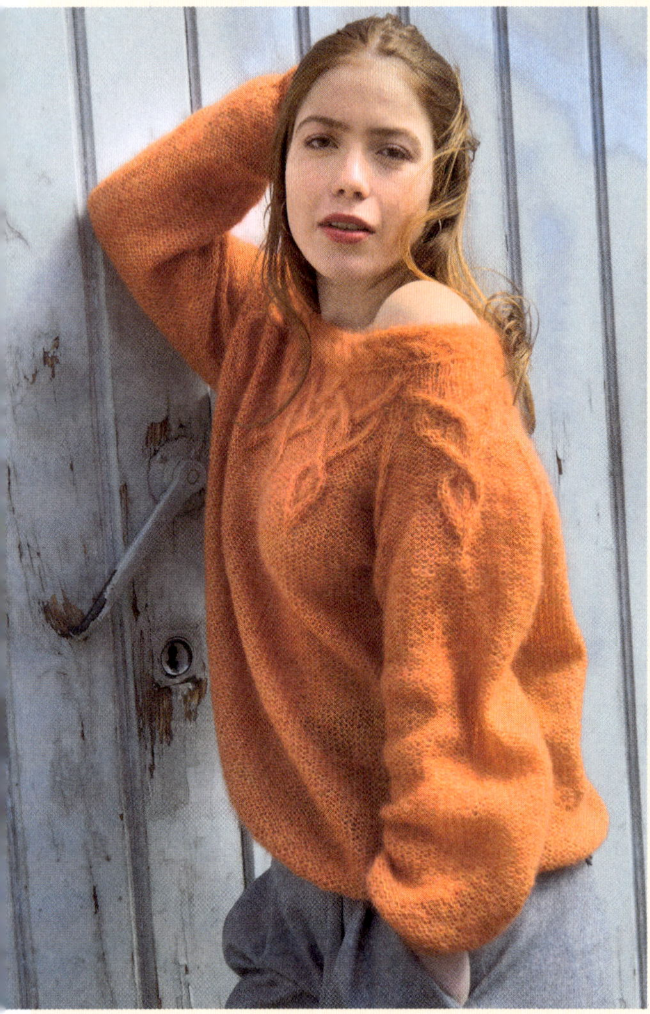

= 1 Raglan-M rechts

= 1 M rechts

= 1 M links

= 1 M rechts verschränkt aus dem Querfaden zunehmen

= 1 Rand-M

= 2 M rechts zusammmenstricken

= 2 M rechts überzogen zusammenstricken: 1 M abheben, 1 M rechts stricken, dann die abgehobene M über die gestrickte M ziehen

= 1 M auf einer Hilfsnadel hinter die Arbeit legen, 2 M rechts stricken, dann die M der Hilfsnadel links abstricken

= 1 M auf einer Hilfsnadel hinter die Arbeit legen, 3 M rechts stricken, dann die M der Hilfsnadel links abstricken

= 2 M auf einer Hilfsnadel vor die Arbeit legen, 1 M links stricken, dann die M der Hilfsnadel rechts abstricken

= 3 M auf einer Hilfsnadel vor die Arbeit legen, 1 M links stricken, dann die M der Hilfsnadel rechts abstricken

= 2 M auf einer Hilfsnadel hinter die Arbeit legen, 3 M rechts stricken, dann die M der Hilfsnadel rechts stricken

= 3 M auf einer Hilfsnadel vor die Arbeit legen, 2 M rechts stricken, dann die M der Hilfsnadel rechts stricken

= 3 M auf einer Hilfsnadel hinter die Arbeit legen, 3 M rechts stricken, dann die M der Hilfsnadel rechts stricken

= 3 M auf einer Hilfsnadel vor die Arbeit legen, 3 M rechts stricken, dann die M der Hilfsnadel rechts stricken

5.–6. Rd: Nach Strickschrift weiterarbeiten.

7. Rd: Wie eingezeichnet vor dem 1. Rapport des Rückenteils, nach dem 4. Rapport des Rückenteils, nach dem Ärmel-Rapport, nach dem 4. Rapport des Vorderteils und nach dem Ärmelrapport die Zunahmen für die Raglan-Zunahmen arbeiten = 8 M Raglan-Zunahme = 188.

8. Rd: Alle M stricken, wie sie erscheinen, die Raglan-M wie in der Strickschrift beschrieben arbeiten.

Die 7.–8. Rd noch 13x (16x / 19x) wiederholen =292 (316 / 340) M. Gleichzeitig werden in den letzten beiden Muster-Rd je Rapport 3 M abgenommen = 262 (286 / 310)M.

Nach der 34. (40. / 46.) Rd ergibt sich folgende Mascheneinteilung: Vorder- und Rückenteil: Je 84 (92 / 100) M, Ärmel: Je 47 (51 / 55) M. Die Passe ist nun beendet.

Die Arbeit auf links drehen und weiter glatt rechts stricken, da die rechten M meist leichter von der Hand gehen als die linken M.

Vorder- und Rückenteil: Auf eine 5,5-mm-Nadel nacheinander die folgenden M auf eine Nadel stricken: 84 (92 / 100) M des Vorderteils, 12 M neu anschlagen, 84 (92 / 100) M des Rückenteils, 12 M neu anschlagen = 192 (208 / 224) M.

Die M zur Rd schließen und die M der Ärmel zunächst stilllegen.

Weiter 12 Rd glatt rechts stricken. Die Seitennähte in der Mitte der beidseitig neu angeschlagenen M markieren. Der Rd-Übergang liegt nun an der Seitennaht. In der 13. Rd seitliche Abnahmen stricken: ***2 M rechts, 1 Überzug (1 M abheben, 1 M rechts str, dann die abgehobene M über die gestrickte M ziehen), glatt links bis 4 M vor Seitennaht stricken, 2 M rechts zusammenstricken, 4 M rechts, 1 Überzug, weiter glatt rechts bis 4 M vor Seitennaht stricken, 2 M rechts zusammenstricken, 2 M rechts***.

Den Vorgang von *** bis *** noch 3x in jeder 12. Rd und 1x in der 16. Rd wiederholen = 172 (188 / 204) M.

In 41 cm ab Unterarmaschenanschlag verteilt 32x 2 M rechts zusammenstricken = 140 (156 / 172) M. Noch 1 Rd rechte M stricken.

Wechseln zu Nadel 5,0 mm und 10 Rd im Bündchenmuster 2:2-Rippe stricken. Dann alle M locker abketten.

Ärmel: Mit der Rundnadel 5,0 mm die 47 (51 / 55) Ärmel-M wieder aufnehmen und zusätzlich aus den unter dem Arm neu angeschlagenen 12 M 13 M auffassen. Dabei so arbeiten, dass du auf die rechte, also äußere, Seite des Pullis schaust. Zusätzlich an den Übergängen noch 2 M auffassen = 62 (66 / 70) M. Nach 1 Rd linker M den Ärmel auf links drehen und weiter in Rd rechte M stricken. Die Unterarmnaht markieren als neuen Rd-Übergang. Für die Ärmelschrägungen beidseits der Unterarmnaht 2 M markieren. In der 4. Rd, 6x in jeder 8. Rd und 2x in jeder 12. Rd 2 M abnehmen wie beim Vorder- und Rückenteil beschrieben = 44 (48 / 52) M.

In 40 cm ab Unterarmaschenanschlag verteilt 8x 2 M rechts zusammenstricken = 36 (40 / 44) M. Noch 1 Rd rechte M stricken.

Wechseln zu Nadel 5,0 mm und 10 Rd im Bündchenmuster 2:2-Rippe stricken. Dann alle M locker abketten.

Den 2. Ärmel ebenso arbeiten.

Zu guter Letzt: Alle Fäden vernähen. Den Pullover glatt hinlegen, leicht anfeuchten und unter feuchten Tüchern trocknen lassen.

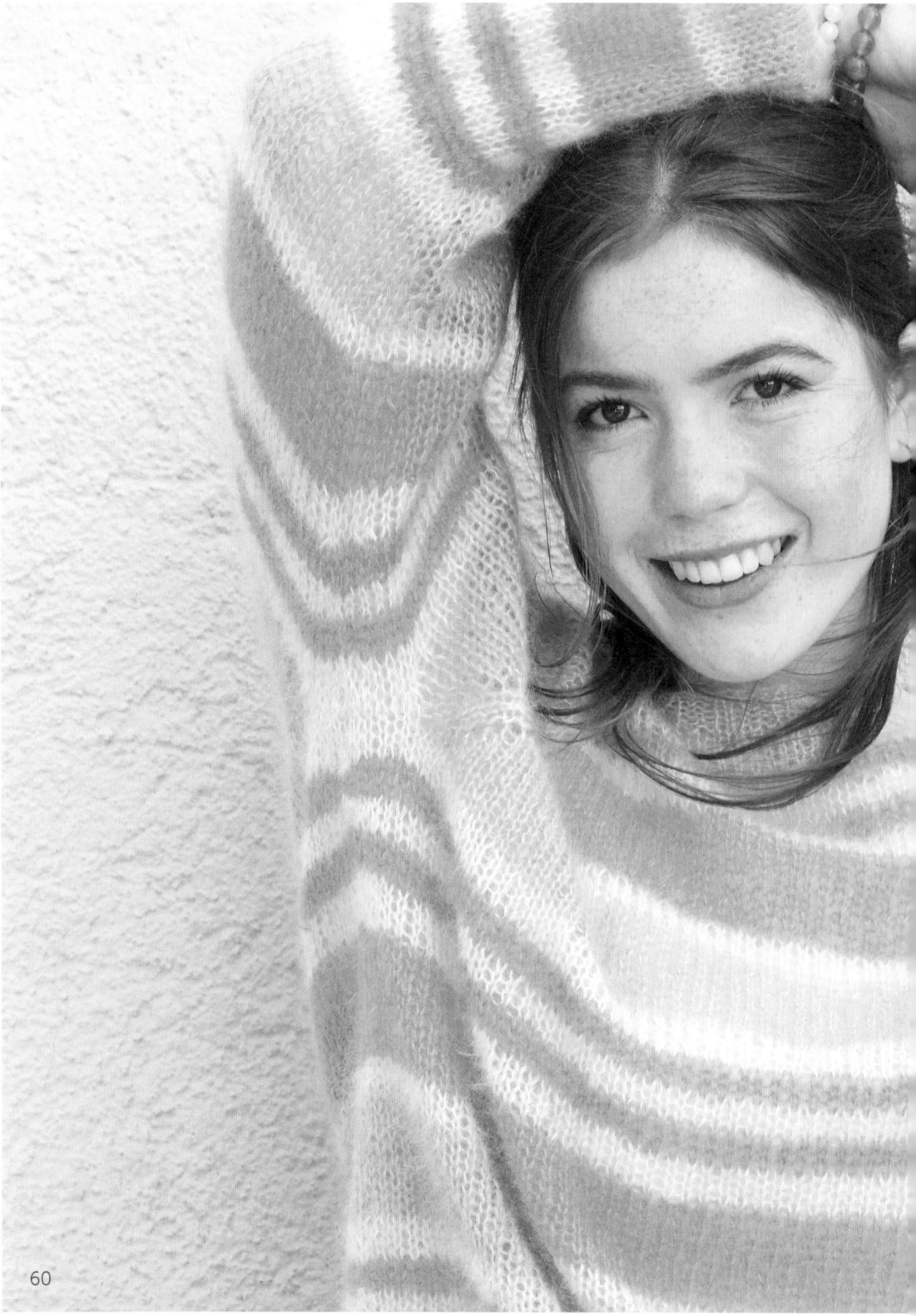

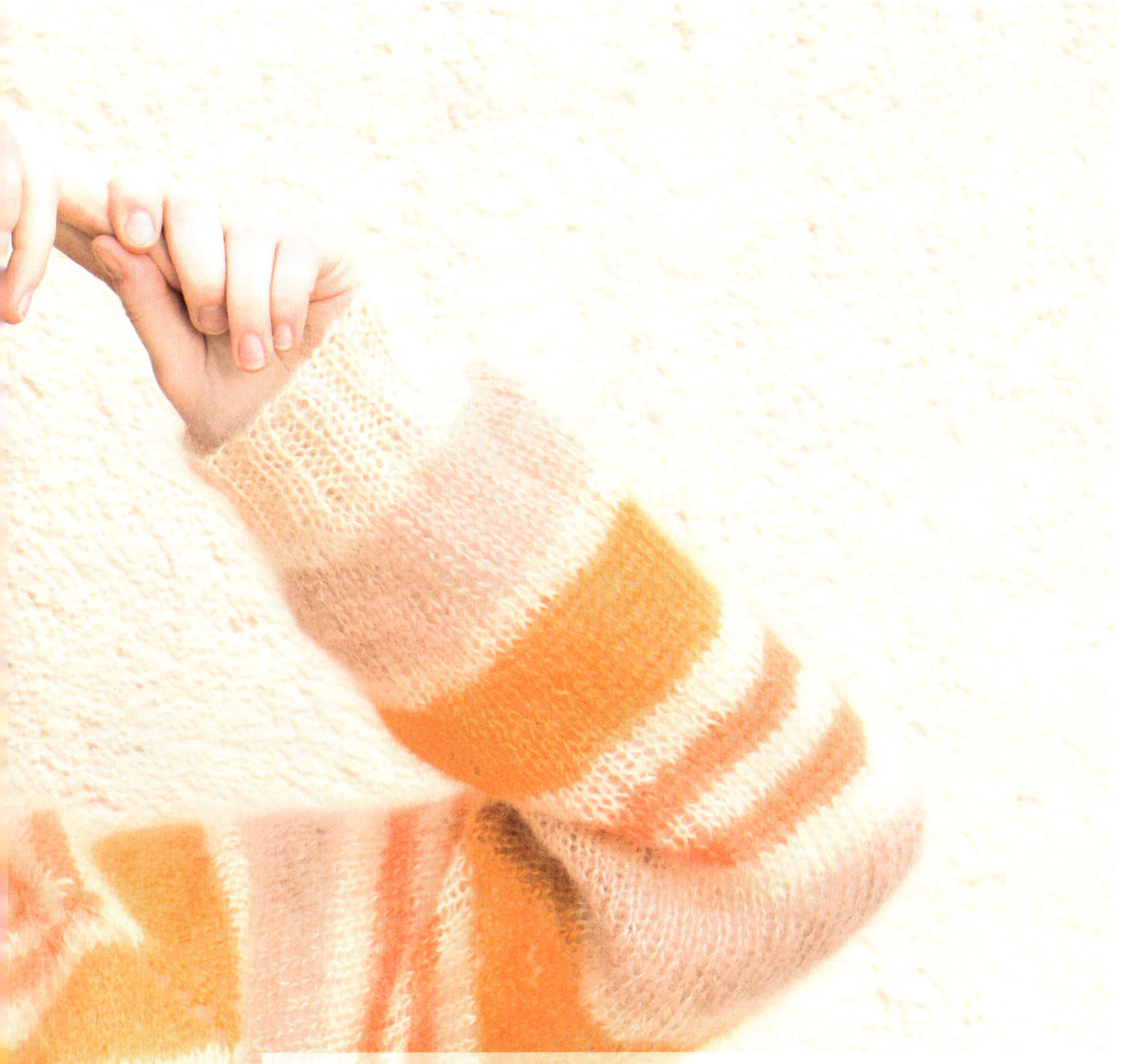

Lena

Ein Pullover, der auch absolute Einsteiger*innen gleich auf Wolke 7 schweben lässt. Durch die Streifen siehst du einen schnellen Fortschritt, die Reihen lassen sich einfach zählen und außerdem strickst du immer nur glatt rechts. Wag dich ran, du schaffst das: versprochen!

Lena

Leicht – Ton in Ton – Herbstlich

SCHWIERIGKEITSGRAD

einfach

GRÖSSE

36–38, 40–42, 44–46, 48–50. Die Angaben für Größe 36–38 stehen vor der Klammer, für 40–42 in der Klammer an erster Stelle, für 44–46 an zweiter und für 48–50 an letzter Stelle: 36–38 (40–42 / 44–46 / 48–50).

MATERIAL

Kid Seta (70% Mohair, 30% Seide); 75 (75 / 100 / 100)g in Sand (Fb. 2), 50 (50 / 75 / 75) g in Hellcamel (Fb. 97), 25 (50 / 50 / 75)g in Nektarine (Fb. 124) und 50 (50 / 75 / 75)g in Senf (Fb. 118) von Schulana mit einer Lauflänge von 210 m / 25 g;

Rundnadel 6 mm und 4,5 mm.

MASCHENPROBE

Mit Nadel 6 mm glatt rechts mit doppeltem Faden gestrickt ergeben 16 M und 24 Rd 10 cm x 10 cm.

Bündchenmuster 2:2-Rippe

2 M rechts und 2 M links im Wechsel stricken.

Glatt rechts

In allen Rd rechte M stricken.

Farbfolge

40 Rd: ***4 Rd Sand, 3 Rd Nektarine, 3 Rd Sand, 3 Rd Nektarine, 4 Rd Sand, 10 Rd Senf, 3 Rd Sand, 10 Rd Hellcamel***. Die Farbfolge fortlaufend wiederholen.

Raglan-Maschen: 2 M rechts

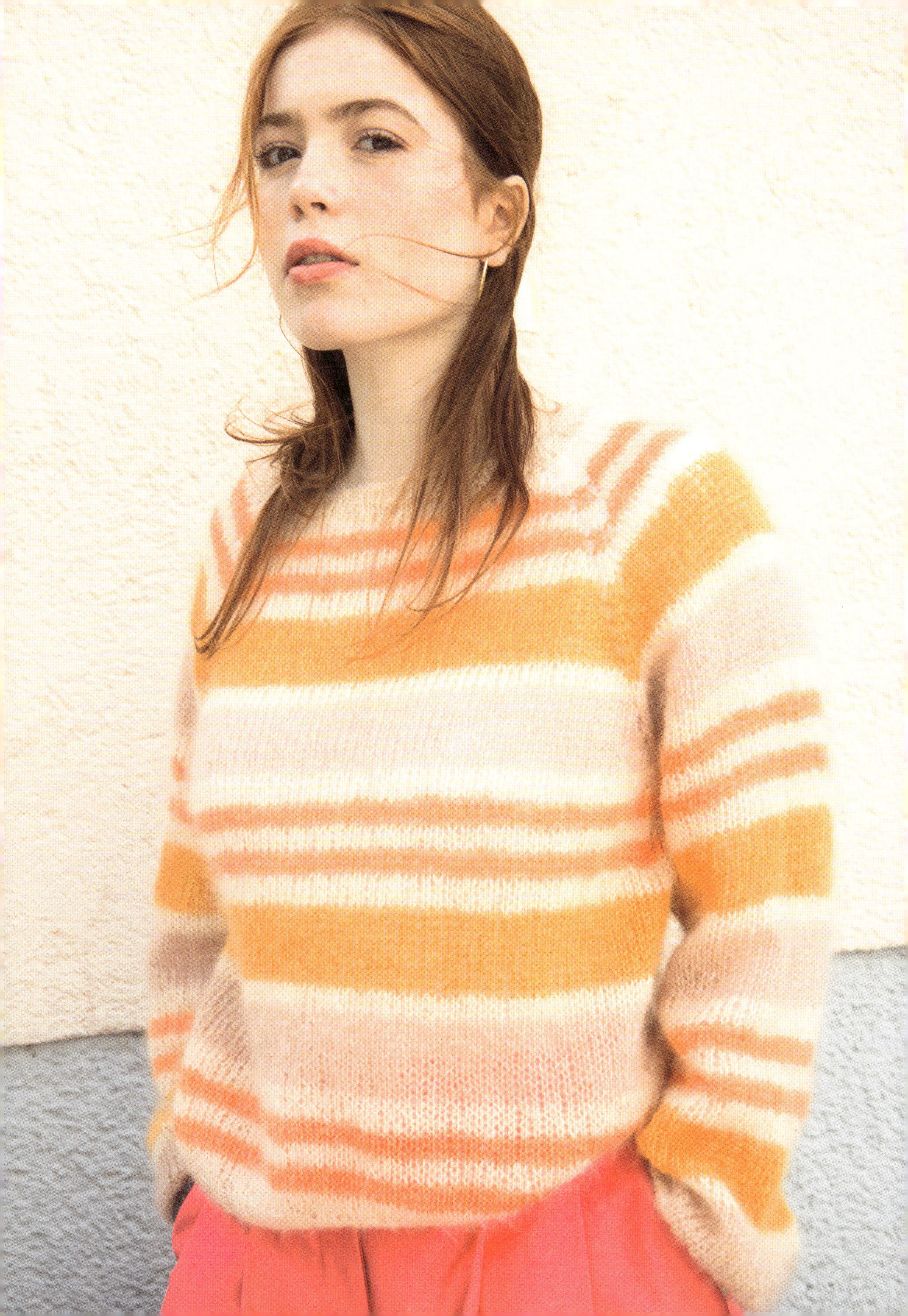

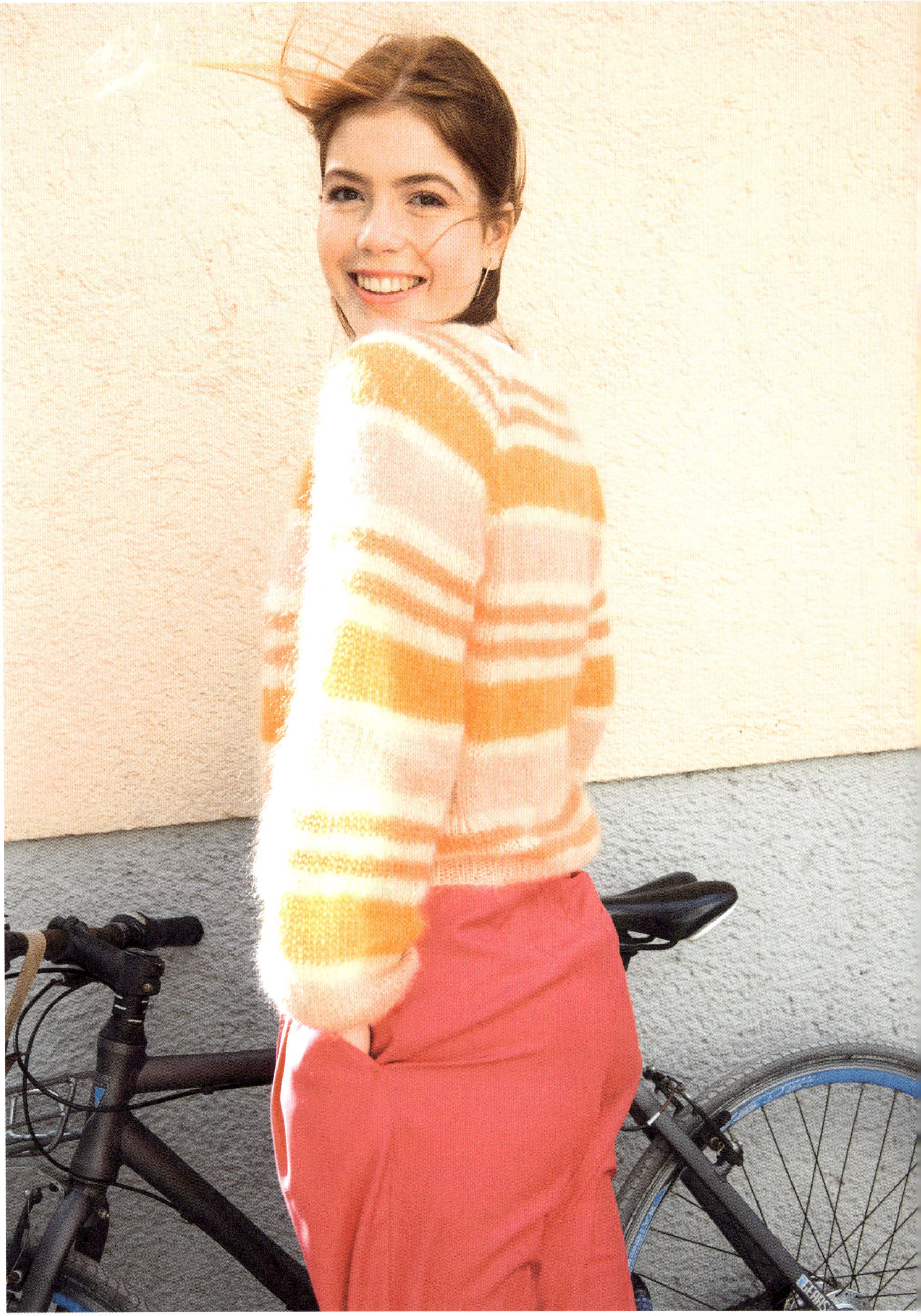

SO WIRD'S GEMACHT

Der Pulli wird durchgehend mit 2 Fäden einer Farbe gestrickt.

Halsbündchen: Mit Nadeln 4,5mm und 2 Fäden Sand 88 M anschlagen. Die M zur Runde schließen. 6 Rd = 2cm im Bündchenmuster 2:2-Rippe stricken. Wechseln zu Nadel 6mm und weiter glatt rechts in Rd arbeiten. Die M einteilen und die Übergänge mit Maschenmarkierern kennzeichnen.

Mascheneinteilung: Vorder- und Rückenteil: Je 26 M, Ärmel: Je 14 M, Raglan-Maschen: 4x je 2 M.

Raglanpasse: Der Rd-Übergang liegt am Rückenteil am Übergang zum rechten Ärmel vor den Raglan-M. In jeder Zunahme-Rd werden 8 M zugenommen. Mit der Farbfolge beginnen und diese bis zum Pulloversaum wiederholen.

1. Rd: Alle M rechts stricken.

2. Rd: ***1 Querfaden auf die Nadel nehmen und diesen rechts abstricken, 2 Raglan-M rechts stricken, 1 Querfaden auf die Nadel nehmen und diesen rechts abstricken ***. 14 Ärmel-M rechts stricken, Raglan-M wie von *** bis *** stricken. 26 Vorderteil-M rechts stricken, Raglan-M wie von *** bis *** stricken. 14 Ärmel-M rechts stricken, Raglan-M wie von *** bis *** stricken. 26 Rückenteil-M rechts stricken = 96 M.

Die 1. und 2. Rd noch 19x (20x / 21x / 22x) wiederholen.

41. (43. / 45. / 47.) Rd: Alle M rechts stricken.

Nach der 41.(43. / 45. / 47.) Rd ergibt sich folgende Mascheneinteilung: Vorder- und Rückenteil: Je 66 (68 / 70 / 72) M, Ärmel: Je 54 (56 / 58 / 60) M, Raglan-Maschen: 4x je 2 M = 248 (256 / 264 / 272) M. Die Passe ist nun beendet. Die Raglan-M werden in der

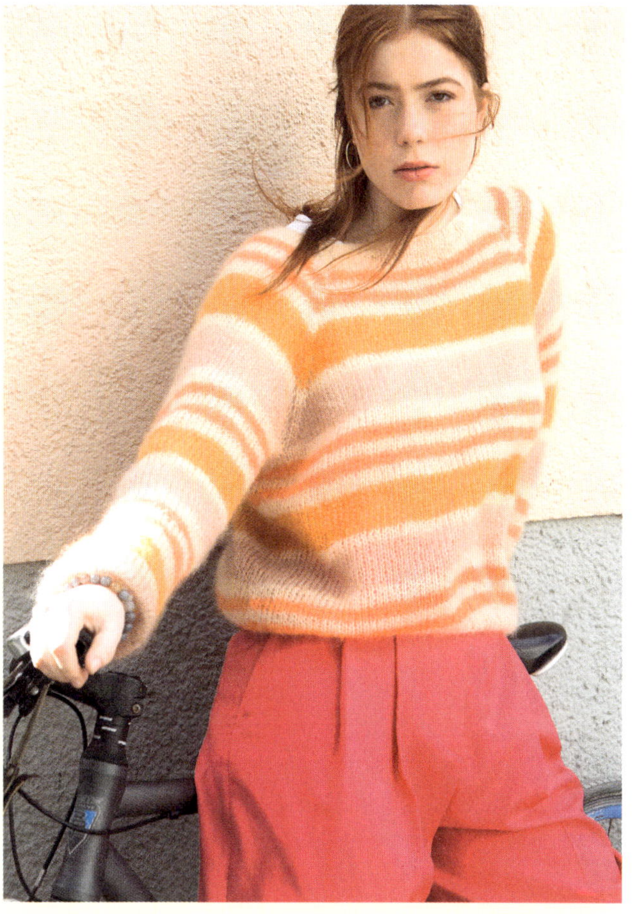

folgenden Rd dem Vorder- und Rückenteil zugeschlagen. Die M neu einteilen.

Vorder- und Rückenteil: Nun alle M glatt rechts stricken. Auf eine 6-mm-Nadel 2 Raglan-M stricken, 10 M fortlaufend auf dieselbe Nadel neu anschlagen, 2 Raglan-M rechts stricken, 66 (68 / 70 / 72) M des Vorderteils sowie 2 Raglan-M rechts stricken, 10 M neu anschlagen, 2 Raglan-M und die 66 (68 / 70 / 72) M des Rückenteils rechts abstricken = 160 (164 / 168 / 172) M.

Die M zur Rd schließen. Die M der Ärmel zunächst stilllegen.

Weiter in Rd und fortlaufend im Streifenmuster glatt rechts noch 29cm rechte M stricken. Die letzte glatt rechts gestrickte Rd für Größe 36 / 38 ist eine Rd in Sand. In den anderen Größen ergeben sich die Farben aufgrund der längeren Passe individuell. In dieser Rd 20x gleichmäßig verteilt 2 M rechts zusammenstricken = 140 (144 / 148 / 152) M.

Danach wechseln zu Nadel 4,5 mm, noch 3 cm in Sand im Rippenmuster stricken. Alle M abketten, dabei weiter im Rippenmuster stricken.

Ärmel: Mit der Rundnadel 6 mm in der Farbe der Farbfolge aus den unter dem Arm neu angeschlagenen 10 M wiederum 10 (11 / 12 / 13) M auffassen, zusätzlich an den Übergängen zu den Ärmel-M beidseitig der neu angeschlagenen M noch 1 M auffassen. Dabei so arbeiten, dass du auf die rechte, also äußere Seite des Pullis schaust. Im weiteren Verlauf die 54 (56 / 58 / 60) stillgelegten Ärmel-M auf dieselbe Nadel stricken = 66 (69 / 72 / 75) M. Die M zur Rd schließen, die Streifenfolge fortsetzen. Für Größe 40 / 42, 44 / 46 und 48 / 50 jeweils 1 M zusätzlich an einem Übergang auffassen = 66 (70 / 73 / 76) M. In der Mitte der 10 (11 / 12 / 13) neu aufgefassten M liegt der Rd-Übergang. Diesen markieren. In der 5. Rd für die Ärmelschrägungen ***1 M rechts stricken, 1 Überzug (= 1 M abheben, 1 M rechts stricken, dann die abgehobene M über die gestrickte M ziehen), weiter glatt rechts bis 3 M vor Rd-Übergang stricken, 2 M rechts zusammenstricken, 1 M rechts stricken*** = 64 (68 / 71 / 74) M. Danach weiter in Rd stricken. Den Vorgang von *** bis *** noch 8x in jeder 10. Rd wiederholen = 48 (52 / 55 / 58) M. Der Ärmel ist nun, gemessen ab Unterarm-Maschenanschlag, 42 cm lang. In der letzten Rd noch 8x (12x / 11x / 14x) gleichmäßig 2 M rechts zusammenstricken: 40 (40 / 44 / 44) M. Nun wechseln zur 4,5-mm-Nadel und das Ärmelbündchen in Sand stricken. Nach 4 cm im Bündchenmuster alle M locker abketten, dabei weiterhin im Bündchenmuster stricken.

Den 2. Ärmel ebenso arbeiten.

Zu guter Letzt: Alle Fäden vernähen. Den Pullover glatt hinlegen, leicht anfeuchten und unter feuchten Tüchern trocknen lassen.

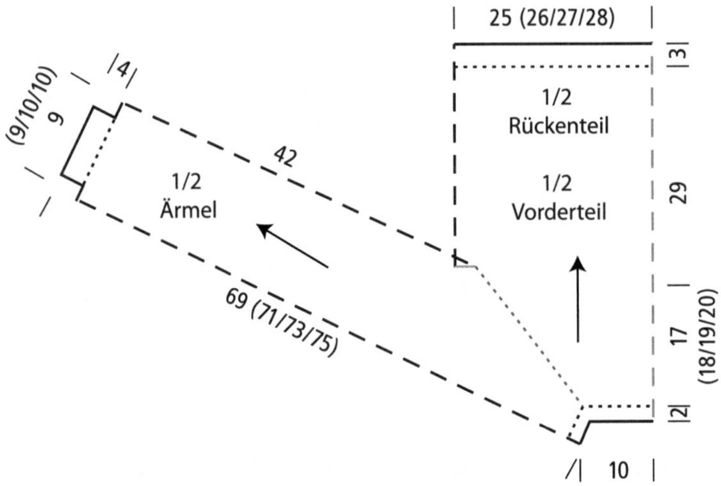

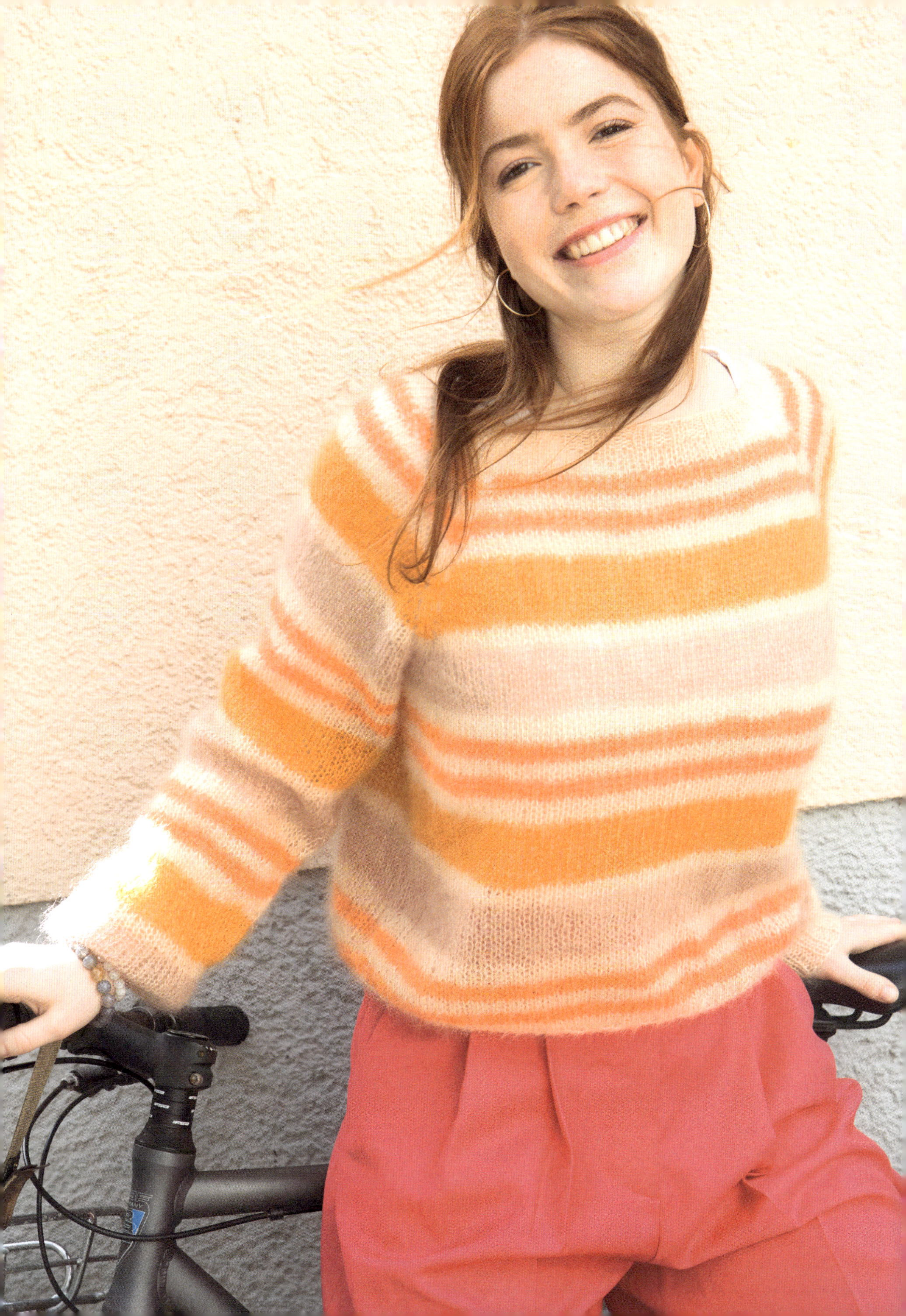

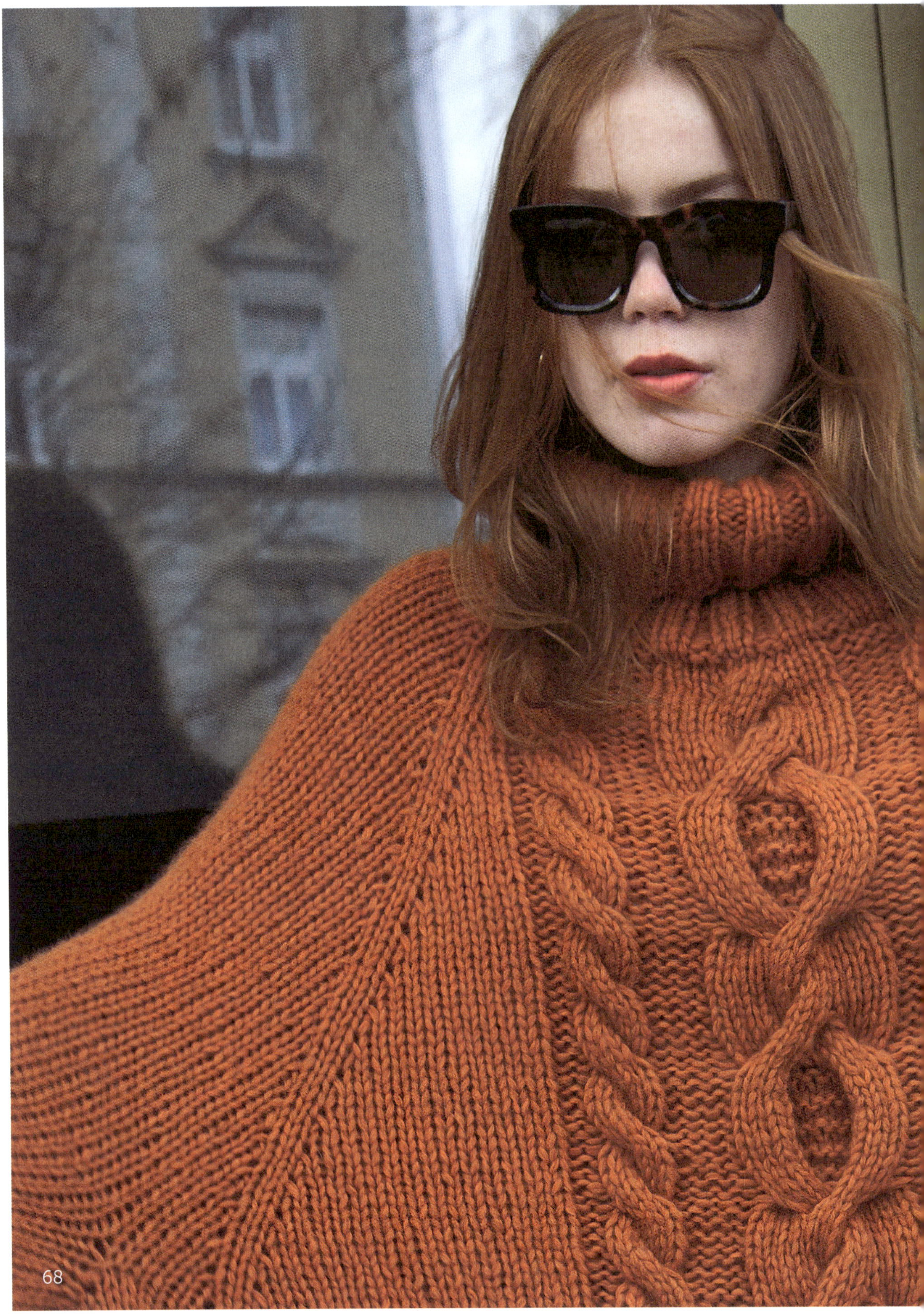

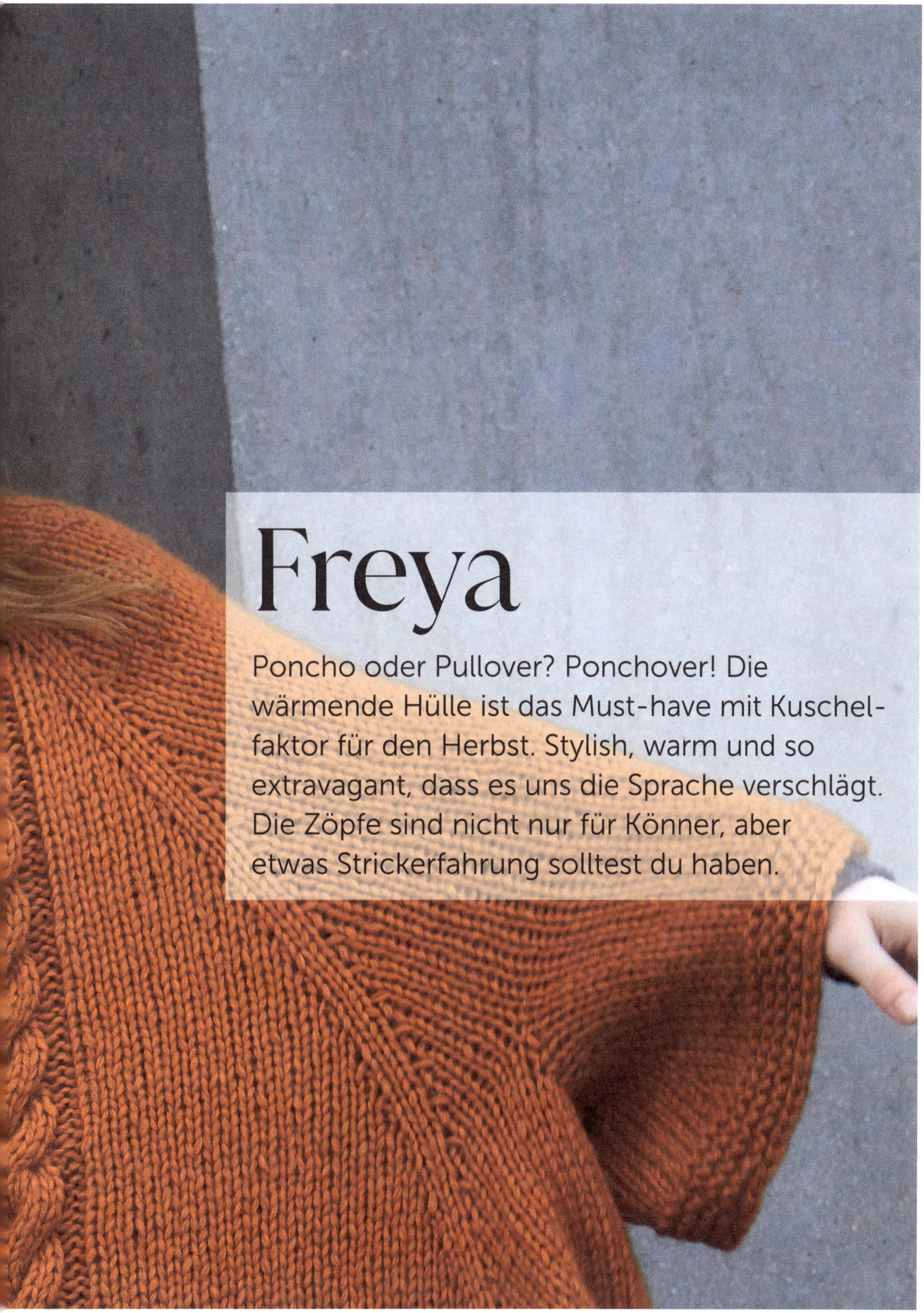

Freya

Poncho oder Pullover? Ponchover! Die wärmende Hülle ist das Must-have mit Kuschelfaktor für den Herbst. Stylish, warm und so extravagant, dass es uns die Sprache verschlägt. Die Zöpfe sind nicht nur für Könner, aber etwas Strickerfahrung solltest du haben.

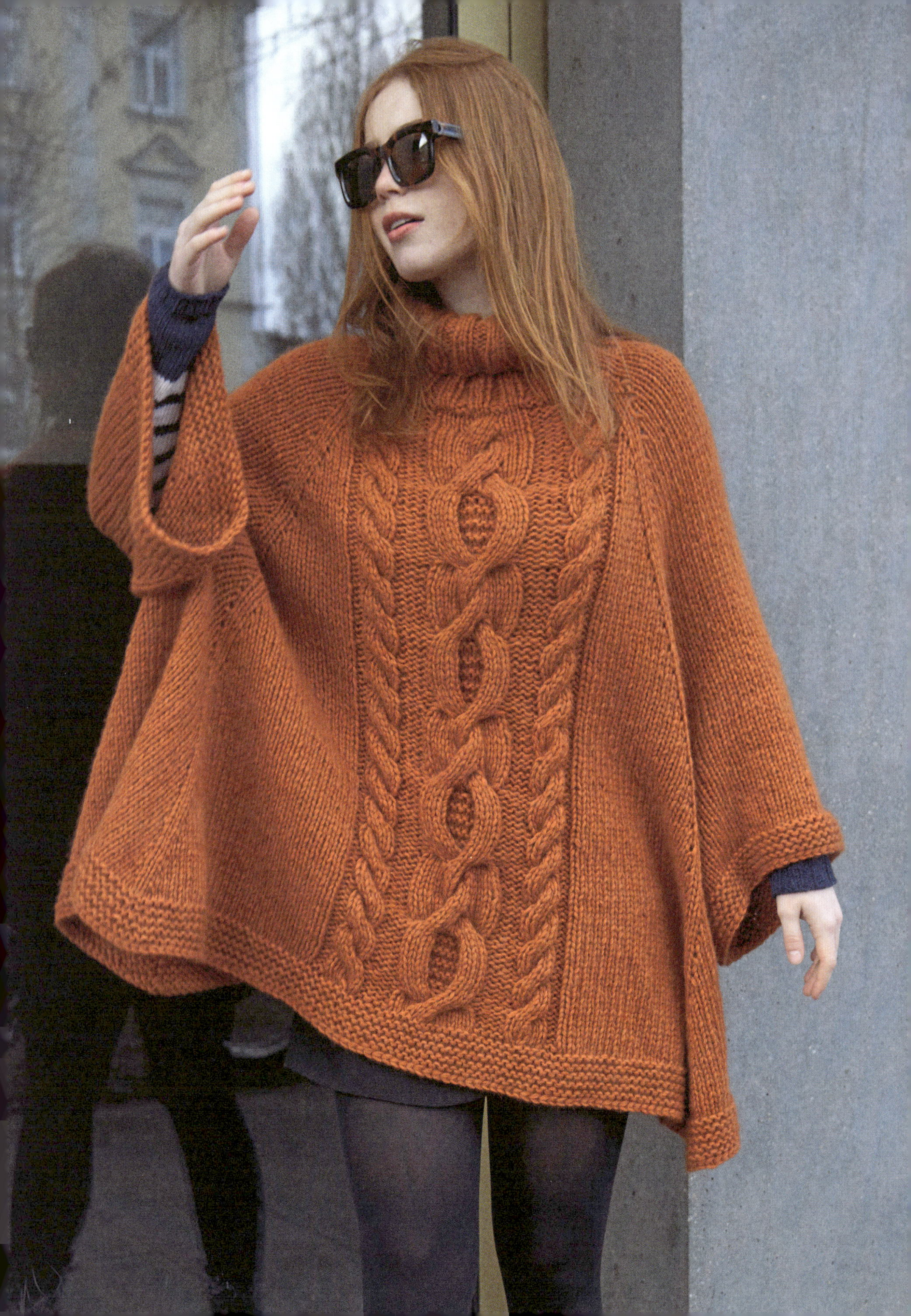

Freya

Warm – Kuschelig – Gemütlich

SCHWIERIGKEITSGRAD

mittel

GRÖSSE

One Size: Der Poncho ist sehr großzügig geschnitten.

MATERIAL

850g Brigitte No. 2 (47% Alpaka, 45% Baumwolle, 8% Schurwolle) in Zimtorange (Fb. 32) von Lana Grossa mit einer Lauflänge von 140m/50g;

Rundnadel 8,0mm und 9,0mm

MASCHENPROBE

Mit Nadel 9,0mm glatt rechts mit doppeltem Faden gestrickt ergeben 11 M und 18 Rd 10cm x 10cm.

Bündchenmuster 2:2-Rippe

2 M rechts und 2 M links im Wechsel stricken.

Glatt rechts: In allen Rd rechte M stricken.

Kraus rechts: In Rd im Wechsel 1 Rd rechte M und 1 Rd linke M stricken.

Zopf-Muster: Nach Strickschrift stricken. Es sind nur die Muster-Rd (= ungerade Rd) gezeichnet. In den Zwischen-Rd (= gerade Rd) die M so stricken, wie sie erscheinen bzw. wie in der Zeichenerklärung beschrieben. 1x die 1.–4. Rd für die Zunahmen stricken, 1x die 5.–14. Rd stricken, danach 4x die 15.–38. Rd stricken.

Raglan-Maschen

Raglan-M: 2 rechte M. Jeweils vor und nach der Raglan-M wird ein Umschlag auf die Nadel genommen und rechts bzw links verdreht abgestrickt.

1. Rd: 1 U, 2 M rechts, 1 U.

2. Rd: 1 M nach rechts verdreht abstricken, 2 M rechts, 1 M nach links verdreht abstricken.

3. Rd: 4 M rechts stricken.

Die 1.–3. Rd fortlaufend wiederholen.

SO WIRD'S GEMACHT

Der Pulli wird durchgehend mit 2 Fäden gestrickt.

Rollkragen

Mit Nadel 8,0 mm und doppeltem Faden 68 M anschlagen und zur Rd schließen. 20 cm im Bündchenmuster stricken.

Danach weiter glatt rechts mit Nadel 9,0 mm stricken und die M einteilen. Die Übergänge mit Maschenmarkierern kennzeichnen.

Mascheneinteilung: Vorder- und Rückenteil: Je 26 M, Ärmel: Je 4 M, Raglan-Maschen: 4x je 2 M.

Raglanpasse: Der Rd-Übergang liegt am Rückenteil am Übergang zum linken Ärmel vor den Raglan-M. In jeder Zunahme-Rd werden 8 M zugenommen.

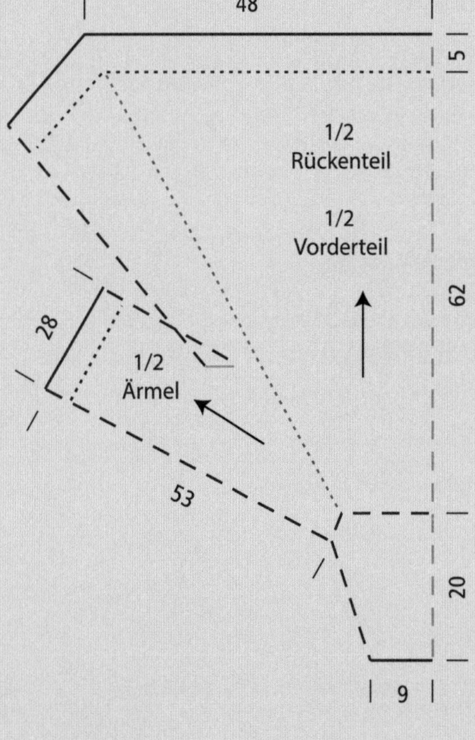

1. Rd: ***1 Umschlag auf die Nadel nehmen, 2 Raglan-M, 1 Umschlag auf die Nadel nehmen ***, 4 Ärmel-M glatt rechts stricken, 1 Raglan-Zunahme wie von *** bis *** beschrieben ausführen, 26 Vorderteil-M nach Strickschrift, 1 Raglan-Zunahme wie von *** bis *** beschrieben, 4 Ärmel-M glatt rechts stricken, 1 Raglan-Zunahmen wie von *** bis *** beschrieben und die Rd mit 26 Rückenteil-M beenden = 76 M.

2. Rd: 2 Raglan-M, 6 Ärmel-M glatt rechts stricken, 2 Raglan-M, 28 (= 26 M nach Strickschrift plus die rechts und links zugenommen Raglan-M) Vorderteil-M nach Strickschrift und dabei lt. Strickschrift 8 M zunehmen = 34 M, 2 Raglan-M, 6 Ärmel-M glatt rechts stricken, 2 Raglan-M und die Rd mit 28 Rückenteil-M beenden = 82 M.

3. Rd: 2 Raglan-M, 6 Ärmel-M glatt rechts stricken, 2 Raglan-M, 34 Vorderteil-M nach Strickschrift, 2 Raglan-M, 6 Ärmel-M glatt rechts stricken, 2 Raglan-M und die Rd mit 28 Rückenteil-M beenden = 82 M.

Weiter nach Strickschrift arbeiten und wie beschrieben noch 20x die 1.–3. Rd für die Raglan-Zunahmen arbeiten.

Nun sind 244 M auf der Nadel: 82 M nach der 3. Rd, 20x 8 M kommen durch die Raglan-Zunahmen dazu und in der Strickschrift wurden in der 13. Rd 2 M zugenommen.

Nach der 63. Rd ergibt sich folgende Mascheneinteilung:

Vorderteil: 78 M; Rückenteil: 66 M; je Ärmel 46 M; 4x 2 Raglan-M.

Die Passe ist nun beendet.

Neue Mascheneinteilung: Für die Ärmel die mittleren 34 M der 46 Ärmel-M stilllegen. Die 12 überzähligen M werden dem Vorder- und Rückenteil zugeschlagen. Die

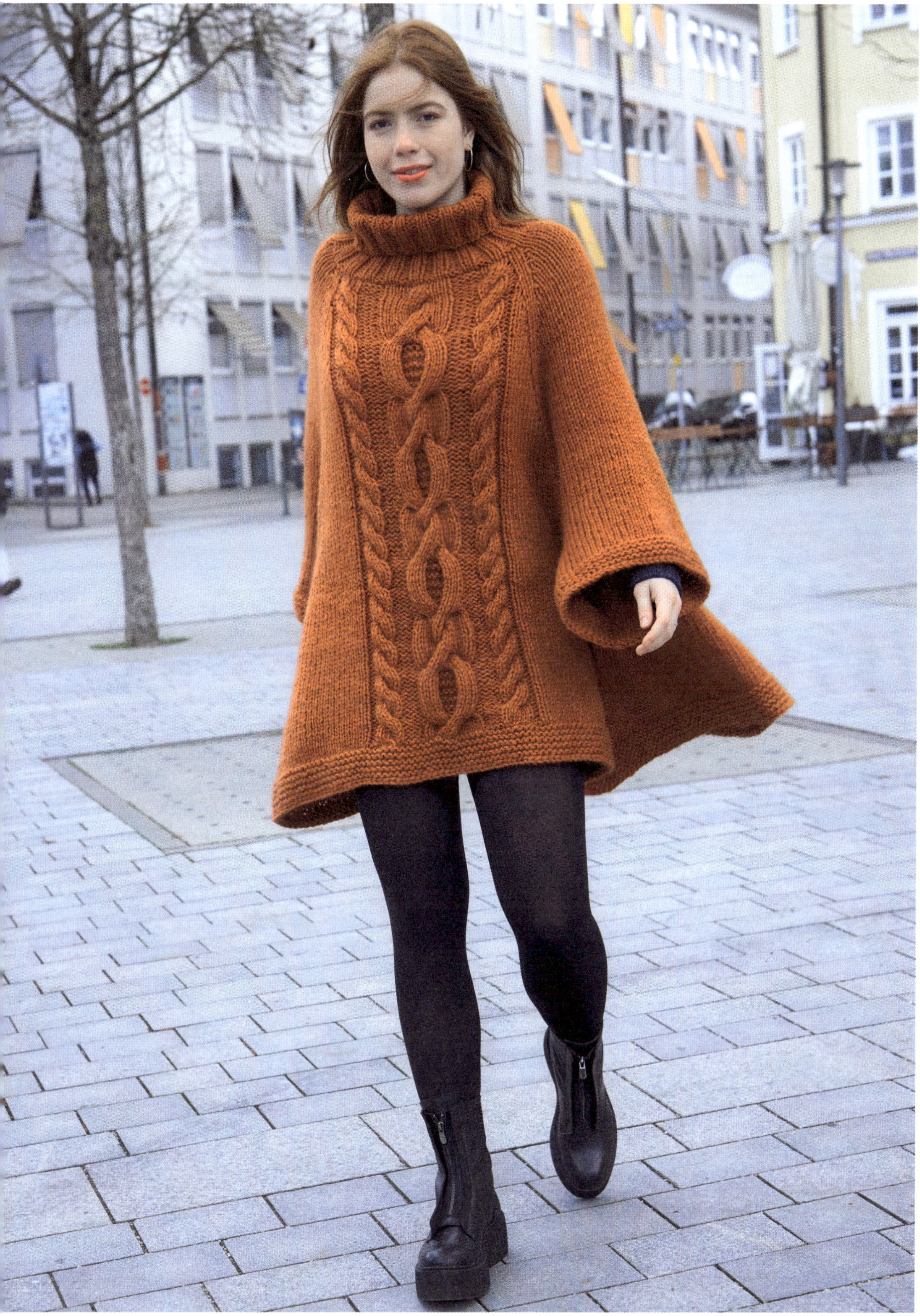

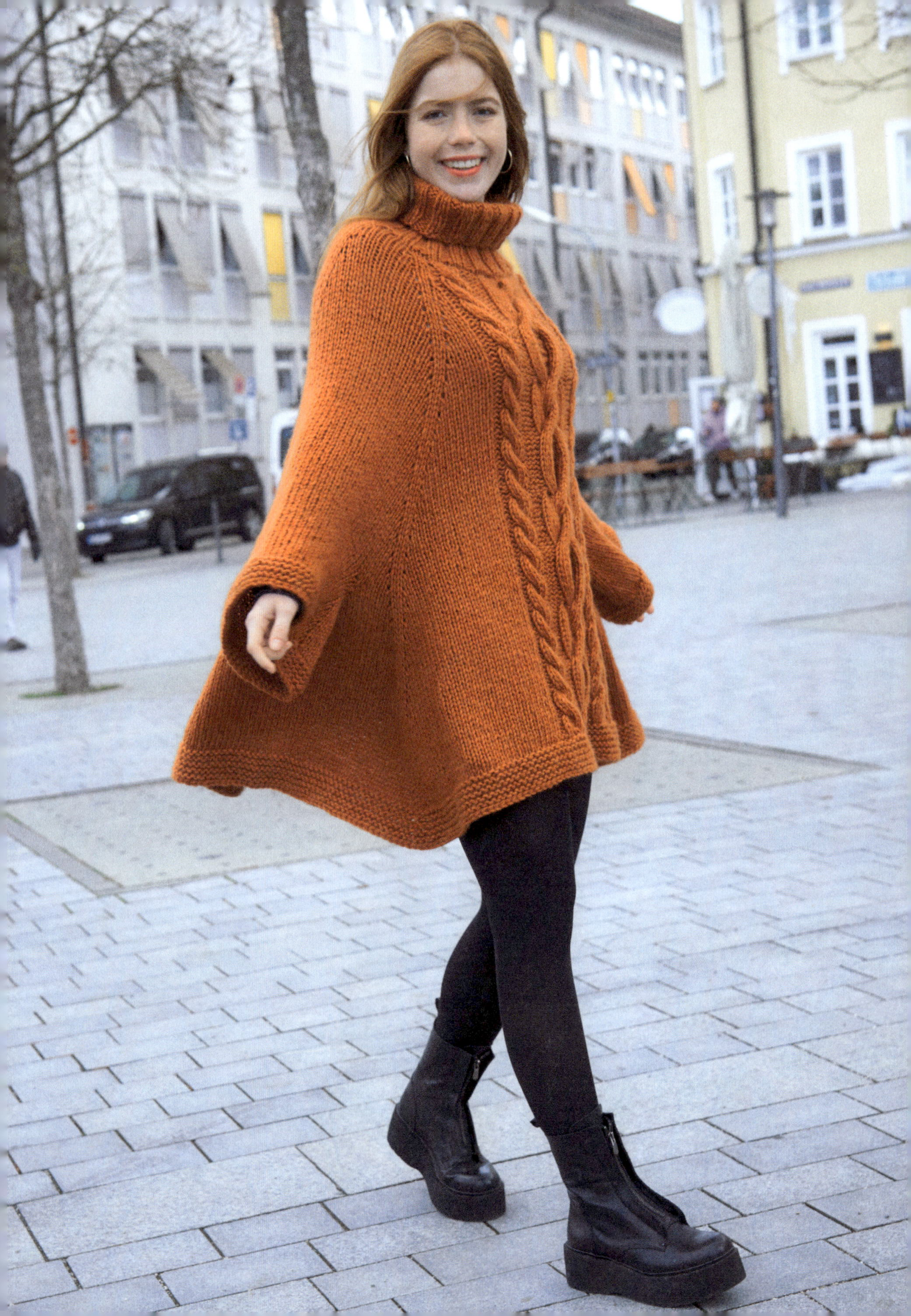

verbleibenden 176 M zu zwei Hälften à 88 M in Vorder- und Rückenteil aufteilen.

Vorder- und Rückenteil: Die verbleibenden je 88 Vorderteil- und Rückenteil-M fortlaufend auf eine 9,0-mm-Nadel stricken und an den Übergängen zwischen den Teilen unter dem Arm beidseitig 16 M neu anschlagen = 208 M.

Weiter in Rd und fortlaufend glatt rechts weiterarbeiten und sowohl die Raglan-Zunahmen als auch die Strickschrift fortsetzen. Nach 110 Muster-Rd in 27 cm ab Unterarmanschlag noch 5x *** 1 Rd linke M und 1 Rd rechte M *** = 5 cm stricken. Dann alle M locker abketten, dabei rechts stricken.

Ärmel: Mit der Rundnadel 9,0 mm aus den unter dem Arm neu angeschlagenen 16 M wiederum 18 M auffassen und fortlaufend die stillgelegten 34 Ärmel-M auf die Nadel stricken = 52 M. M zur Rd schließen. Glatt rechts stricken. Die Unterarmnaht und rechts und links davon je 6 M markieren. 6x in jeder 3. Rd rechts und links der 12 markierten M 1 M aus dem Querfaden zunehmen = 64 M.

Nach 12 cm an Unterarm-Maschenanschlag noch 4x *** 1 Rd linke M und 1 Rd rechte M *** = 4 cm stricken. Dann alle M locker abketten, dabei rechts stricken.

Den 2. Ärmel ebenso arbeiten.

Zu guter Letzt: Alle Fäden vernähen. Den Poncho glatt hinlegen, leicht anfeuchten und unter feuchten Tüchern trocknen lassen.

[I] = 1 M glatt rechts

[ ] = 1 M glatt links

[–] = 1 M kraus rechts: Im Wechsel 1 Rd rechte und 1 Rd linke M stricken

[■] = keine M, dient nur der besseren Übersicht

[O] = 1 Umschlag, in der folgenden Rd rechts verschränkt stricken

[→] = 3 M auf einer Hilfsnadel hinter die Arbeit legen, 3 M rechts stricken, dann die M der Hilfsnadel rechts stricken

[——→] = 4 M auf einer Hilfsnadel hinter die Arbeit legen, 4 M rechts stricken, dann die M der Hilfsnadel rechts stricken

[←] = 3 M auf einer Hilfsnadel vor die Arbeit legen, 3 M rechts stricken, dann die M der Hilfsnadel rechts stricken

[←——] = 4 M auf einer Hilfsnadel vor die Arbeit legen, 4 M rechts stricken, dann die M der Hilfsnadel rechts stricken

Zopf in der vorderen Mitte

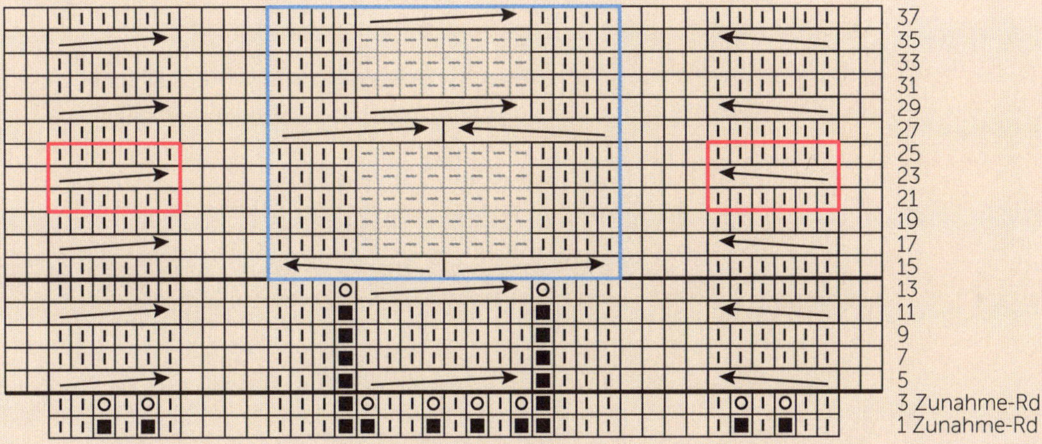

Rapport nach allen Zunahmen = 40 M

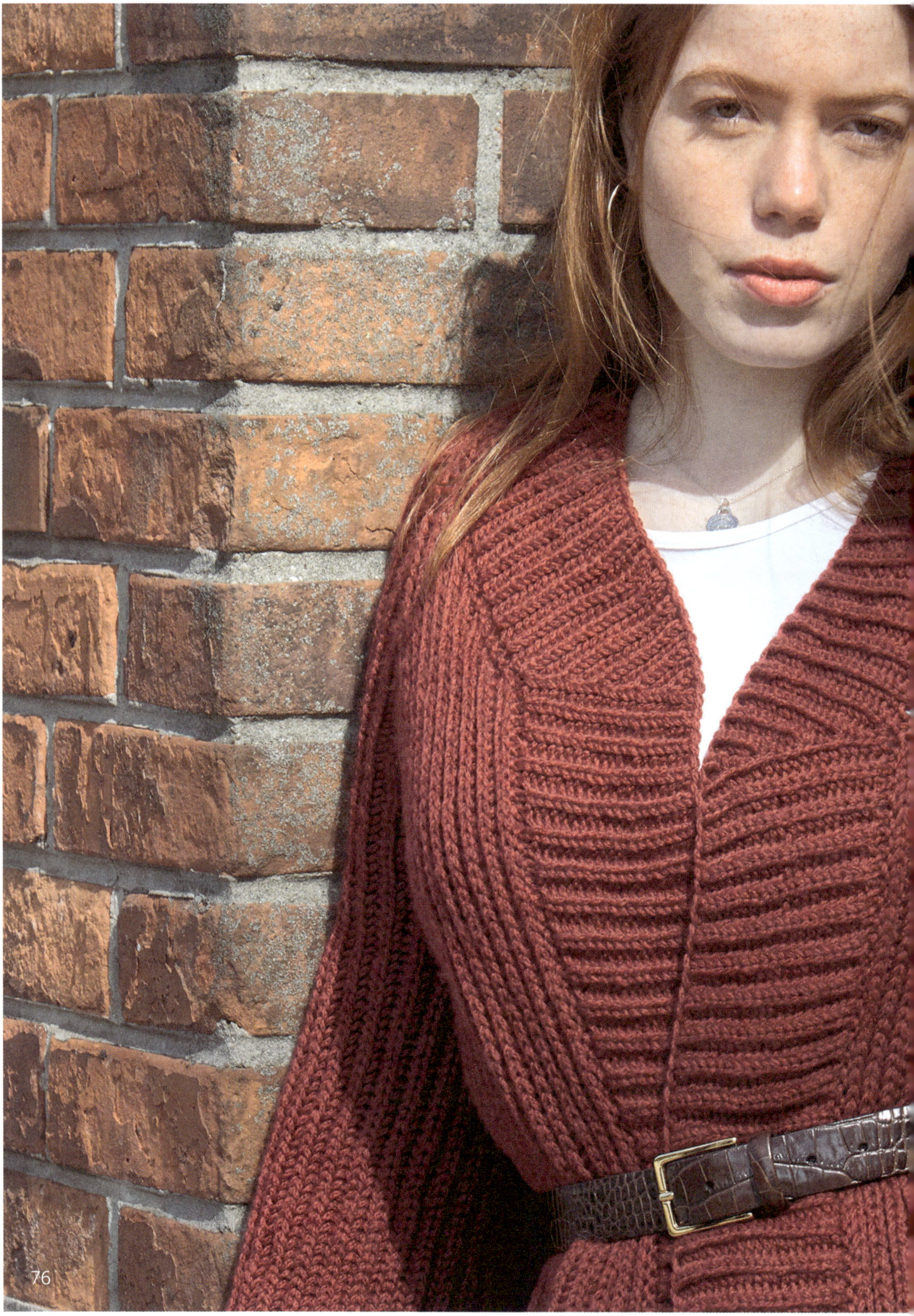

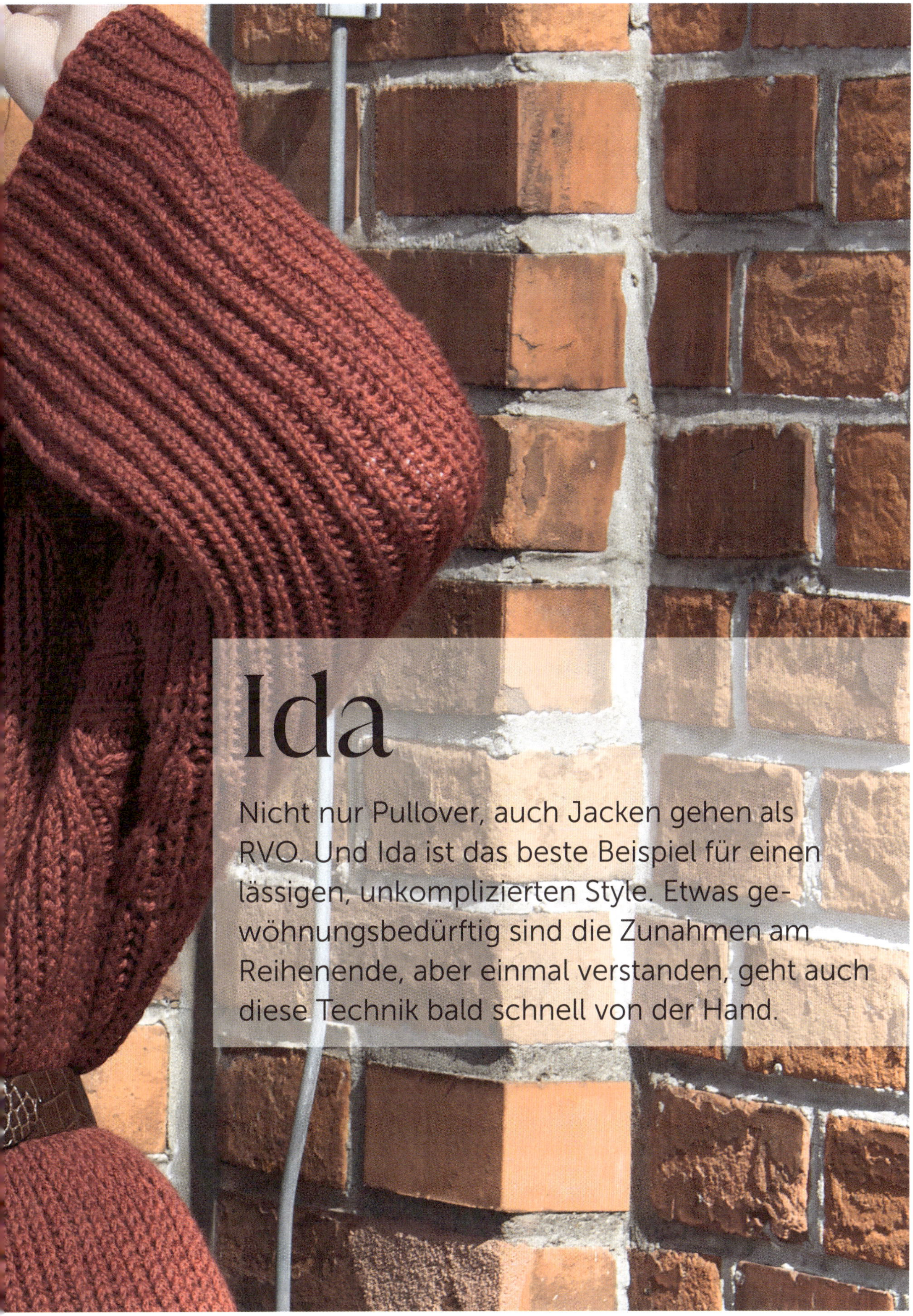

Ida

Nicht nur Pullover, auch Jacken gehen als RVO. Und Ida ist das beste Beispiel für einen lässigen, unkomplizierten Style. Etwas gewöhnungsbedürftig sind die Zunahmen am Reihenende, aber einmal verstanden, geht auch diese Technik bald schnell von der Hand.

Ida

Wärmend – Lässig – Stylish

SCHWIERIGKEITSGRAD

etwas Strickerfahrung nötig

GRÖSSE

One Size ca. Größe 40–44

Hinweis: *Das Gestrick ist sehr locker und die Weitenangaben sind ca.-Angaben, wenn die Jacke locker liegt.*

MATERIAL

Alta Moda Alpaka (90% Alpaka, 5% Polymaid, 5% Schurwolle); 650 g in Dunkelrot meliert (Fb.40) von Lana Grossa mit einer Lauflänge von 140 m / 50 g;

Rundnadel 6 mm, 2 Rundnadeln 6 mm in 40 cm Länge oder Hilfsnadeln in 6 mm für die Taschen.

MASCHENPROBE

Mit Nadel 6 mm im Patentmuster gestrickt ergeben leicht gedehnt gemessen 13 M und 20 R (=20 sichtbare R) 10 cm x 10 cm.

Patentmuster Vollpatent in Reihen:

Basis-R = Rück-R: ***1 M links, 1 M rechts im Wechsel*** und enden mit 1 M links.

1. R = Hin-R: ***1 M rechts stricken, 1 linke M wie zum Linksstricken mit 1 Umschlag abheben im Wechsel*** und enden mit 1 M rechts.

2. R = Rück-R: ***1 linke M wie zum Linksstricken mit 1 Umschlag abheben, 1 rechte M zusammen mit dem Umschlag der Vor-R rechts zusammenstricken im Wechsel*** und enden mit 1 linke M: wie zum Linksstricken mit 1 Umschlag abheben.

Die 1. und 2. R fortlaufend wiederholen.

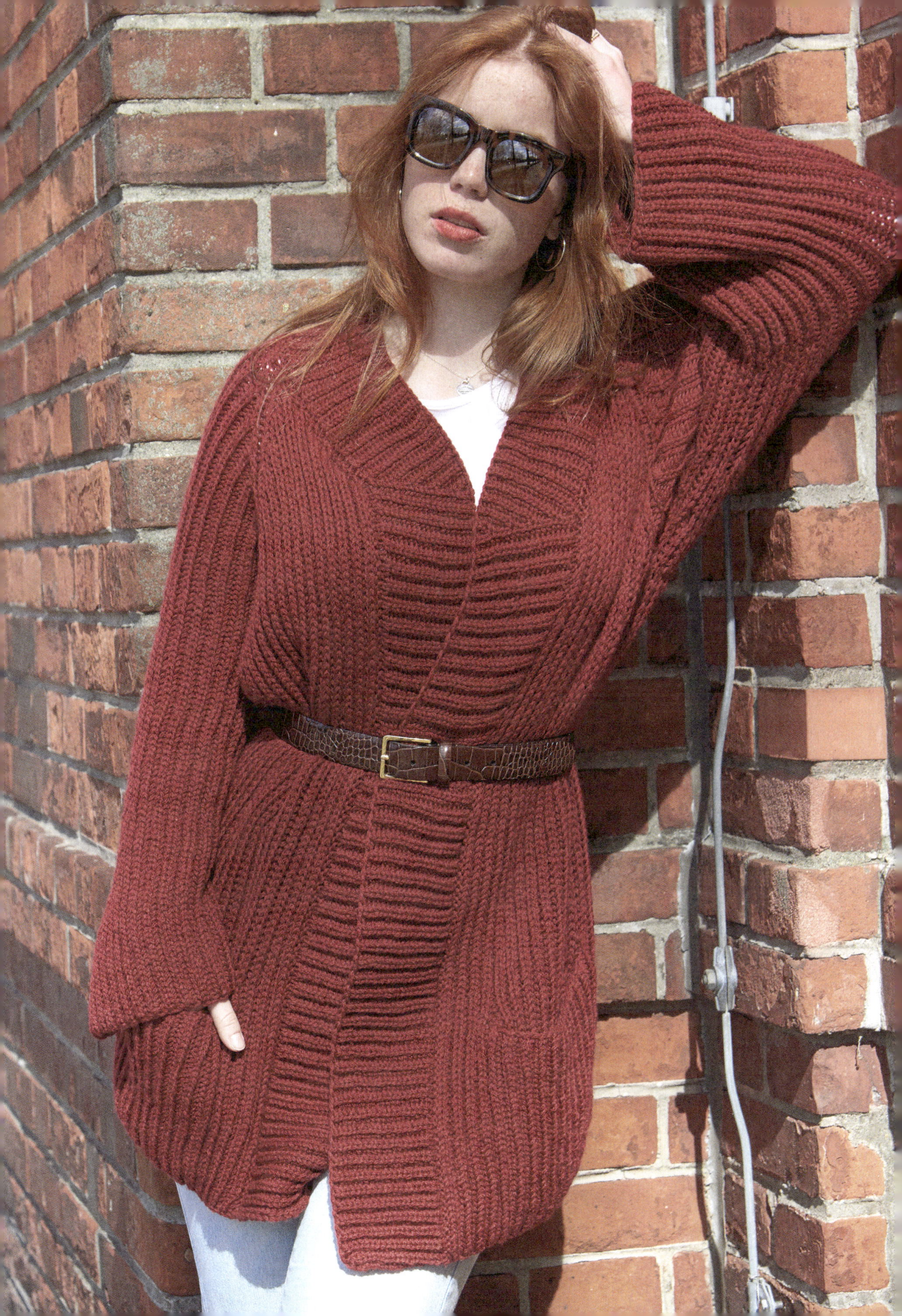

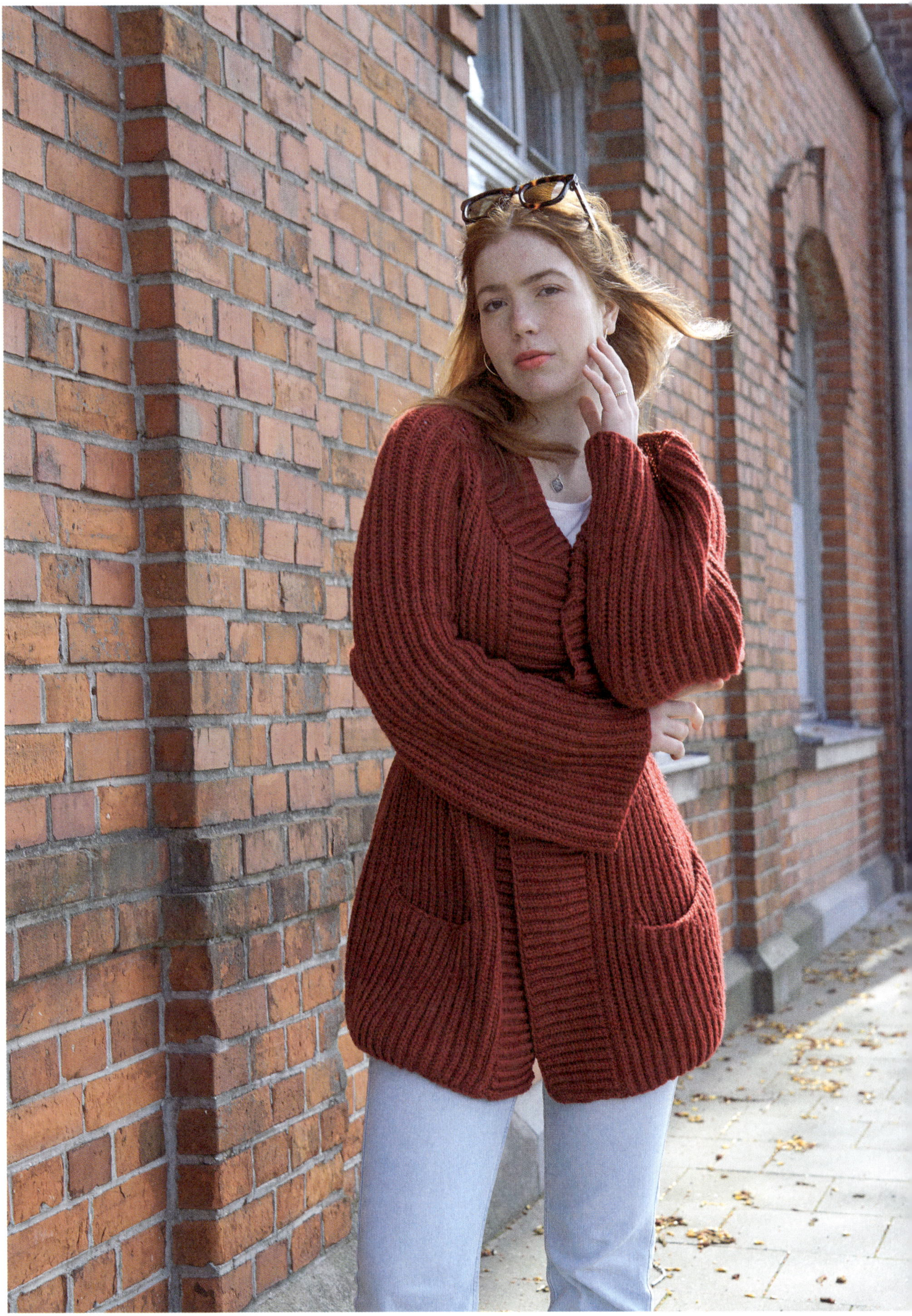

Patentmuster Vollpatent in Runden

1. Rd: 1 rechte M wie zum Linksstricken mit 1 Umschlag abheben, 1 linke M zusammen mit dem Umschlag der Vor-Rd links zusammenstricken.

2. Rd: 1 rechte M zusammen mit dem Umschlag der Vor-Rd rechts zusammenstricken, 1 linke M wie zum Linksstricken mit 1 Umschlag abheben.

Die 1. und 2. Rd fortlaufend wiederholen.

Raglan-Maschen: 3 Patent-Maschen erscheinen auf der rechten Seite als 1 rechte Patentrippe, 1 linke Patentrippe, 1 rechte Patentrippe. Zugenommen wird jeweils in den Hin-R, indem jeweils aus der 1. und 3. Raglan-M, also den rechten M, aus 1 M 3 M gestrickt werden: 1 M rechts, 1 Umschlag auf die Nadeln nehmen und aus derselben M noch 1 weitere rechte M stricken. Die zugenommenen M werden in das Patentmuster eingefügt.

SO WIRD'S GEMACHT

Taschen: 2 identische Taschen stricken. 25 M anschlagen und 18 cm im Patentmuster stricken. M nicht abketten, sondern zunächst beiseitelegen.

Halsausschnitt: 33 M anschlagen und 1 Rück-R stricken = Basis-R. Ab 1. R im Patentmuster stricken. Die M einteilen und die Übergänge mit Maschenmarkierern kennzeichnen.

Mascheneinteilung: Rückenteil: 23 M, Ärmel: Je 2 M, Raglan-Maschen: 2x je 3 M. Die Vorderteile bilden sich erst nach und nach durch die Zunahmen.

Raglanpasse

1.–8. R: Alle M im Patentmuster stricken, dabei in jeder R am Ende der R 1 M zunehmen.

Die M teilen sich wie folgt auf: Rückenteil 23 M, Ärmel je 6 M, 2x 3 Raglan-M = 41 M.

9. R: An den Raglan-M die Zunahmen arbeiten wie beschrieben und weiterhin am Ende der R jeweils 1 M zunehmen.

10. R: Die M teilen sich wie folgt auf: Rückenteil 27 M, Ärmel je 6 M, 4x 3 Raglan-M = 51 M.

10.–16. R: Alle M stricken, wie sie erscheinen und weiter an den Vorderteilen zunehmen = Rückenteil 27 M, Ärmel je 6 M, 4x 3 Raglan-M, Vorderteile je 3 M = 57 M.

17. R: An den Raglan-M die Zunahmen arbeiten wie beschrieben und an den Vorderteilen weiterhin zunehmen.

18. R: Rückenteil 31 M, Ärmel je 10 M, 4x 3 Raglan-M, Vorderteile je 6 M = 75 M.

Weiter wie beschrieben stricken und an den Vorderteilen weiterhin 1 M am Reihenende zunehmen, bis insgesamt 11x zugenommen wurde. Die Raglanzunahmen an den zum Rückenteil und zu den Ärmeln zeigenden Raglan-M insgesamt 11x in jeder 8. R ausführen und an der zum Vorderteil zeigenden Raglan-M insgesamt 10x ausführen.

Nach allen Zunahmen sind die Vorderteile 33 M breit, das Rückenteil 67 M breit und die Ärmel je 46 M breit.

Die Passe ist nun beendet.

Die Raglan-M werden in der folgenden R dem Vorder- und Rückenteil zugeschlagen. Die M neu einteilen und die Ärmel-M stilllegen.

Vorder- und Rückenteil: Die jeweils 33 M der Vorderteile, die 67 M des Rückenteils sowie die 12 Raglan-M auf eine Nadel stricken, dabei an den Übergängen, also in der Mitte der aufeinandertreffenden 2x 3 Raglan-M 15 M neu anschlagen und in das Patentmuster einfügen = 175 M.

48 cm weiter im Patentmuster stricken und die M wie folgt für die Tascheneingriffe einteilen: auf beide Vorderteile auf die 11. – 35. M von der vorderen Kante die Taschen mustergenau auflegen und mit einem Hilfsfaden grob fixieren.

Alle M abketten, dabei die M der Taschen zusammen mit den M der Vorderteile abketten.

Ärmel: Die 46 M der Ärmel wiederaufnehmen und zusätzlich aus den neu angeschlagenen 16 M auffassen = 2 M. Die M zur Rd schließen und im Patentmuster in Rd stricken.

Im Patentmuster stricken. Den Rd-Übergang mittig der 16 neu aufgefassten M markieren. In der 8. und 16. Rd jeweils die 2. und vorletzte Linksrippe zusammenstricken und aus 3 M 1 M machen: 1 M abheben, 1 M links stricken, dann erst die abgehobene und die folgende rechte M über die gestrickte M ziehen = 1 rechte M bleibt übrig.

Nach beiden Abnahmen sind noch 4 M auf der Nadel. In 45 cm Ärmellänge ab Unterarm-Maschenanschlag alle M locker abketten.

Den 2. Ärmel ebenso arbeiten.

Kragen und vordere Blende: Mit Nadeln 5mm aus den Vorderteilkanten und dem hinteren Halsausschnitt M auffassen. Dabei so arbeiten, dass auf die rechte Seite des rechten Vorderteils geschaut wird und an der unteren Ecke des rechten Vorderteils begonnen wird. 91 M aus der vorderen Kante auffassen, insgesamt 85 M aus den Ausschnittschrägungen der Vorderteile, den Schulterkanten und dem hinteren Halsausschnitt und nochmal 91 M aus der linken Vorderteilkante = 267 M. Die 91. M und die 91.-letzte M markieren.

Eine Rück-R rechte M, dann im Patentmuster in der 9. R (=Hin-R) und noch 3x in jeder folgenden 8. R aus den beiden markierten M aus 1 M 3 M stricken wie bei den Raglan-M beschrieben = 283 M. In 10 cm Blendenbreite alle M abketten, dabei die M in Höhe der Vorderteile locker abketten und im Bereich des hinteren Halsausschnittes fest abketten.

Zu guter Letzt: Alle Fäden vernähen. Die seitlichen Taschenkanten auf die Vorderteile nähen.

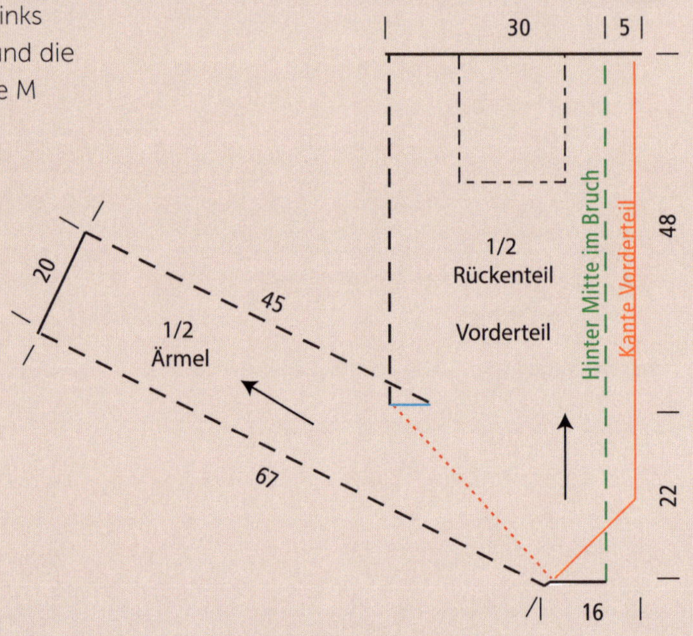

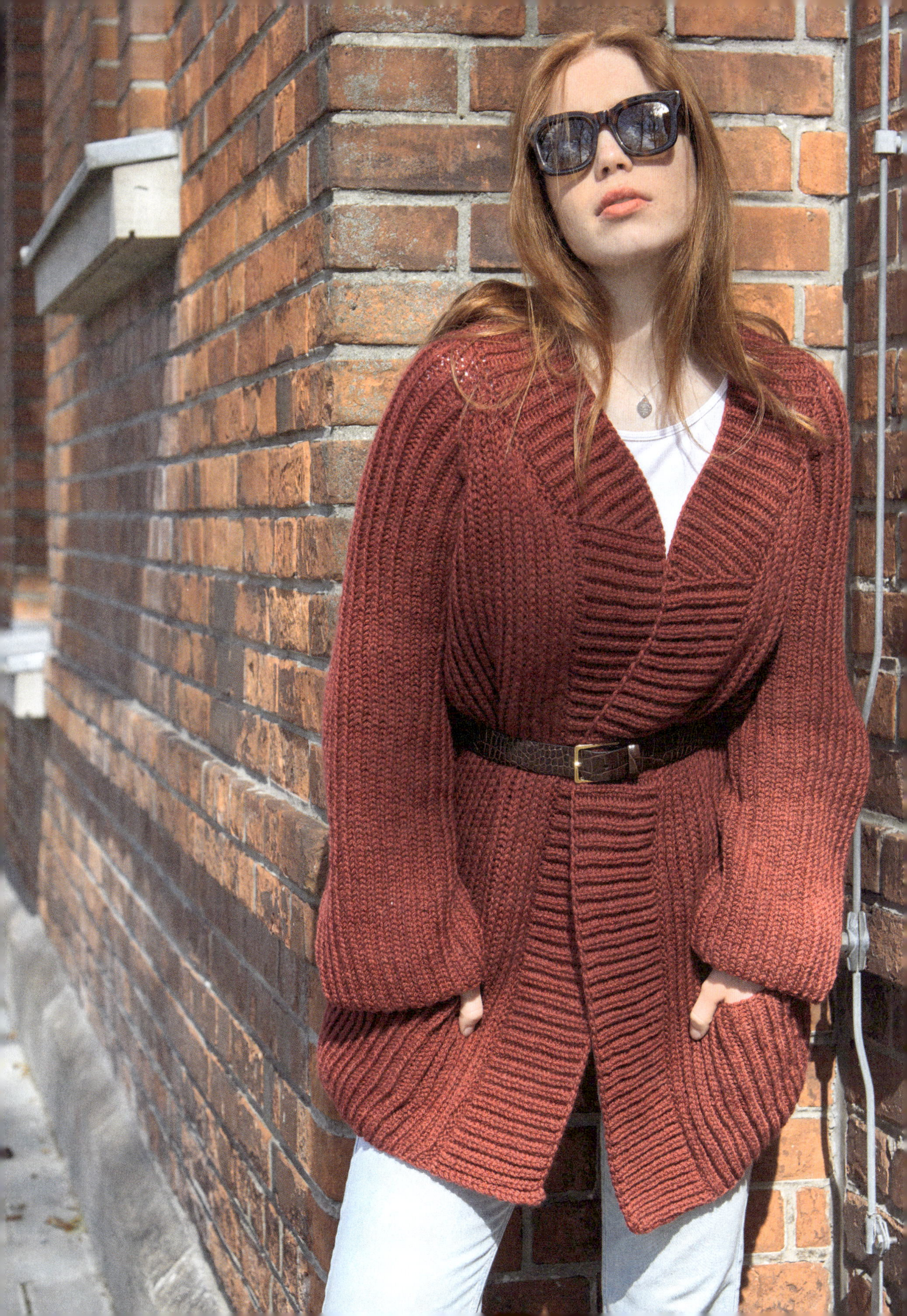

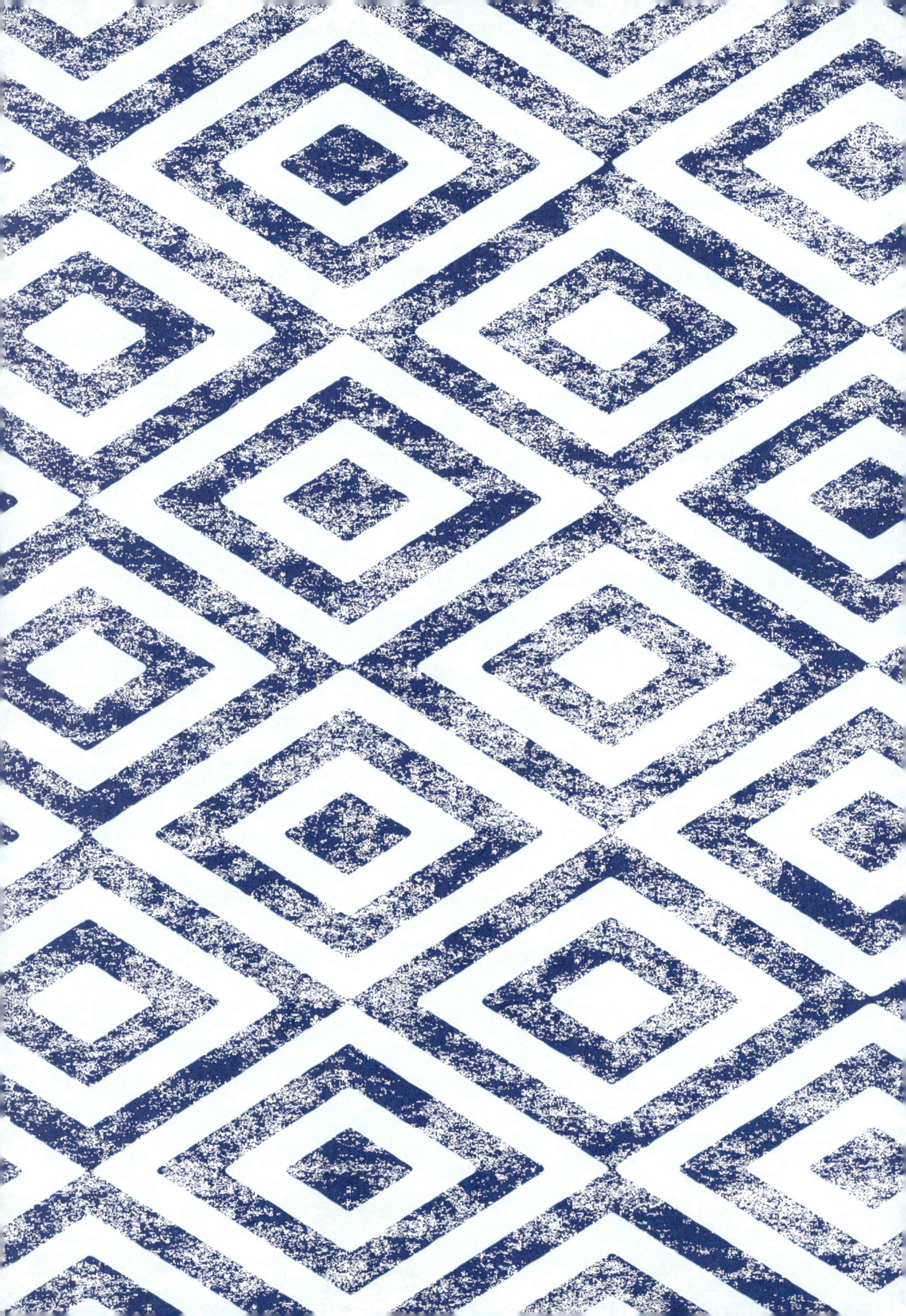

Maritim

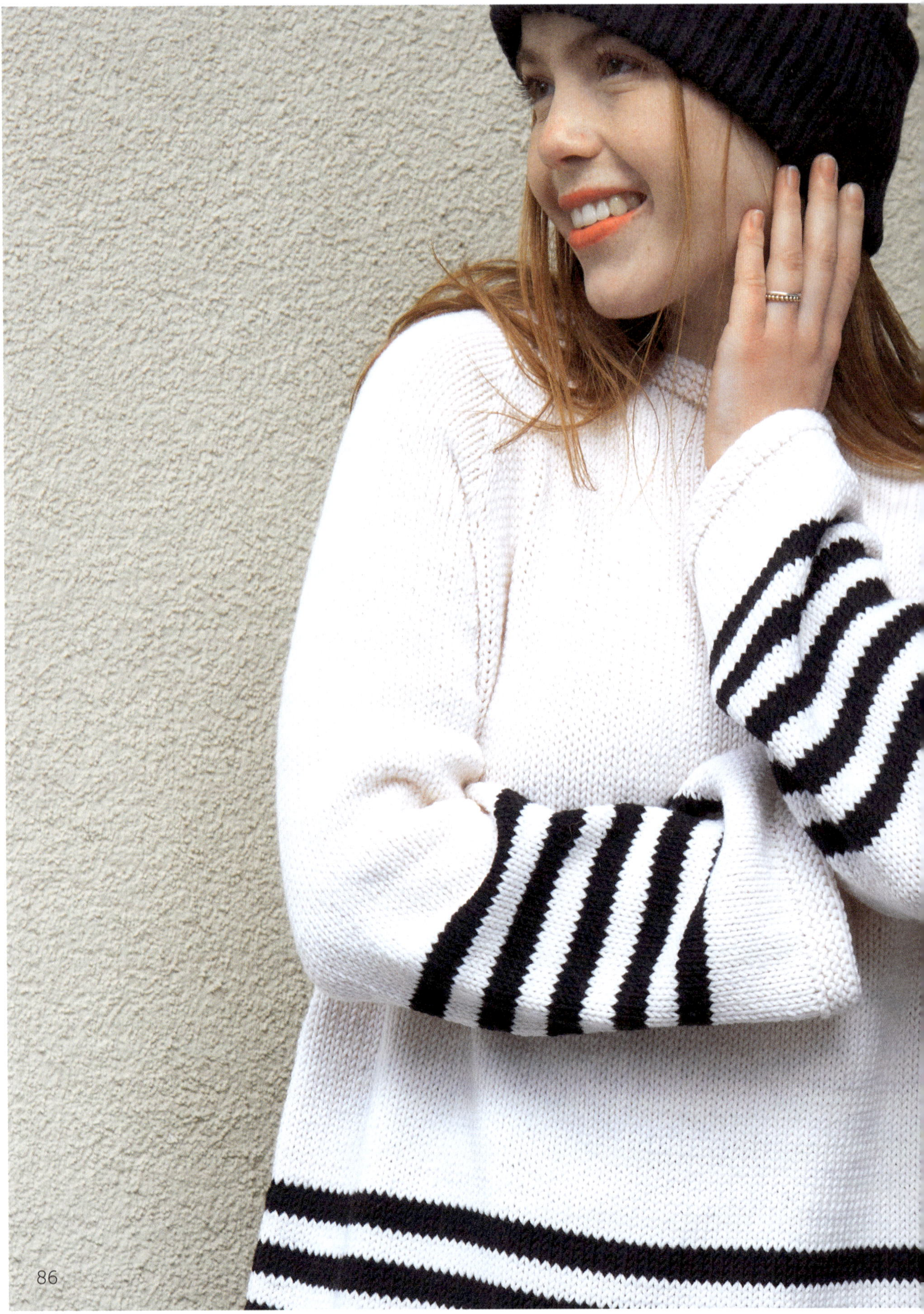

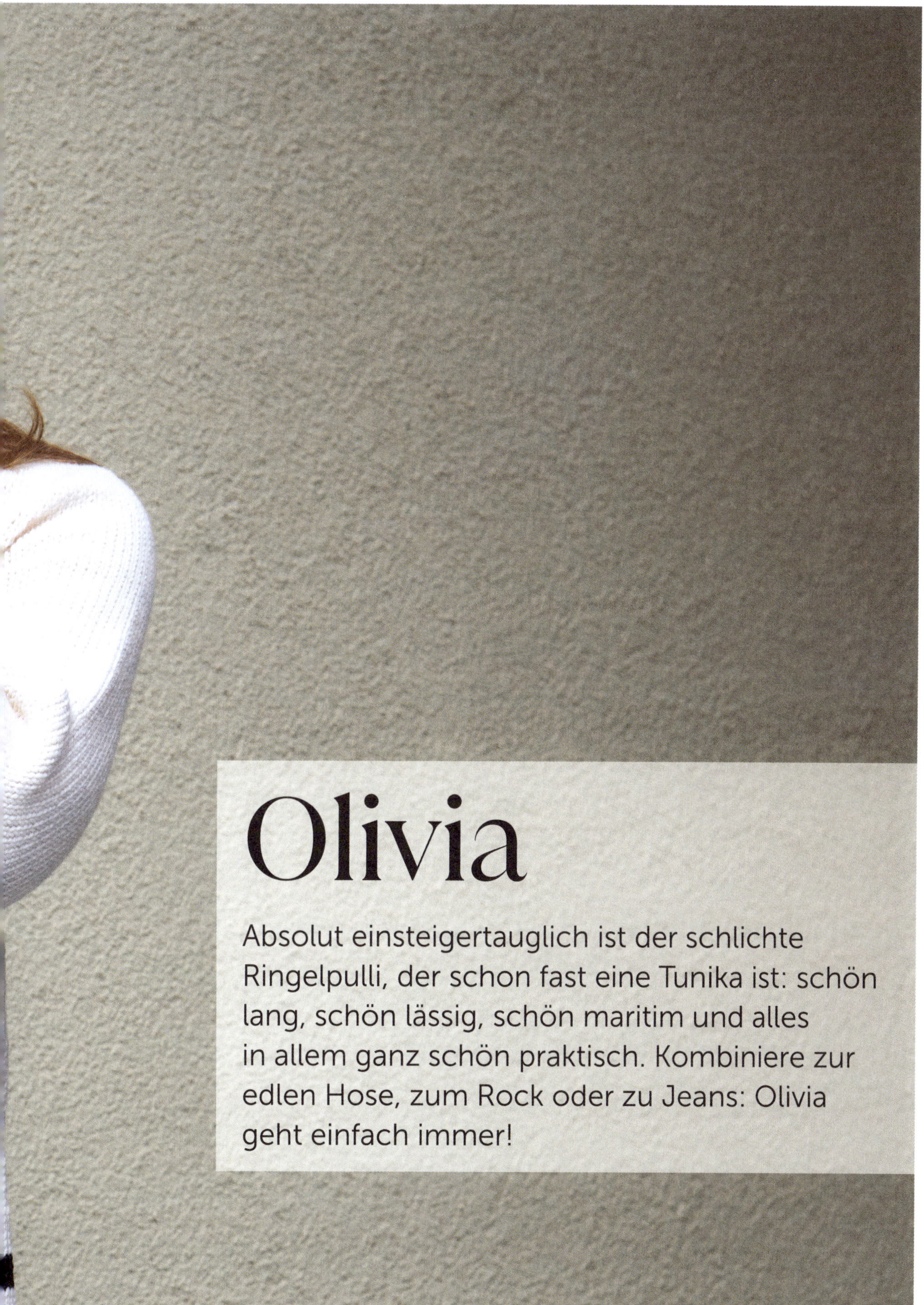

Olivia

Absolut einsteigertauglich ist der schlichte Ringelpulli, der schon fast eine Tunika ist: schön lang, schön lässig, schön maritim und alles in allem ganz schön praktisch. Kombiniere zur edlen Hose, zum Rock oder zu Jeans: Olivia geht einfach immer!

Olivia

Maritim – Bequem – Klassisch

SCHWIERIGKEITSGRAD

einfach

GRÖSSE

36–38, 40–42, 44–46, 48–50.

Die Angaben für Größe 36–38 stehen vor der Klammer, für 40–42 in der Klammer an erster Stelle, für 44–46 an zweiter und für 48–50 an letzter Stelle: 36–38 (40–42 / 44–46 / 48–50).

MATERIAL

600 (650 / 700 / 750) g Sumerino (100 % Schurwolle) in Ecru (Fb. 1) und 100 (150 / 150 / 200) g in Schwarz (Fb. 3) von Schulana mit einer Lauflänge von 85 m / 50 g;

Rundnadel 4,0 mm und 4,5 mm.

MASCHENPROBE

Mit Nadel 4,5 mm glatt rechts gestrickt ergeben 17,5 M und 24 Rd 10 cm x 10 cm.

Glatt rechts

In allen Rd rechte M stricken.

Farbfolge

4x ***4 Rd Schwarz und 4 Rd Ecru im Wechsel***, 4 Rd Schwarz stricken.

Raglan-Maschen

1 M rechts

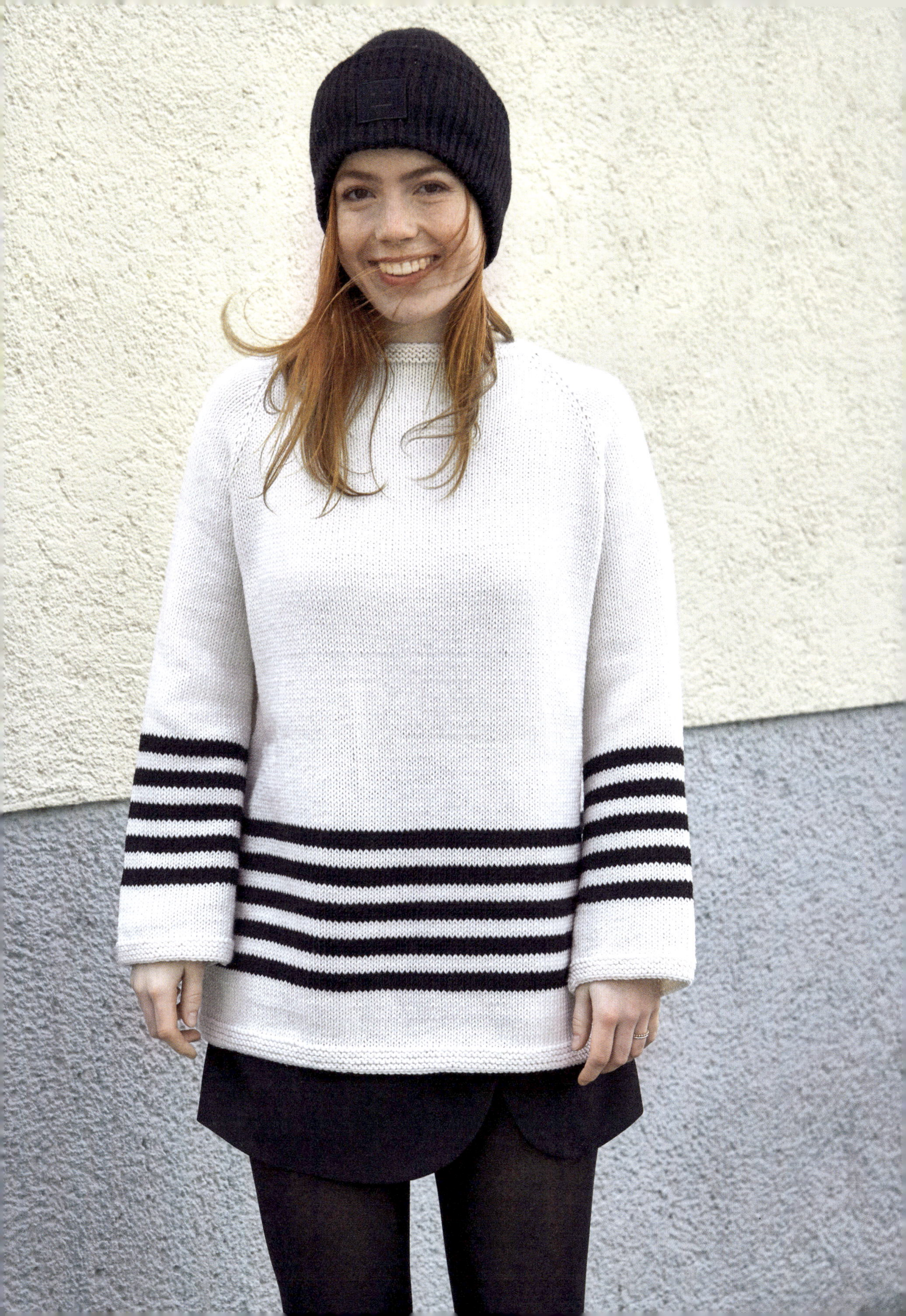

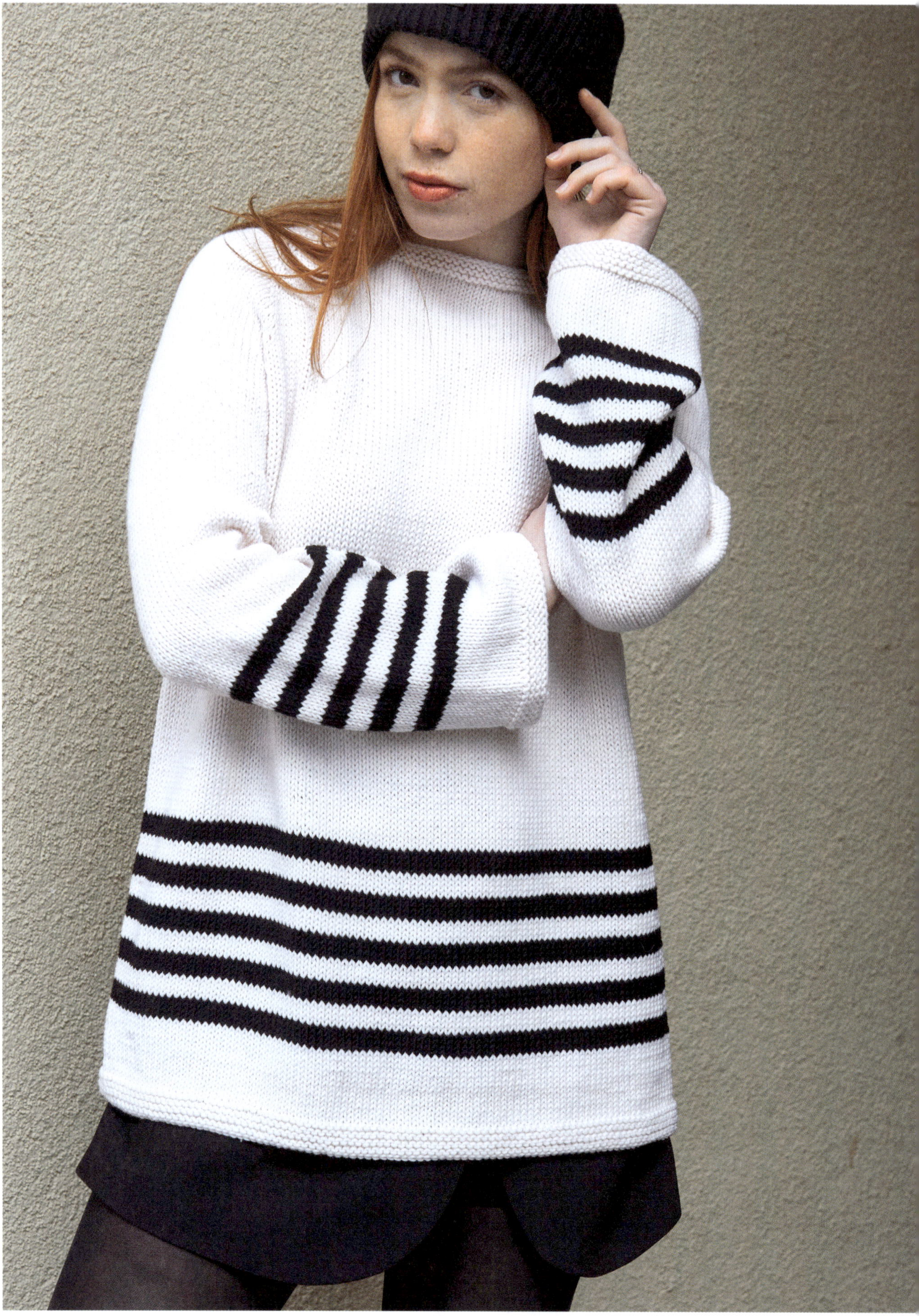

SO WIRD'S GEMACHT

Halsbündchen: Mit Nadeln 4 mm in Ecru 90 M anschlagen. Die M zur Runde schließen. 3x ***1 Rd rechte M und 1 Rd linke M im Wechsel stricken***. Weiter glatt rechts mit Nadel 4,5 mm in Rd arbeiten und die M einteilen. Die Übergänge mit Maschenmarkierern kennzeichnen.

Mascheneinteilung: Vorder- und Rückenteil: Je 38 M, Ärmel: Je 5 M, Raglan-Maschen: 4x je 1 M.

Raglanpasse: Der Rd-Übergang liegt am Rückenteil am Übergang zum rechten Ärmel vor den Raglan-M. In jeder Zunahme-Rd werden 8 M zugenommen. Weiter in Ecru glatt rechts arbeiten.

1. Rd: Alle M rechts stricken.

2. Rd: ***1 Umschlag auf die Nadel nehmen, 1 Raglan-M rechts, 1 Umschlag auf die Nadel nehmen***. 5 Ärmel-M rechts stricken, Raglan-M wie von *** bis *** stricken. 38 Vorderteil-M rechts stricken, Raglan-M wie von *** bis *** stricken. 5 Ärmel-M rechts stricken, Raglan-M wie von *** bis *** stricken. 38 Rückenteil-M rechts stricken.

3. Rd: Alle M rechts stricken. Die Umschläge rechts verschränkt abstricken.

4. Rd: ***1 Umschlag auf die Nadel nehmen, 1 Raglan-M rechts, 1 Umschlag auf die Nadel nehmen***. 7 Ärmel-M rechts stricken, Raglan-M wie von *** bis *** stricken. 40 Vorderteil-M rechts stricken, Raglan-M wie von *** bis *** stricken. 7 Ärmel-M rechts stricken, Raglan-M wie von *** bis *** stricken. 40 Rückenteil-M rechts stricken.

Die 3. und 4. Rd noch 24x (26x / 28x / 30x) wiederholen.

53. (57. / 61. / 65.) Rd: Alle M rechts stricken. Die Umschläge rechts verschränkt abstricken.

Nach der 53. (57. / 61. / 65.) Rd ergibt sich folgende Mascheneinteilung: Vorder- und Rückenteil: Je 90 (94 / 98 / 102) M, Ärmel: Je 57 (61 / 65 / 69) M, Raglan-Maschen: 4x je 1 M = 298 (314 / 330 / 346) M. Die Passe ist nun beendet.

Vorder- und Rückenteil: Auf einer 4,5-mm-Nadel 12 M in Ecru anschlagen. Fortlaufend auf die Nadel 90 (94 / 98 / 102) M des Vorderteils stricken. Nochmals 12 M anschlagen sowie die 90 (94 / 98 / 102) Rückenteil-M abstricken = 204 (212 / 220 / 228) M. Die M zur Rd schließen. Die 57 (61 / 65 / 69) M der Ärmel sowie beidseits der Ärmel-M die je 1 verbleibende Raglan-M zunächst stilllegen = 59 (63 / 67 / 71) M.

Weiter in Rd und fortlaufend mit Ecru glatt rechts noch 25 cm rechte M stricken. Danach über 36 Rd 1x die Streifenfolge = 14,5 cm stricken.

Danach noch 14 Rd = 5,5 cm in Ecru arbeiten.

Nach 45 cm ab Unterarm-Maschenanschlag die Nadel wechseln und für das Bündchen weiter mit der 4-mm-Nadel arbeiten. 4x ***1 Rd rechte M und 1 Rd linke M im Wechsel stricken***. Danach alle M abketten, dabei rechts stricken.

Ärmel: Mit der Rundnadel 4,5 mm in Ecru aus den unter dem Arm neu angeschlagenen 12 M nun 13 M auffassen. Dabei so arbeiten, dass du auf die rechte, also äußere Seite, des Pullis schaust. Im weiteren Verlauf die 59 (63 / 67 / 71) stillgelegten M auf dieselbe Nadel stricken = 72 (76 / 80 / 84) M. Die M zur Rd schließen und weiter glatt rechts in

Ecru stricken. Die mittleren 3 der 13 neu aufgefassten M markieren. Hier liegt der Rd-Übergang. In der 2. Rd die 1. M der 13 M mit der davor liegenden M und die letzte der 13 M mit der danach folgenden M rechts zusammenstricken = 70 (74 / 78 / 82) M.

In der folgenden 5. Rd *** vor den markierten M 1 Überzug (= 1 M abheben, 1 M rechts stricken, dann die abgehobene M über die gestrickte M ziehen) arbeiten und nach den markierten M 2 M rechts zusammenstricken*** = 68 (72 / 76 / 80) M.

Den Vorgang von *** bis *** noch 2x in jeder 5. folgenden Rd und danach noch 2x in jeder 8. folgenden Rd wiederholen = 60 (64 / 68 / 72) M.

Nach 24 cm ab Unterarm-Maschenanschlag 1x die Streifenfolge wie beim Rücken- und Vorderteil beschrieben stricken. Danach noch 14 Rd = 5,5 cm in Ecru arbeiten.

Nach 44 cm ab Unterarm-Maschenanschlag die Nadel wechseln und für das Bündchen weiter mit der 4-mm-Nadel arbeiten. 4x ***1 Rd rechte M und 1 Rd linke M im Wechsel stricken***. Danach alle M abketten, dabei rechts stricken.

Den 2. Ärmel ebenso arbeiten.

Zu guter Letzt: Alle Fäden vernähen. Den Pullover glatt hinlegen, leicht anfeuchten und unter feuchten Tüchern trocknen lassen.

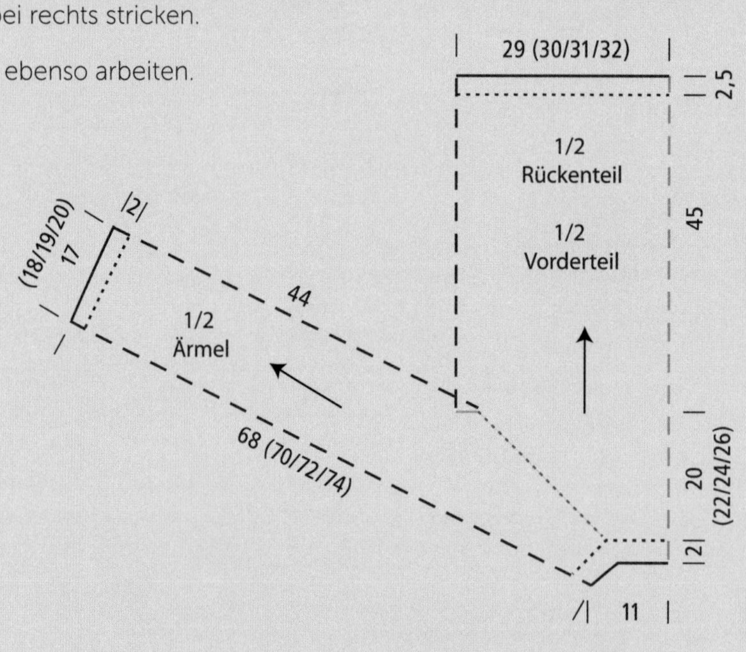

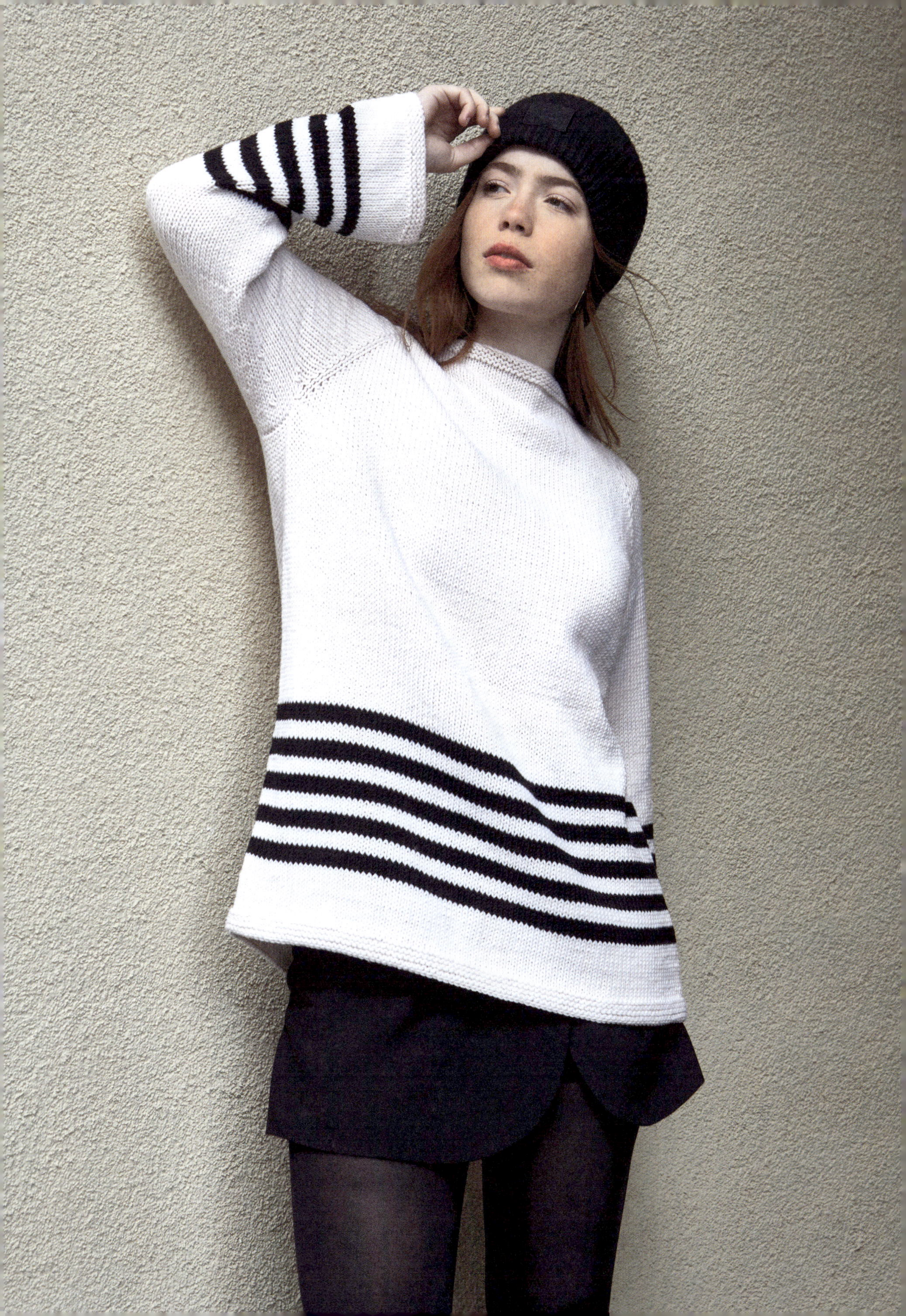

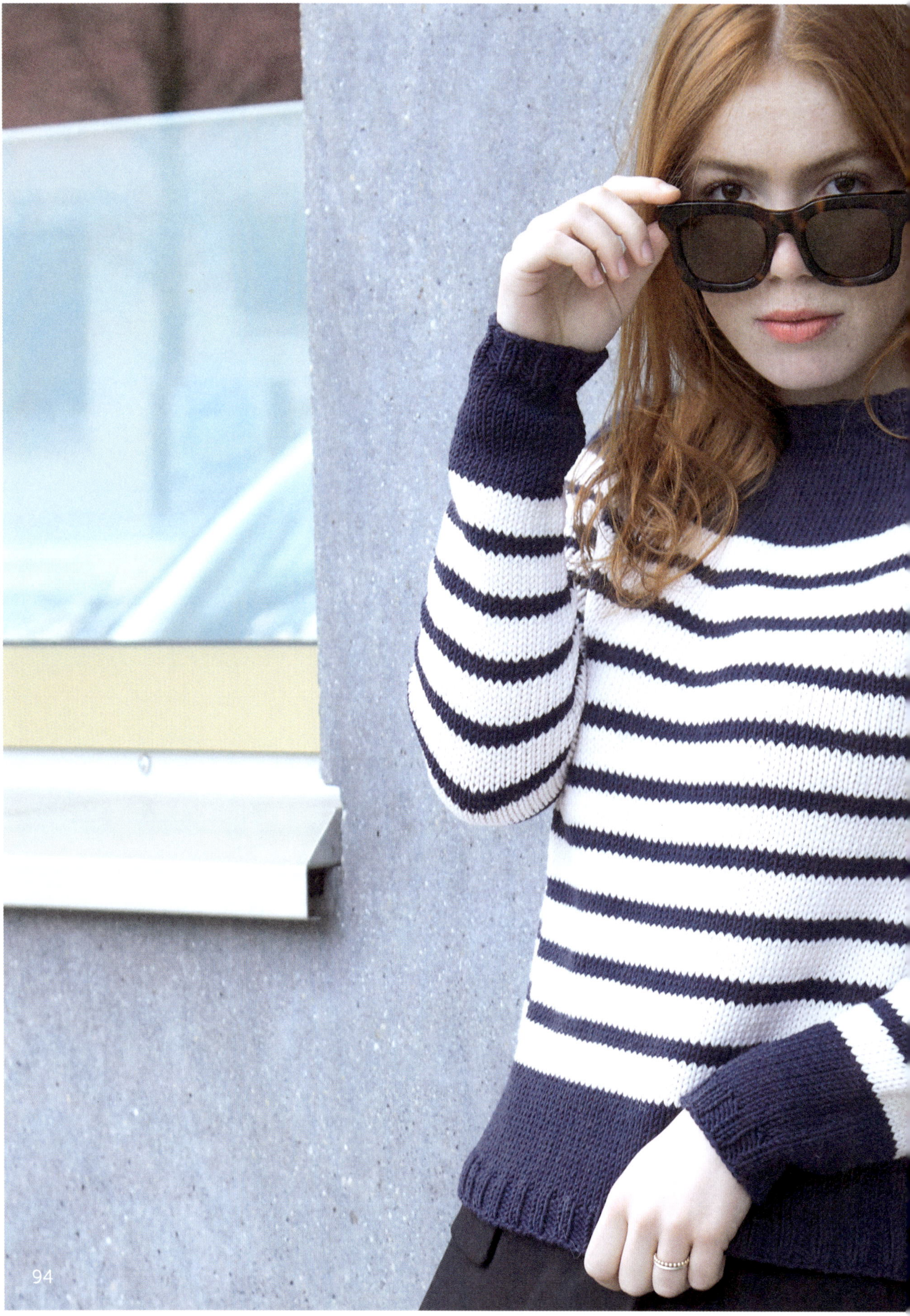

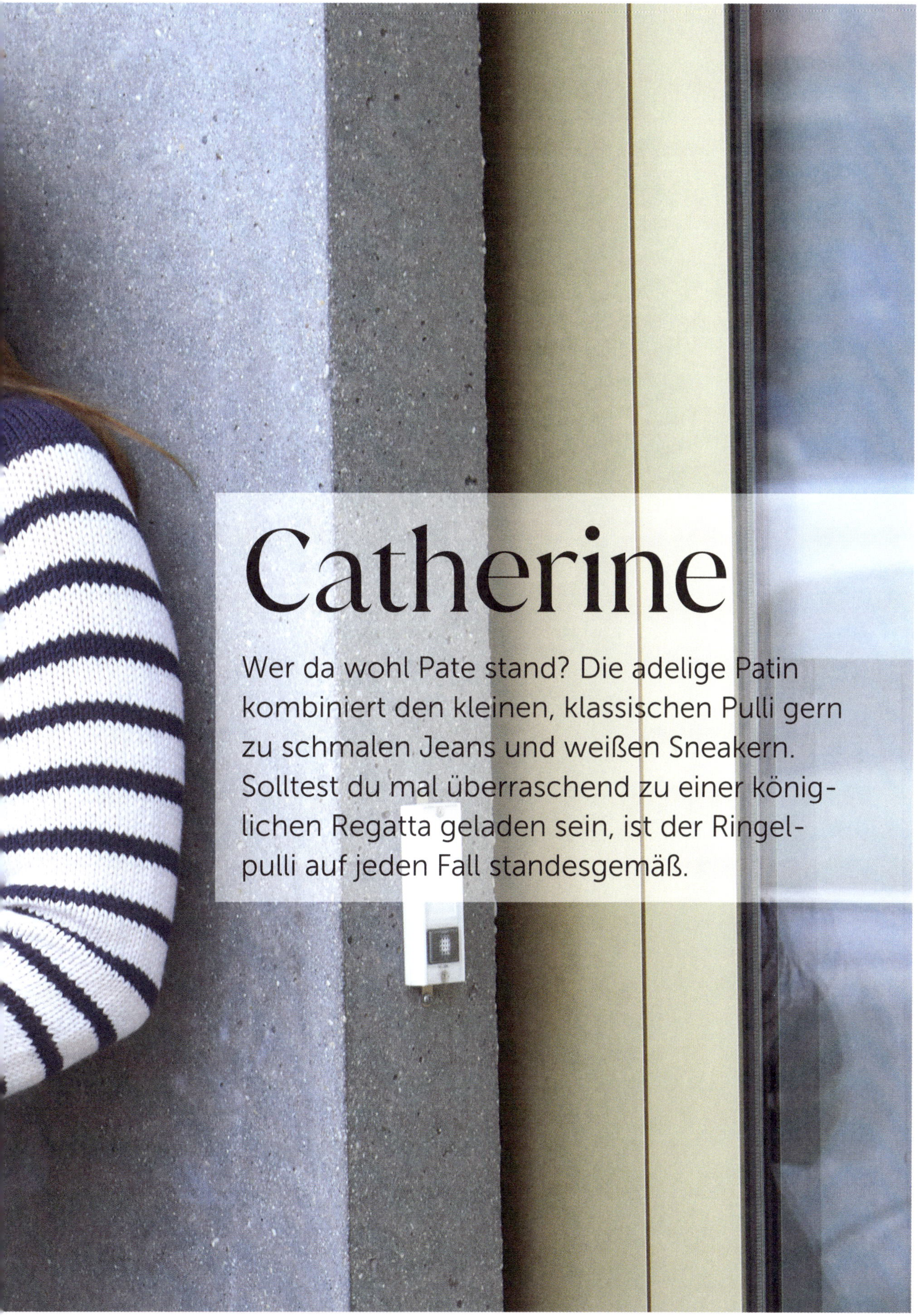

Catherine

Wer da wohl Pate stand? Die adelige Patin kombiniert den kleinen, klassischen Pulli gern zu schmalen Jeans und weißen Sneakern. Solltest du mal überraschend zu einer königlichen Regatta geladen sein, ist der Ringelpulli auf jeden Fall standesgemäß.

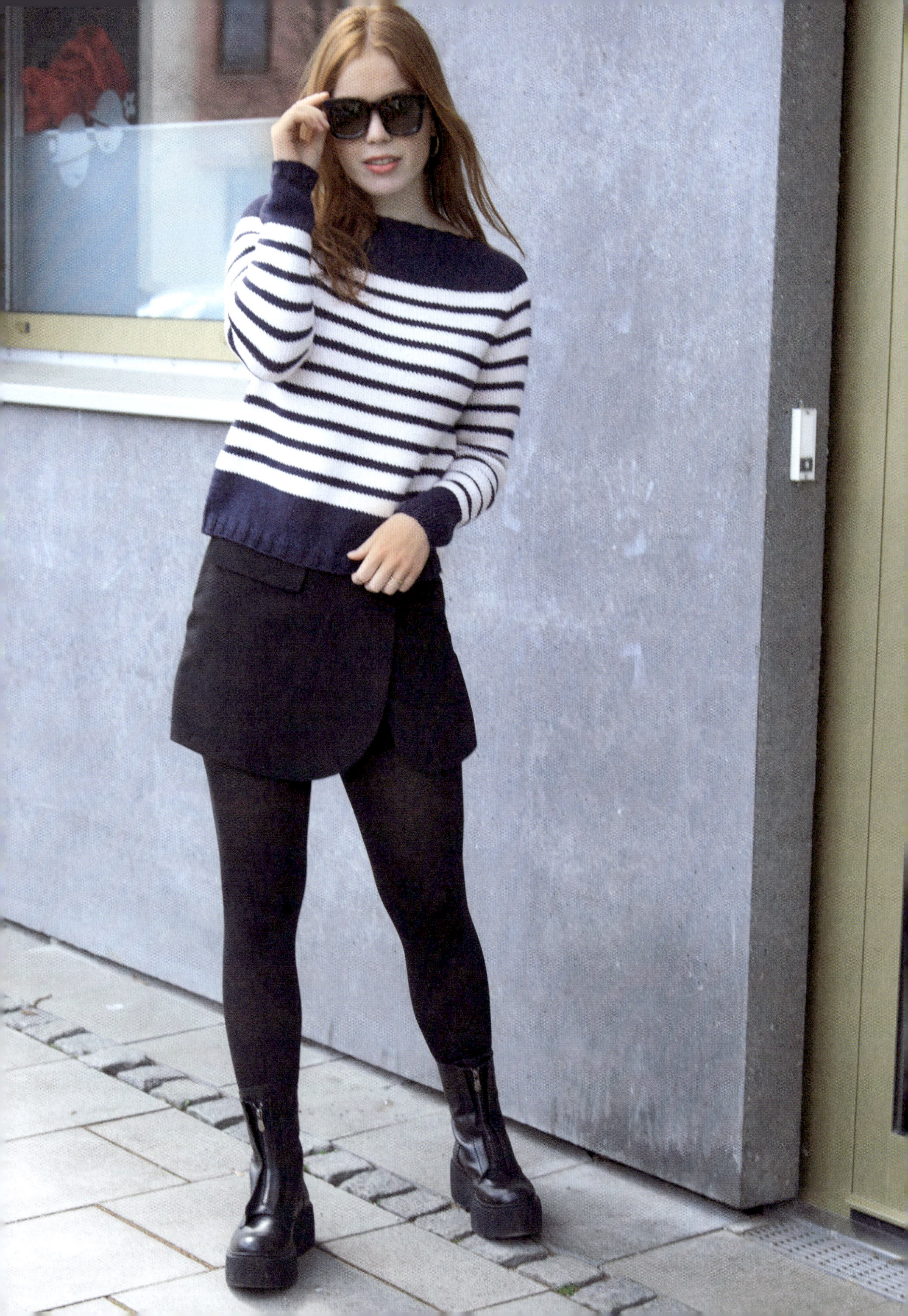

Catherine

Maritim – Understatement – Klassisch

SCHWIERIGKEITSGRAD

einfach

GRÖSSE

36–38, 40–42, 44–46, 48–50. Die Angaben für Größe 36–38 stehen vor der Klammer, für 40–42 in der Klammer an erster Stelle, für 44–46 an zweiter und für 48–50 an letzter Stelle: 36–38 (40–42 / 44–46 / 48–50).

MATERIAL

250 (300 / 300 / 350)g Sumerino (100% Schurwolle) in Ecru (Fb. 1) und 250 (300 / 350 / 350)g in Marine (Fb. 14) von Schulana mit einer Lauflänge von 85m / 50g;

Rundnadel 4mm und 4,5mm.

MASCHENPROBE

Mit Nadel 4,5mm glatt rechts gestrickt ergeben 17,5 M und 24 Rd 10cm x 10cm.

Bündchenmuster 2:2-Rippe

2 M rechts und 2 M links im Wechsel stricken.

Glatt rechts

In allen Rd rechte M stricken.

Farbfolge

Halsbündchen in Marine, 20 Rd in Marine, 9x (für die Ärmel 12x) ***6 Rd Ecru und 3 Rd Marine im Wechsel***, 6 Rd in Ecru, alle weiteren Rd in Marine stricken.

Raglan-Maschen

2 M rechts

SO WIRD'S GEMACHT

Halsbündchen: Mit Nadeln 4mm in Marine 112 M anschlagen. Die M zur Runde schließen. 4 Rd im Bündchenmuster 2:2-Rippe stricken. Weiter glatt rechts mit Nadel 4,5mm in Rd arbeiten und die M einteilen. Die Übergänge mit Maschenmarkierern kennzeichnen.

Mascheneinteilung: Vorder- und Rückenteil: Je 46 M, Ärmel: Je 6 M, Raglan-Maschen: 4x je 2 M.

Raglanpasse: Der Rd-Übergang liegt am Rückenteil am Übergang zum rechten Ärmel vor den Raglan-M. Die Raglan-M sind 2 rechte M, die sich aus der 2:2-Rippe fortsetzen. In jeder Zunahme-Rd werden 8 M zugenommen. Weiter in Marine glatt rechts arbeiten und die Farbfolge einhalten.

1. Rd: Alle M rechts stricken.

2. Rd: ***1 Umschlag auf die Nadel nehmen, 2 Raglan-M rechts, 1 Umschlag auf die Nadel nehmen***, 6 Ärmel-M rechts stricken, Raglan-M wie von *** bis *** stricken, 46 Vorderteil-M rechts stricken, Raglan-M wie von *** bis *** stricken, 6 Ärmel-M rechts stricken, Raglan-M wie von *** bis *** stricken, 46 Rückenteil-M rechts stricken.

3. Rd: Alle M rechts stricken. Die Umschläge rechts verschränkt abstricken.

4. Rd: ***1 Umschlag auf die Nadel nehmen, 2 Raglan-M rechts, 1 Umschlag auf die Nadel nehmen***, 8 Ärmel-M rechts stricken, Raglan-M wie von *** bis *** stricken, 48 Vorderteil-M rechts stricken, Raglan-M wie von *** bis *** stricken, 8 Ärmel-M rechts stricken, Raglan-M wie von *** bis *** stricken, 48 Rückenteil-M rechts stricken.

Die 3. und 4. Rd noch 2x wiederholen.

9. Rd: Alle M rechts stricken. Die Umschläge rechts verschränkt abstricken.

10. Rd: Alle M rechts stricken.

11. Rd: Alle M rechts stricken.

12. Rd: ***1 Umschlag auf die Nadel nehmen, 2 Raglan-M rechts, 1 Umschlag auf die Nadel nehmen***. 12 Ärmel-M rechts stricken, Raglan-M wie von *** bis *** stricken. 52 Vorderteil-M rechts stricken, Raglan-M wie von *** bis *** stricken. 12 Ärmel-M rechts stricken, Raglan-M wie von *** bis *** stricken. 52 Rückenteil-M rechts stricken.

Die 9.–12. Rd noch 8x (9x / 10x / 11x) wiederholen.

45. (49. / 53. / 57.) Rd: Alle M rechts stricken. Die Umschläge rechts verschränkt abstricken.

46. (50. / 54. / 58.) Rd: Alle M rechts stricken.

47. (51. / 55. / 59.) Rd: Alle M rechts stricken.

Nach der 47. (51. / 55. / 59.) Rd ergibt sich folgende Mascheneinteilung: Vorder- und Rückenteil: Je 70 (72 / 74 / 76) M, Ärmel: Je 30 (32 / 34 / 36 / 38) M, Raglan-Maschen: 4x je 2 M = 208 (216 / 224 / 236) M. Die Passe ist nun beendet.

Vorder- und Rückenteil: Auf einer 4,5-mm-Nadel 12 (14 / 16 / 18) M in Ecru anschlagen. Fortlaufend auf die Nadel 70 (72 / 74 / 76) M des Vorderteils stricken. Nochmals 12 (14 / 16 / 18) M anschlagen sowie die 70 (72 / 74 / 76) Rückenteil-M abstricken = 164 (172 / 180 / 188) M. Die M zur Rd schließen.

Die 30 (32 / 34 / 36) M der Ärmel sowie beidseits der Ärmel-M die je 2 verbleibenden Raglan-M zunächst stilllegen = 34 (36 / 38 / 40) M.

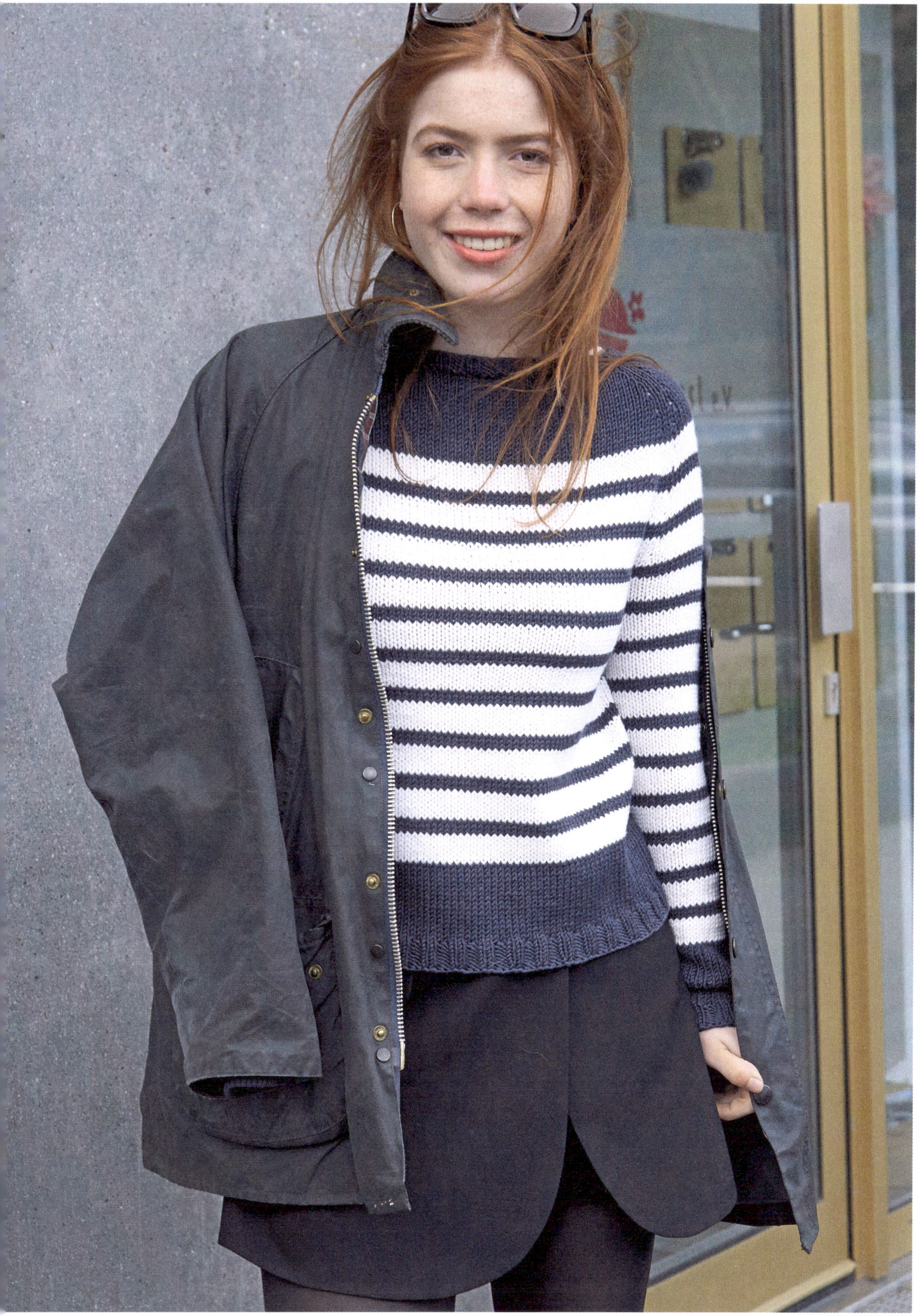

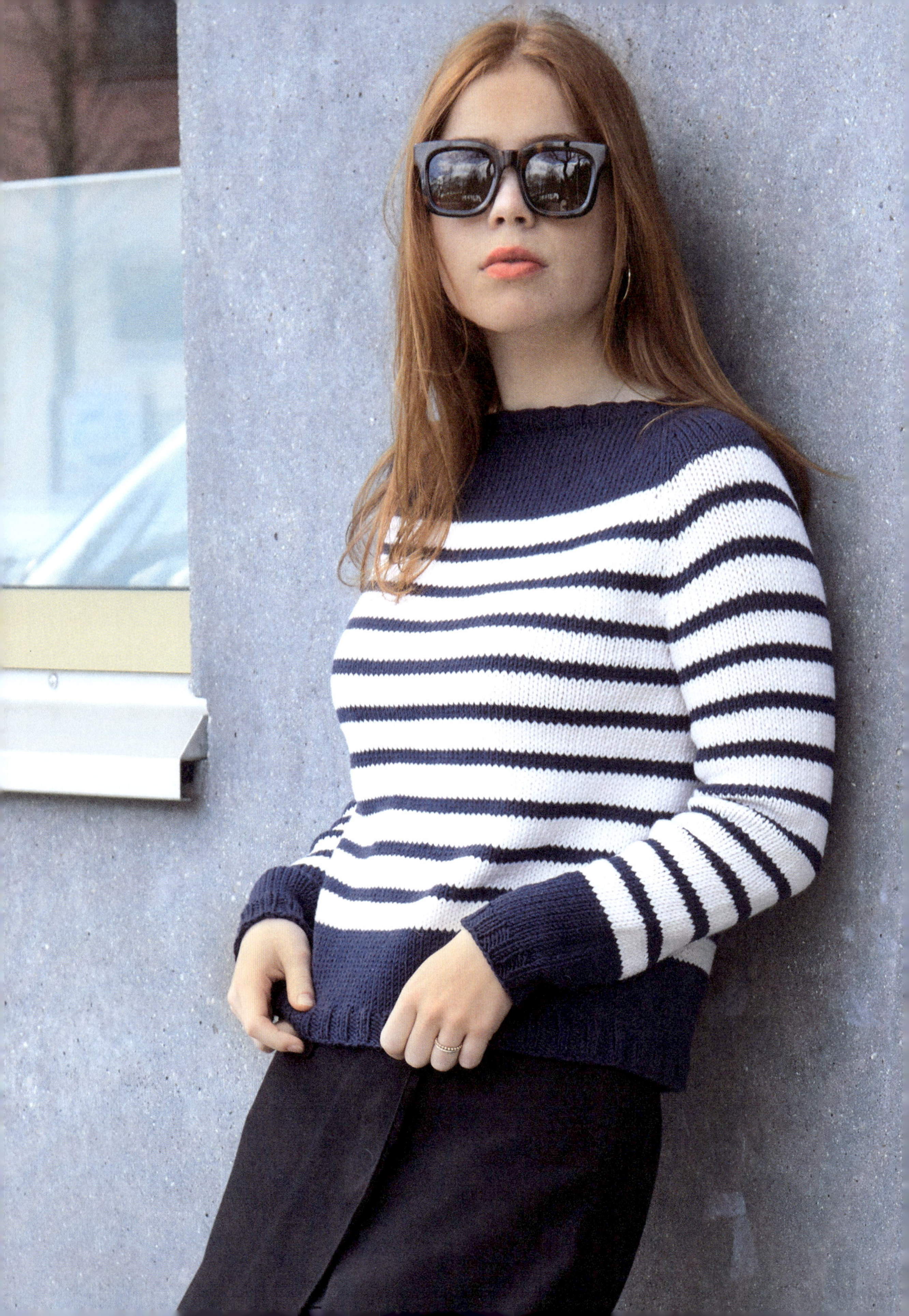

Weiter in Rd und fortlaufend im Streifenmuster glatt rechts noch 29 cm rechte M stricken, das Streifenmuster weiter einhalten, bis insgesamt 9x im Wechsel 6 Rd Ecru, 3 Rd Marine und noch 6 Rd Ecru gestrickt sind. Dann den Pulli in Marine beenden. Nach 29 cm die Nadel wechseln und für das Bündchen weiter mit der 4-mm-Nadel arbeiten. 3 cm im Rippenmuster stricken. Danach alle M abketten, dabei weiter im Rippenmuster stricken.

Ärmel: Mit der Rundnadel 4,5 mm mit der passenden Farbe aus den unter dem Arm neu angeschlagenen 12 (14 / 16 / 18) M 14 (16 / 18 / 20) M auffassen und zusätzlich an den Übergängen der neu angeschlagenen M zum Ärmel je 1 M auffassen. Dabei so arbeiten, dass du auf die rechte, also äußere, Seite des Pullis schaust. Im weiteren Verlauf die 34 (38 / 40 / 42) stillgelegten M auf dieselbe Nadel stricken = 50 (54 / 58 / 60) M. Die M zur Rd schließen, die Streifenfolge fortsetzen. In der Mitte der 14 (16 / 18 / 20) neu aufgefassten M liegt der Rd-Übergang. Diesen markieren. In der 3. Rd ab Ärmelbeginn für die Ärmelschrägungen ***1 M rechts stricken, 1 Überzug (= 1 M abheben, 1 M rechts stricken, dann die abgehobene M über die gestrickte M ziehen), weiter glatt rechts bis 3 M vor Rd-Übergang stricken, 2 M rechts zusammenstricken, 1 M rechts stricken*** = 48 (50 / 52 / 54) M. Den Vorgang von *** bis *** noch 6x (7x / 8x / 9x) in jeder 9. Rd wiederholen = 36 (38 / 40 / 42) M.

Das Streifenmuster weiter einhalten, bis insgesamt 12x im Wechsel 6 Rd Ecru,3 Rd Marine und 6 Rd Ecru gestrickt sind. Dann den Ärmel in Marine beenden. Nach 42 cm ab Maschenanschlag unter dem Arm die Nadel wechseln und für das Bündchen weiter mit der 4-mm-Nadel arbeiten. 3 cm im Rippenmuster stricken. Danach alle M abketten, dabei weiter im Rippenmuster stricken.

Den 2. Ärmel ebenso arbeiten.

Zu guter Letzt: Alle Fäden vernähen. Den Pullover glatt hinlegen, leicht anfeuchten und unter feuchten Tüchern trocknen lassen.

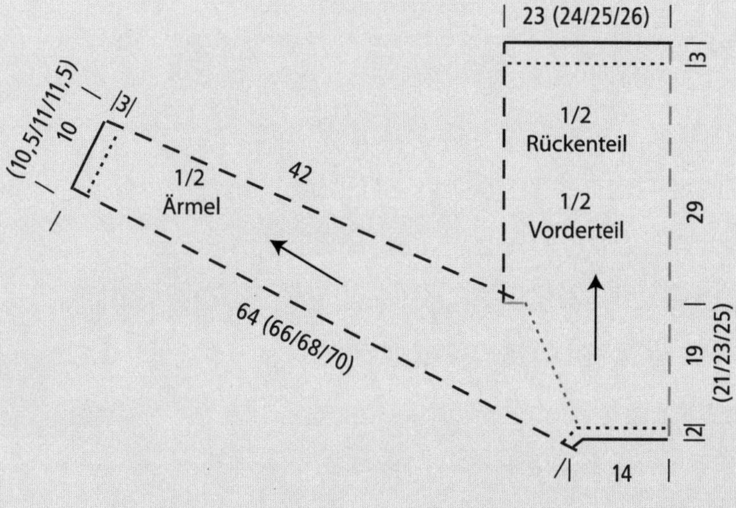

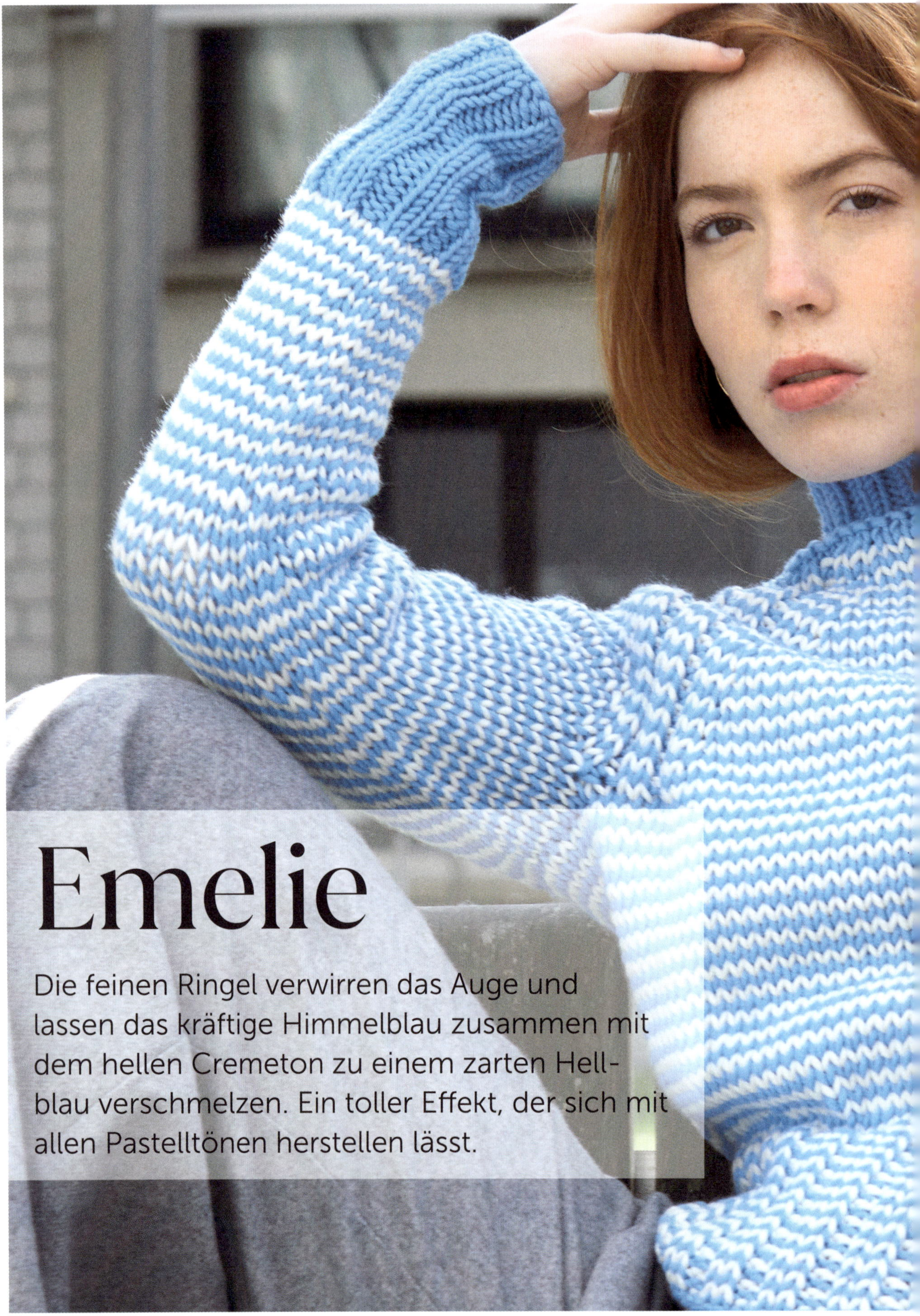

Emelie

Die feinen Ringel verwirren das Auge und lassen das kräftige Himmelblau zusammen mit dem hellen Cremeton zu einem zarten Hellblau verschmelzen. Ein toller Effekt, der sich mit allen Pastelltönen herstellen lässt.

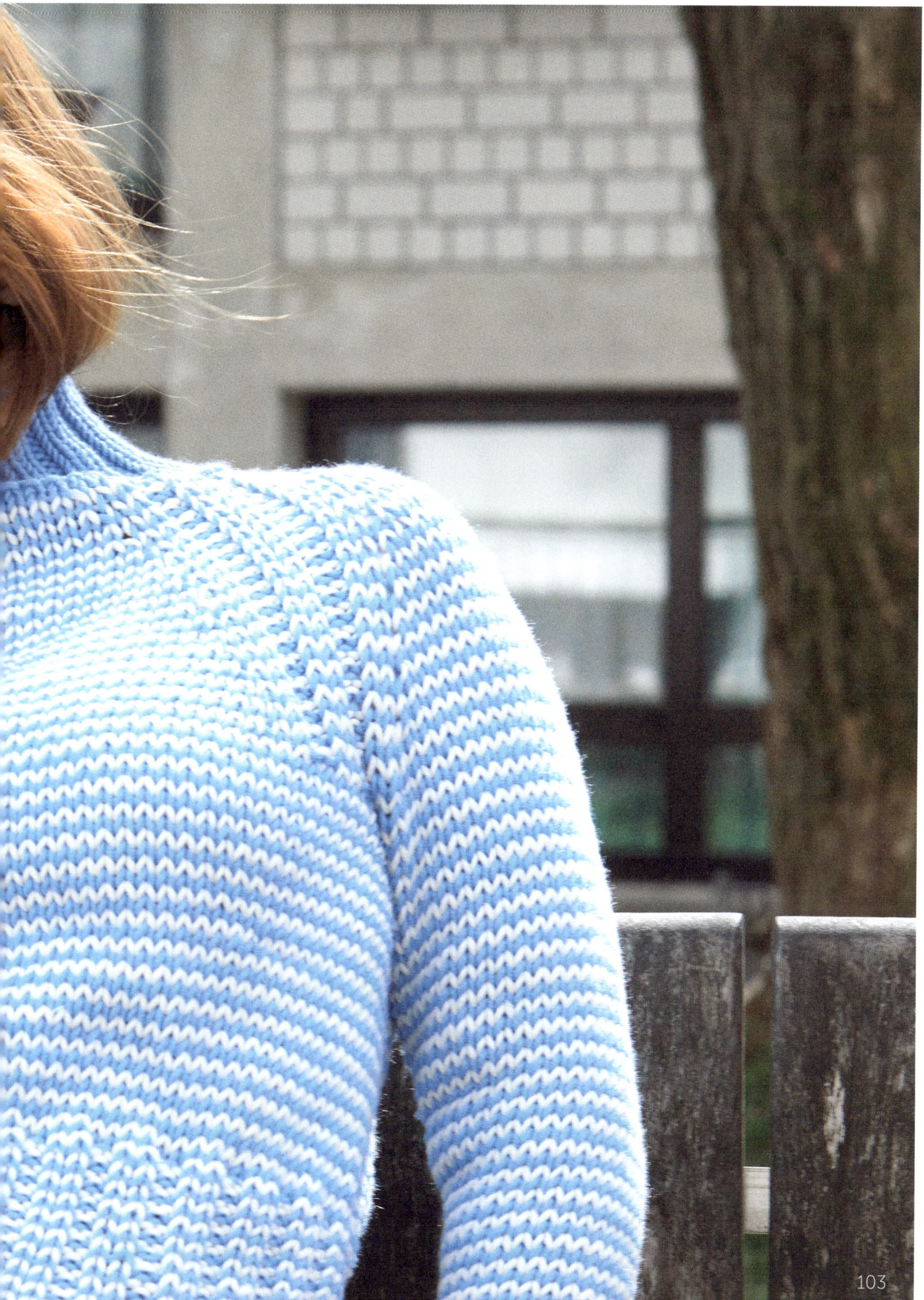

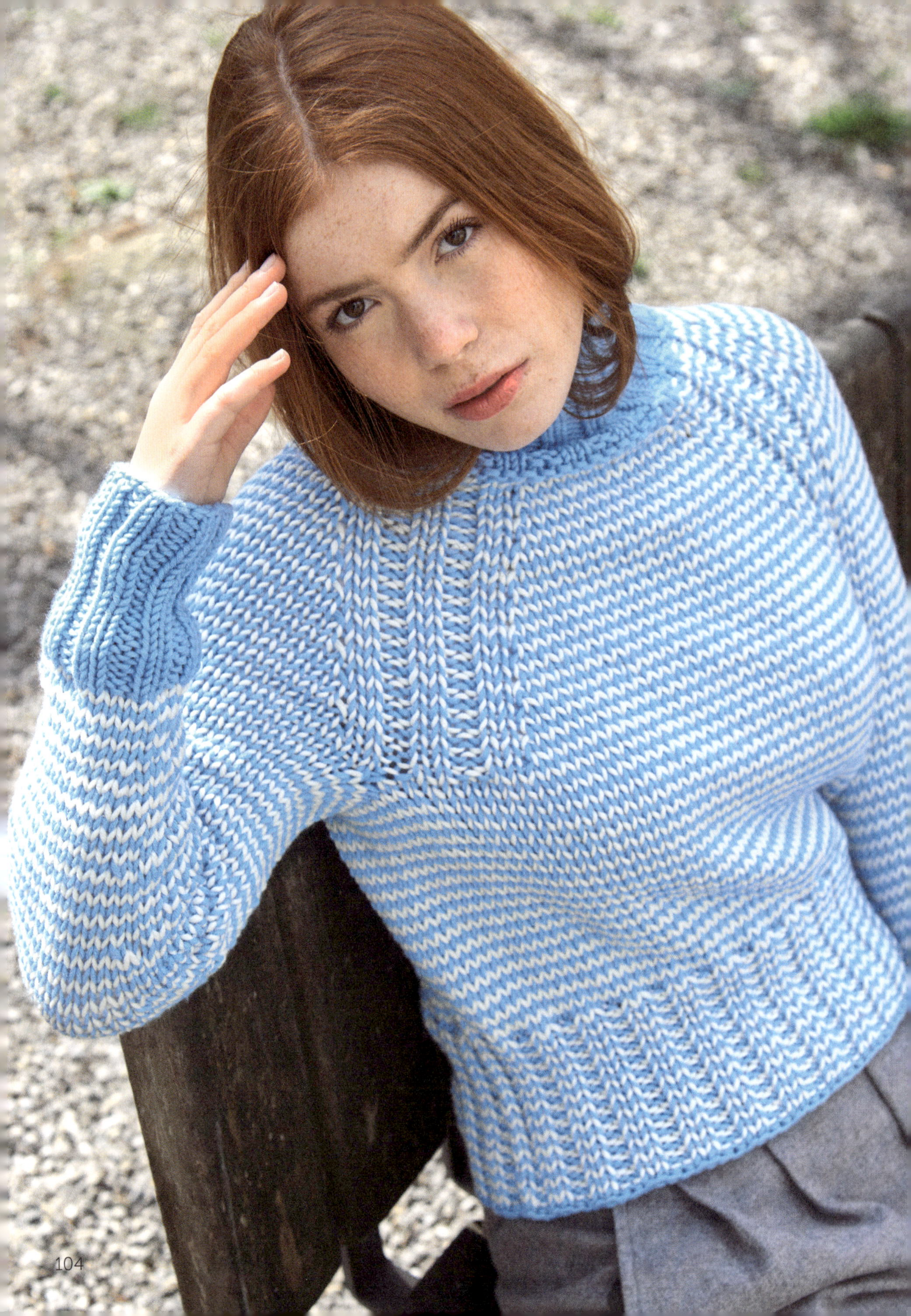

Emelie

Stylish – Sportiv – Preppy

SCHWIERIGKEITSGRAD

einfach

GRÖSSE

36–38, 40–42, 44–46.

Die Angaben für Größe 36–38 stehen vor der Klammer, für 40–42 in der Klammer an erster Stelle, für 44–46 an letzter Stelle: 36–38 (40–42 / 44–46).

MATERIAL

350 (400 / 450)g Merlana (100% Schurwolle) in Hellblau (Fb. 40) und 300 (350 / 400)g in Ecru (Fb. 28) von Schulana mit einer Lauflänge von 55m / 50g;

Rundnadel 8mm und 6mm.

MASCHENPROBE

Mit Nadel 8mm glatt rechts gestrickt ergeben 12,5 M und 17 Rd 10cm x 10cm.

Bündchenmuster 2:2-Rippe

2 M rechts und 2 M links im Wechsel stricken.

Glatt rechts

In allen Rd rechte M stricken.

Farbfolge

1 Rd Ecru und 1 Rd Hellblau im Wechsel stricken.

Raglan-Maschen

10 Maschen: 2 M rechts, 2 M links, 2 M rechts, 2 M links, 2 M rechts.

SO WIRD'S GEMACHT

Rollkragen: Mit Nadeln 6 mm in Hellblau 64 (64 / 68) M anschlagen. Die M zur Runde schließen. 25 Rd im Bündchenmuster 2:2-Rippe stricken, danach noch 1 Rd linke M stricken. Weiter glatt rechts in Rd arbeiten und zu Nadel 8 mm wechseln. Nach einer Rd rechter M in Hellblau die M einteilen und die Übergänge mit Maschenmarkierern kennzeichnen.

Mascheneinteilung: Vorder- und Rückenteil: Je 10 (10 / 12) M, Ärmel: Je 2 M, Raglan-Maschen: 4x je 10 M.

Raglanpasse: Der Rd-Übergang liegt am Rückenteil am Übergang zum rechten Ärmel vor den Raglan-M. In jeder Zunahme-Rd werden 8 M zugenommen. Mit der Farbfolge beginnen. Die erste Rd ist eine Rd in Ecru.

1. Rd: ***1 Umschlag auf die Nadel nehmen, 10 Raglan-M wie beschrieben stricken, 1 Umschlag auf die Nadel nehmen***, 2 Ärmel-M rechts stricken, Raglan-M wie von *** bis *** stricken. 10 (10 / 12) Vorderteil-M rechts stricken, Raglan-M wie von *** bis *** stricken, 2 Ärmel-M rechts stricken, Raglan-M wie von *** bis *** stricken, 10 (10 / 12) Rückenteil-M rechts stricken.

2. Rd: Alle M rechts stricken. Die Umschläge rechts verschränkt abstricken.

3. Rd: Alle M rechts stricken.

4. Rd: ***1 Umschlag auf die Nadel nehmen, 10 Raglan-M rechts stricken, 1 Umschlag auf die Nadel nehmen***, 4 Ärmel-M rechts stricken, Raglan-M wie von *** bis *** stricken, 12 (12 / 14) Vorderteil-M rechts stricken, Raglan-M wie von *** bis *** stricken, 4 Ärmel-M rechts stricken, Raglan-M wie von *** bis *** stricken, 12 (12 / 14) Rückenteil-M rechts stricken.

Die 2. bis 4. Rd noch 10x (11x / 12x) wiederholen.

35. (38. / 41.) Rd: Alle M rechts stricken. Die Umschläge rechts verschränkt abstricken.

36. (39. / 42.) Rd: Alle M rechts stricken.

Nach der 36. (39. / 42) Rd ergibt sich folgende Mascheneinteilung: Vorder- und Rückenteil: Je 34 (36 / 40) M, Ärmel: Je 26 (28 / 30) M, Raglan-Maschen: 4x je 10 M = 160 (168 / 180) M. Die Passe ist nun beendet.

Vorder- und Rückenteil: Nun alle M glatt rechts stricken. Auf eine 8-mm-Nadel 10 M in Ecru anschlagen. Auf dieselbe Rundnadel 8 (2 M links, 2 M rechts, 2 M links, 2 M rechts) der 10 Raglan-M rechts abstricken. Achtung: Die ersten beiden der 10 M werden später dem Ärmel zugeordnet. Fortlaufend auf die Nadel 34 (36 / 40) M des Vorderteils und 8 Raglan-M rechts stricken. Die letzten beiden M der Raglan-M werden später dem Ärmel zugeordnet. Nochmals 10 M anschlagen, dann die 8 der rückwärtigen 10 Raglan-M sowie die 34 (36 / 40) M des Rückenteils und die letzten 8 der 10 Raglan-M abstricken = 120 (124 / 132) M. Die M zur Rd schließen. Die M der Ärmel sowie beidseits der Ärmel-M die je 2 verbleibenden Raglan-M zunächst stilllegen.

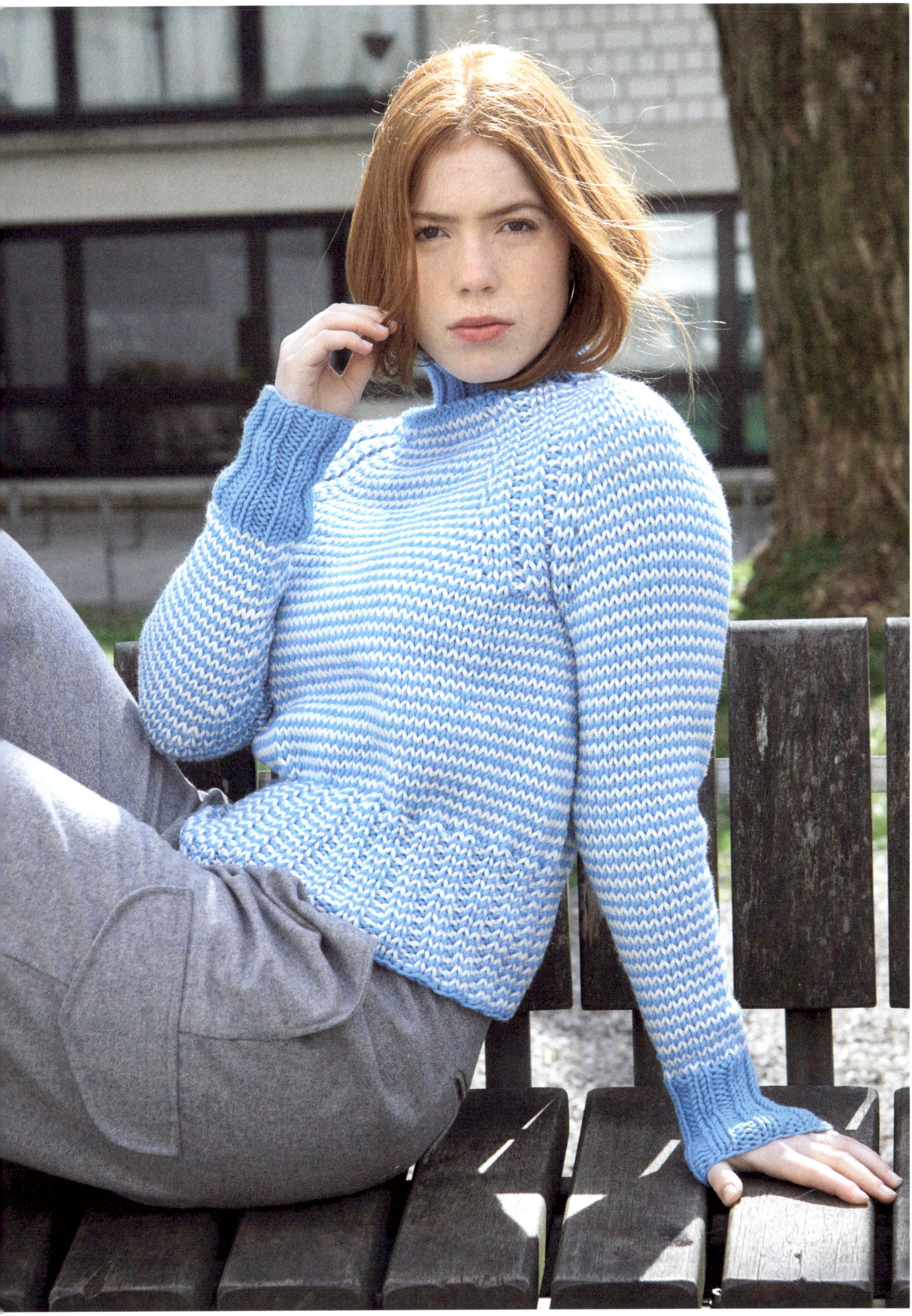

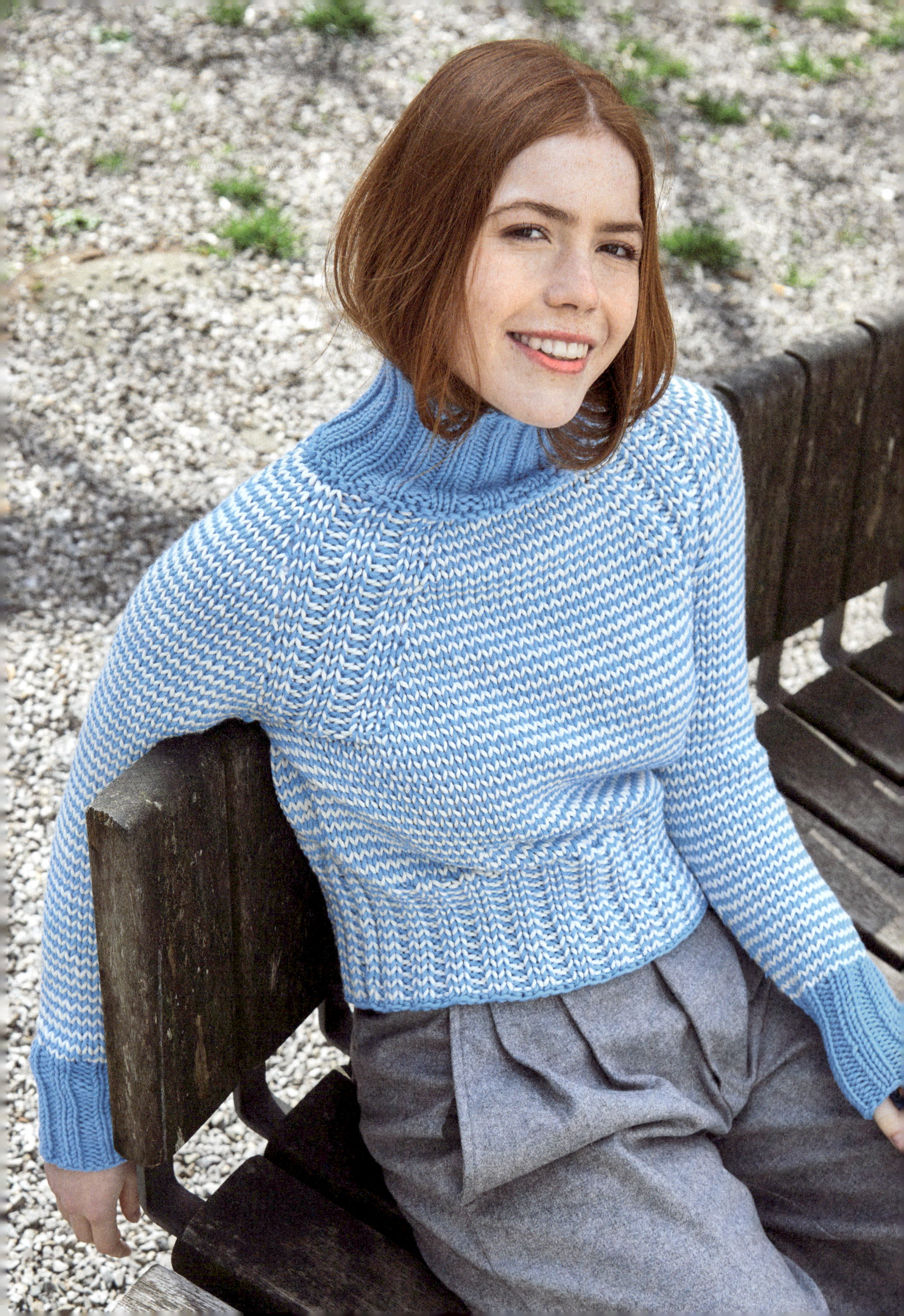

Weiter in Rd und fortlaufend im Streifenmuster glatt rechts noch 20 cm rechte M stricken. Danach die Nadel wechseln und für das Bündchen weiter mit der 6-mm-Nadel arbeiten. 12 cm im Rippenmuster stricken. Die Streifenfolge beibehalten. Die letzte Rd ist eine Rd in Hellblau. Danach alle M in Hellblau abketten, dabei weiter im Rippenmuster stricken.

Ärmel: Mit der Rundnadel 6 mm in Ecru aus den unter dem Arm neu angeschlagenen 10 M 10 M auffassen. Dabei so arbeiten, dass du auf die rechte, also äußere, Seite des Pullis schaust. Im weiteren Verlauf die 26 (28 / 30) stillgelegten Ärmel-M sowie die rechts und links davon liegenden 2 Raglan-M rechts auf dieselbe Nadel stricken = 40 (42 / 44) M. Die M zur Rd schließen, die Streifenfolge fortsetzen. In der Mitte der 10 neu aufgefassten M liegt der Rd-Übergang. Diesen markieren. In der 20. Rd für die Ärmelschrägungen ***1 M rechts stricken, 1 Überzug (= 1 M abheben, 1 M rechts stricken, dann die abgehobene M über die gestrickte M ziehen), weiter glatt rechts bis 3 M vor Rd-Übergang stricken, 2 M rechts zusammenstricken, 1 M rechts stricken*** = 38 (40 / 42) M. Danach 7 Rd ohne Abnahme stricken. Den Vorgang von *** bis *** noch 5x wiederholen = 28 (30 / 32) M. Der Ärmel ist nun – gemessen ab Unterarm-Maschenanschlag – 36 cm lang. Die letzte Rd ist eine Rd in Hellblau. Wechseln zur 6-mm-Nadel und das Ärmelbündchen in Hellblau stricken. Nach 22 Rd = 12 cm im Bündchenmuster alle M locker abketten, dabei weiterhin im Bündchenmuster stricken.

Den 2. Ärmel ebenso arbeiten.

Zu guter Letzt: Alle Fäden vernähen. Den Pullover glatt hinlegen, leicht anfeuchten und unter feuchten Tüchern trocknen lassen.

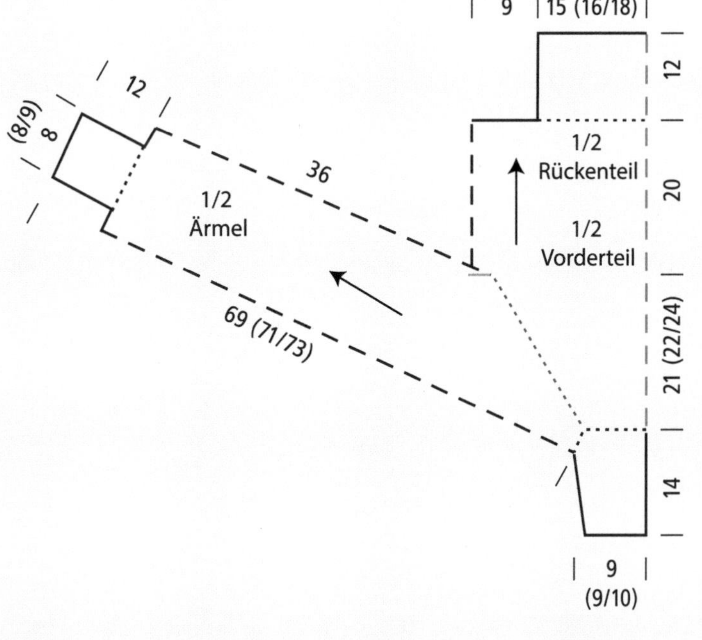

Klassiker gehen immer

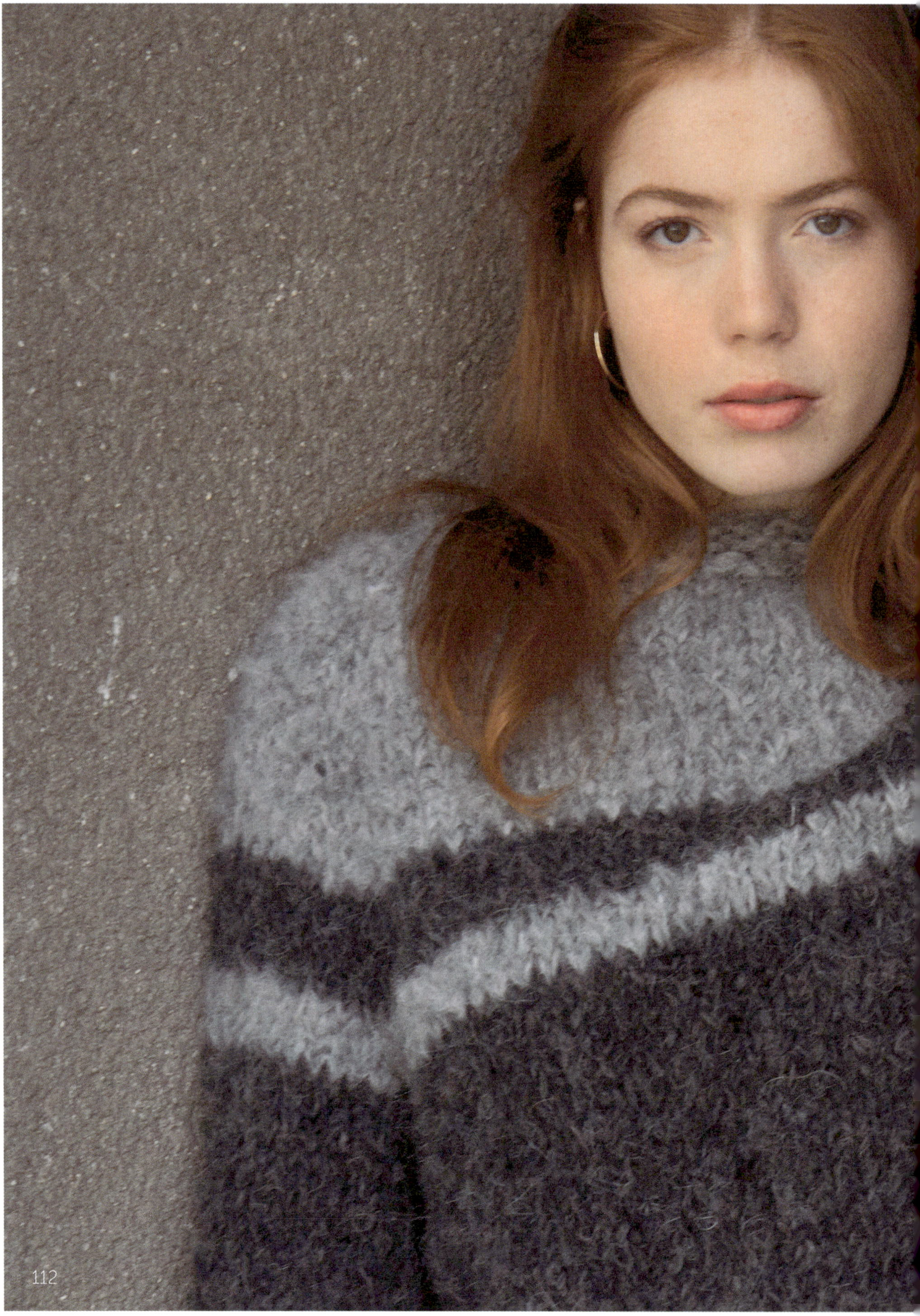

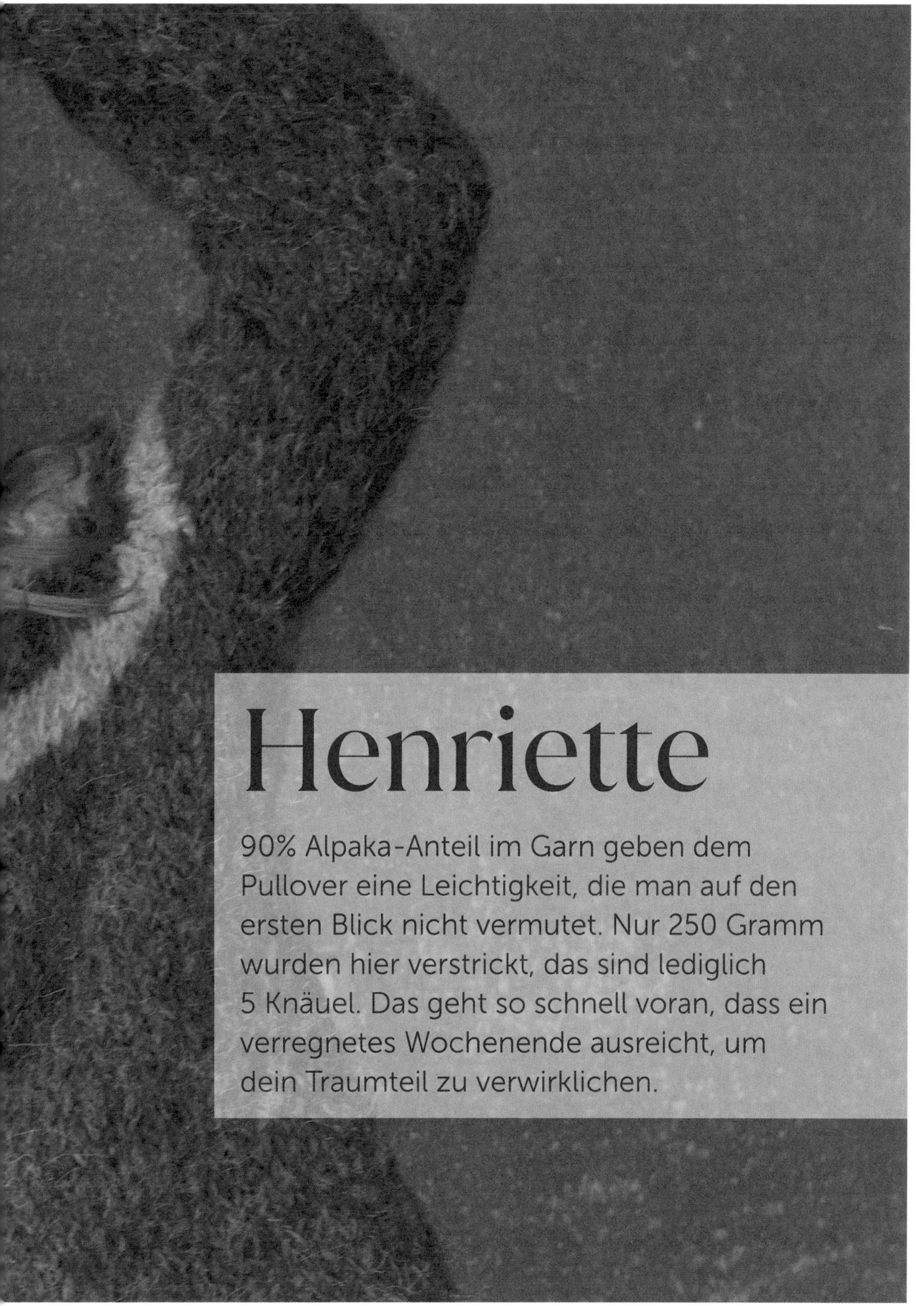

Henriette

90% Alpaka-Anteil im Garn geben dem Pullover eine Leichtigkeit, die man auf den ersten Blick nicht vermutet. Nur 250 Gramm wurden hier verstrickt, das sind lediglich 5 Knäuel. Das geht so schnell voran, dass ein verregnetes Wochenende ausreicht, um dein Traumteil zu verwirklichen.

Henriette

Gemütlich – Flauschig – Kuschelig

SCHWIERIGKEITSGRAD

einfach

GRÖSSE

36–38, 40–42, 44–46, 48–50.

Die Angaben für Größe 36–38 stehen vor der Klammer, für 40–42 in der Klammer an erster Stelle, für 44–46 an zweiter und für 48–50 an letzter Stelle: 36–38 (40–42 / 44–46 / 48–50).

MATERIAL

250 (300 / 300 / 350)g Furry (90% Alpaka und 10% Polyamid) in Anthrazit (Fb. 10) und 100 (100 / 150 / 150)g in Grau (Fb. 11) von Lana Grossa mit einer Lauflänge von 75m / 50g;

Rundnadel 9mm und 10mm.

MASCHENPROBE

Mit Nadel 10mm glatt rechts gestrickt ergeben 9 M und 14 Rd 10cm x 10cm.

Bündchenmuster Kraus rechts

Im Wechsel 1 Rd rechte und 1 Rd linke M stricken.

Glatt rechts

In allen Rd rechte M stricken.

Farbfolge

6 Rd für das Bündchen in Grau,
20 Rd Grau, 6 Rd Anthrazit, 4 Rd Grau, alle weiteren Rd in Anthrazit.

Raglan-Maschen

2 M glatt rechts.

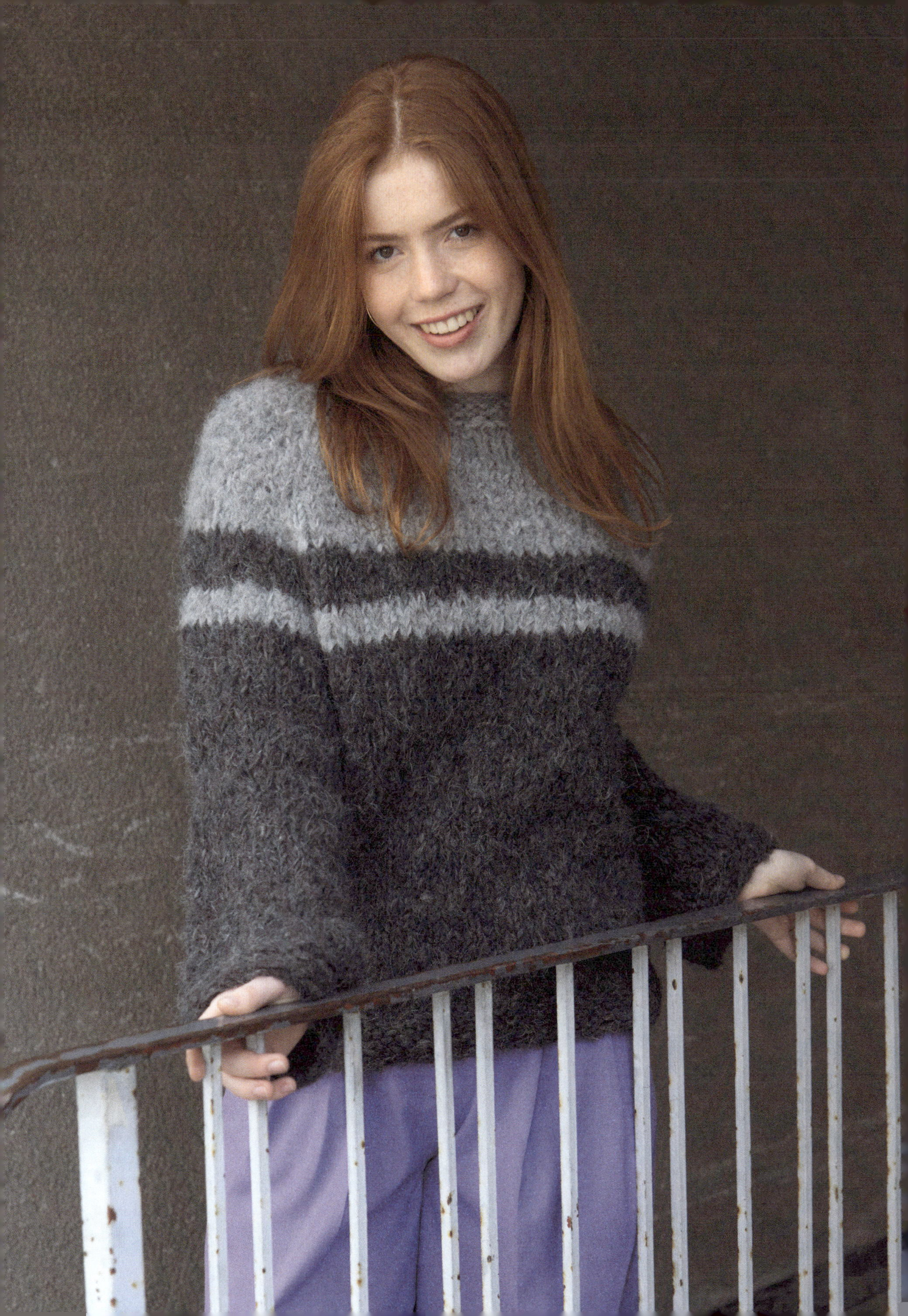

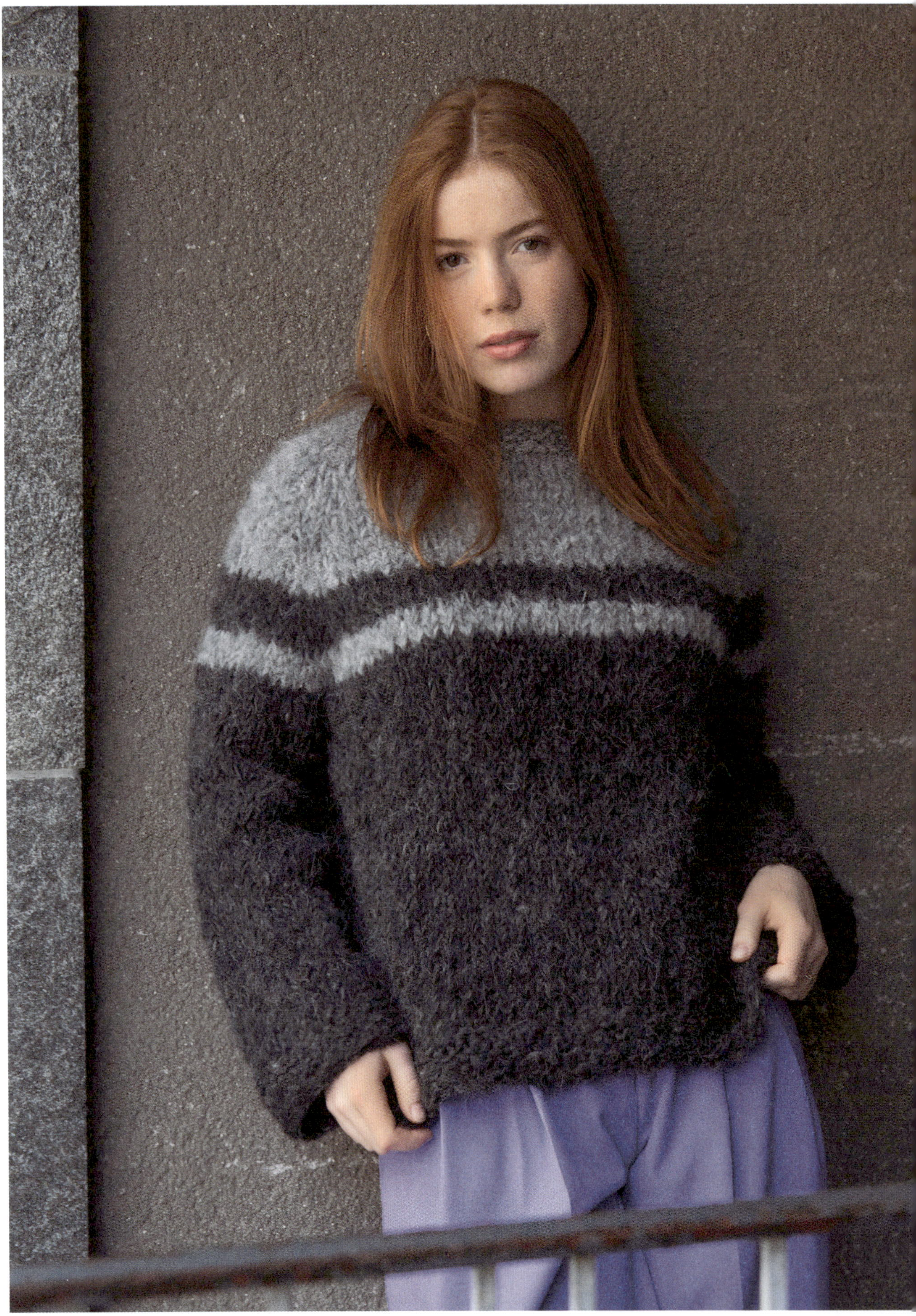

SO WIRD'S GEMACHT

Halsbündchen: Mit Nadeln 9 mm in Grau 48 (50 / 52 / 54) M anschlagen. Die M zur Runde schließen und die Farbfolge ab 1. Rd beachten. 3x ***1 Rd rechte und 1 Rd linke M*** im Wechsel stricken. Weiter glatt rechts in Rd arbeiten und zu Nadel 10 mm wechseln. Nach einer Rd rechter M die M einteilen und die Übergänge mit Maschenmarkierern kennzeichnen.

Mascheneinteilung: Vorder- und Rückenteil: Je 18 M, Ärmel: Je 2 (3 / 4 / 5) M, Raglan-Maschen: 4x je 2 M.

Raglanpasse: Der Rd-Übergang liegt am Rückenteil am Übergang zum rechten Ärmel vor den Raglan-M. In jeder Zunahme-Rd werden 8 M zugenommen.

1. Rd: ***1 Umschlag auf die Nadel nehmen, 2 Raglan-M rechts stricken, 1 Umschlag auf die Nadel nehmen***. 2 (3 / 4 / 5) Ärmel-M rechts stricken, Raglan-M wie von *** bis *** stricken. 18 Vorderteil-M rechts stricken, Raglan-M wie von *** bis *** stricken. 2 (3 / 4 / 5) Ärmel-M rechts stricken, Raglan-M wie von *** bis *** stricken. 18 Rückenteil-M rechts stricken.

2. Rd: Alle M rechts stricken. Die Umschläge rechts verschränkt abstricken.

3. Rd: ***1 Umschlag auf die Nadel nehmen, 2 Raglan-M rechts stricken, 1 Umschlag auf die Nadel nehmen***. 4 (5 / 6 / 7) Ärmel-M rechts stricken, Raglan-M wie von *** bis *** stricken. 20 Vorderteil-M rechts stricken, Raglan-M wie von *** bis *** stricken. 4 (5 / 6 / 7) Ärmel-M rechts stricken, Raglan-M wie von *** bis *** stricken. 20 Rückenteil-M rechts stricken.

Die 2. und 3. Rd noch 2x wiederholen.

8. Rd: Alle M rechts stricken. Die Umschläge rechts verschränkt abstricken.

9. Rd: Alle M rechts stricken.

10. Rd: ***1 Umschlag auf die Nadel nehmen, 2 Raglan-M rechts stricken, 1 Umschlag auf die Nadel nehmen***. 8 (9 / 10 / 11) Ärmel-M rechts stricken, Raglan-M wie von *** bis *** stricken. 24 Vorderteil-M rechts stricken, Raglan-M wie von *** bis *** stricken. 8 (9 / 10 / 11) Ärmel-M rechts stricken, Raglan-M wie von *** bis *** stricken. 24 Rückenteil-M rechts stricken.

Die 8.–10. Rd noch 6x (7x / 8x / 9x) wiederholen.

29. (32. / 35. / 38.) Rd: Alle M rechts stricken.

30.(33. / 36. / 39.) Rd: Alle M rechts stricken.

Nach der 30. (33. / 36. / 39.) Rd ergibt sich folgende Mascheneinteilung: Vorder- und Rückenteil: Je 40 (42 / 44 / 46) M, Ärmel: Je 24 (27 / 30 / 33) M, Raglan-Maschen: 4x je 2 M = 136 (146 / 156 / 166) M. Die Passe ist nun beendet. Die M nun neu einteilen.

Vorder- und Rückenteil: Auf eine 10-mm-Nadel 8 M in Anthrazit anschlagen, auf dieselbe Rundnadel die 2 Raglan-M, dann 40 (44 / 48 / 52) M fürs Vorderteil und 2 Raglan-M rechts stricken, fortlaufend auf die Nadel 8 M anschlagen, dann die 2 rückwärtigen Raglan-M sowie die 40 (44 / 48 / 52) M des Rückenteils und die letzten beiden Raglan-M abstricken = 104 (112 / 120 / 128) M. Die M zur Rd schließen und die M der Ärmel zunächst stilllegen.

Weiter in Rd 33 cm rechte M stricken. Danach die Nadel wechseln und weiter mit der 9-mm-Nadel arbeiten. Für das Bündchen 3x ***1 Rd linke und 1 Rd rechte M stricken*** = 4 cm. In der folgenden Rd alle M abketten, dabei rechts stricken.

Ärmel: Mit der Rundnadel 10 mm aus den unter dem Arm neu angeschlagenen 8 M 10 (9 / 8 / 7) M auffassen. Dabei so arbeiten, dass du auf die rechte, also äußere, Seite des Pullis schaust. Im weiteren Verlauf die 24 (27 / 30 / 33) stillgelegten Ärmel-M rechts auf dieselbe Nadel stricken = 34 (36 / 38 / 40) M. Die M zur Rd schließen und 35 cm glatt rechts stricken. Danach für das Ärmelbündchen zu Nadel 9 mm wechseln und noch 3x ***1 Rd linke und 1 Rd rechte M stricken*** = 4 cm. In der folgenden Rd alle M abketten, dabei rechts stricken.

Den 2. Ärmel ebenso arbeiten.

Zu guter Letzt: Alle Fäden vernähen. Den Pullover glatt hinlegen, leicht anfeuchten und unter feuchten Tüchern trocknen lassen.

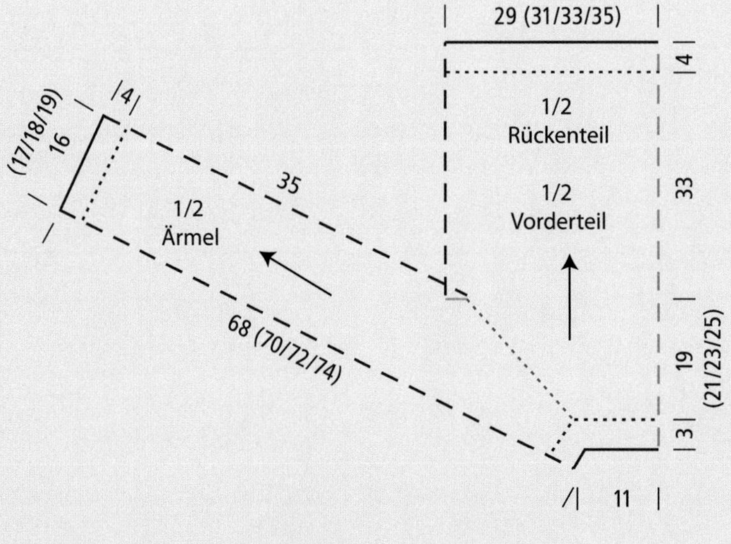

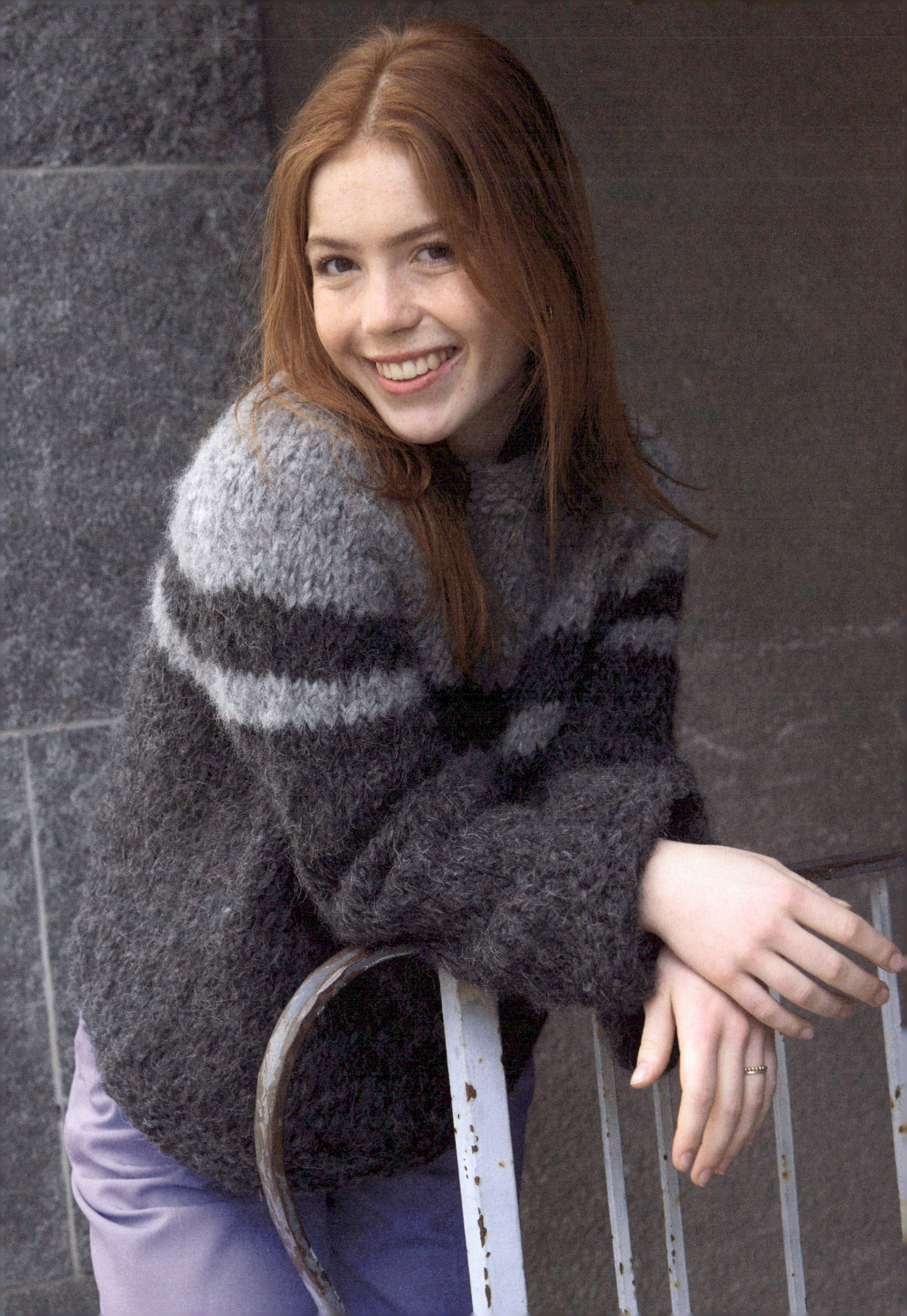

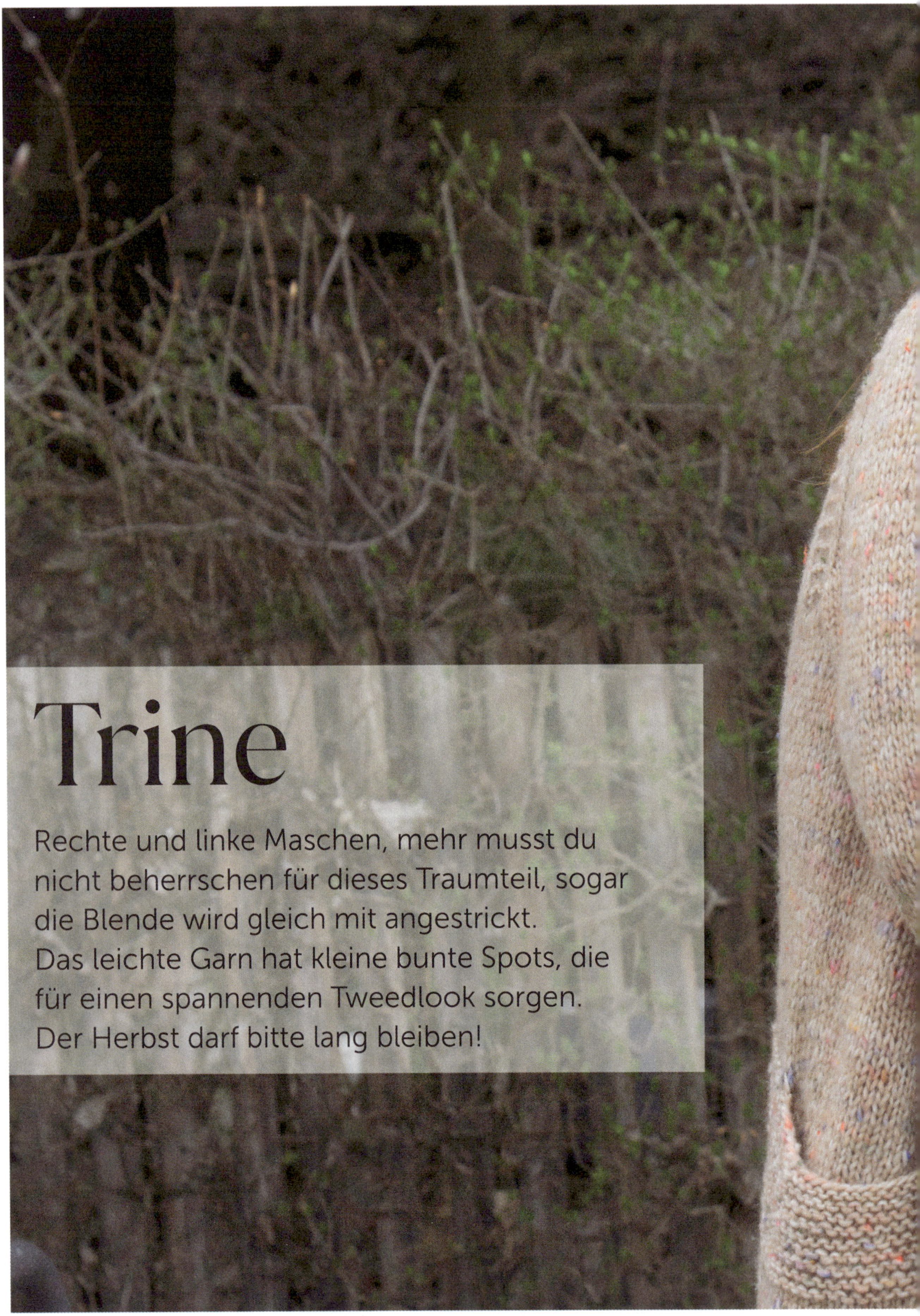

Trine

Rechte und linke Maschen, mehr musst du nicht beherrschen für dieses Traumteil, sogar die Blende wird gleich mit angestrickt. Das leichte Garn hat kleine bunte Spots, die für einen spannenden Tweedlook sorgen. Der Herbst darf bitte lang bleiben!

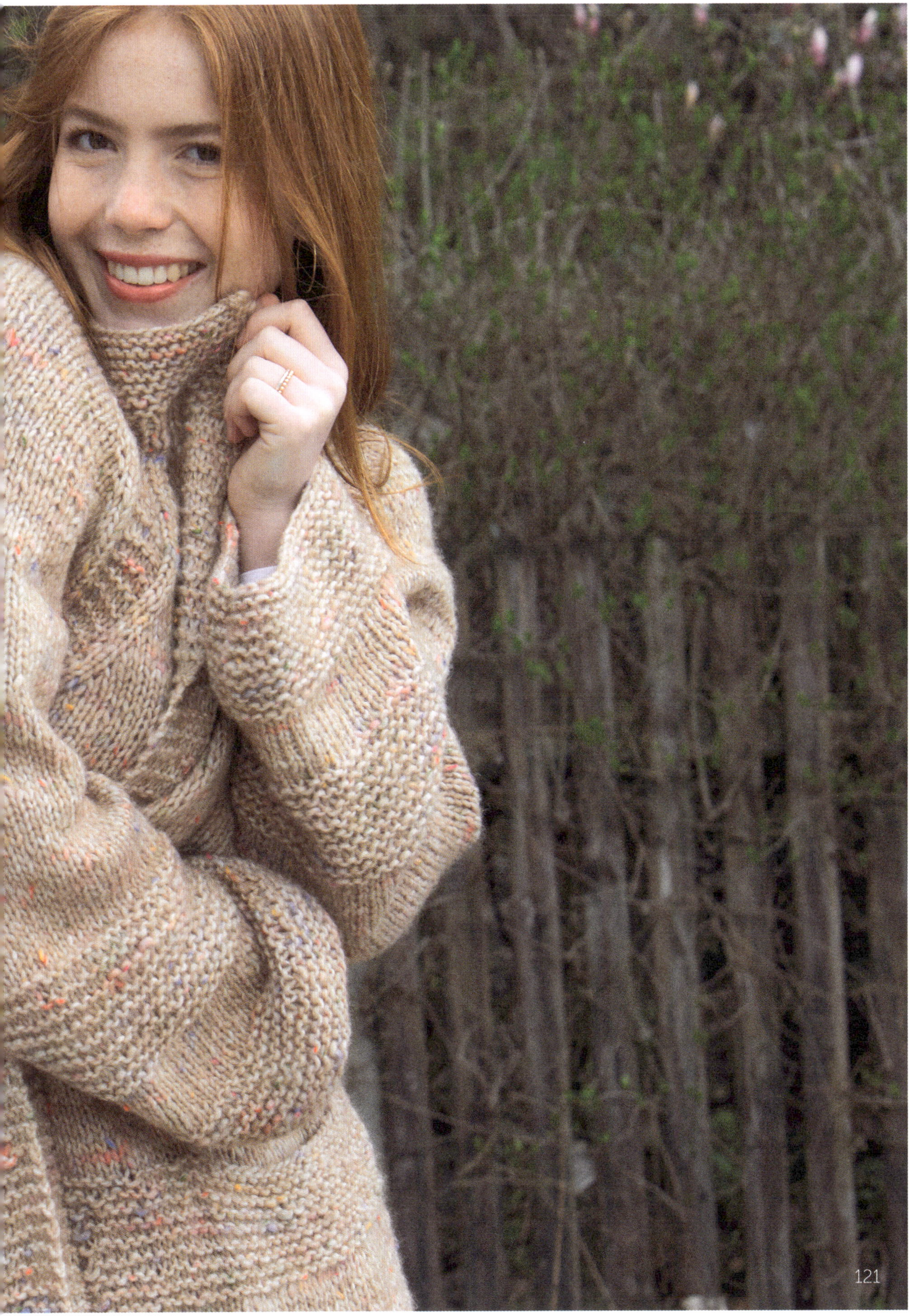

Trine

Rustikal – Lässig – Locker

SCHWIERIGKEITSGRAD

etwas Strickerfahrung nötig

GRÖSSE

36–40, 42–46, 48–50.

Die Angaben für Größe 36–40 stehen vor der Klammer, für 42–46 in der Klammer an erster Stelle, für 48–50 an letzter Stelle: 36–40 (42–46 / 48–50).

MATERIAL

Lanalpaco Circus (35% Baumwolle, 34% Schurwolle, 28% Alpaka, 3% Viskose); 600 (700 / 750)g in Camel (Fb. 111) von Schulana mit einer Lauflänge von 110m / 50g;

Rundnadel 6mm und 7mm, Häkelnadel 4mm, Maschenraffer oder Hilfsnadeln zum Stilllegen der Tascheneingriffs-Maschen.

MASCHENPROBE

Mit Nadel 6mm glatt rechts gestrickt ergeben 13 M und 19 R 10cm x 10cm.

Glatt rechts in R: In Hin-R rechte M und in Rück-R linke M stricken. In Rd: alle M rechts stricken.

Kraus rechts in R: In Hin- und Rück-R rechte M stricken. In Rd: 1 Rd rechte M, 1 Rd linke M im Wechsel stricken.

Raglan-Maschen: Die Raglan-M bestehen aus 6 M, die in den Hin-R als 1 M links, 4 M rechts und 1 M links gestrickt werden, in den Rück-R als 6 rechte M. Rechts und links der 6 Raglan-M zusätzlich 2 glatt rechte Maschen stricken. Die Zunahmen erfolgen jeweils vor und nach den glatt rechts gestrickten M und werden als rechte M aus dem Querfaden gestrickt. So werden pro Zunahme-R 8 M zugenommen.

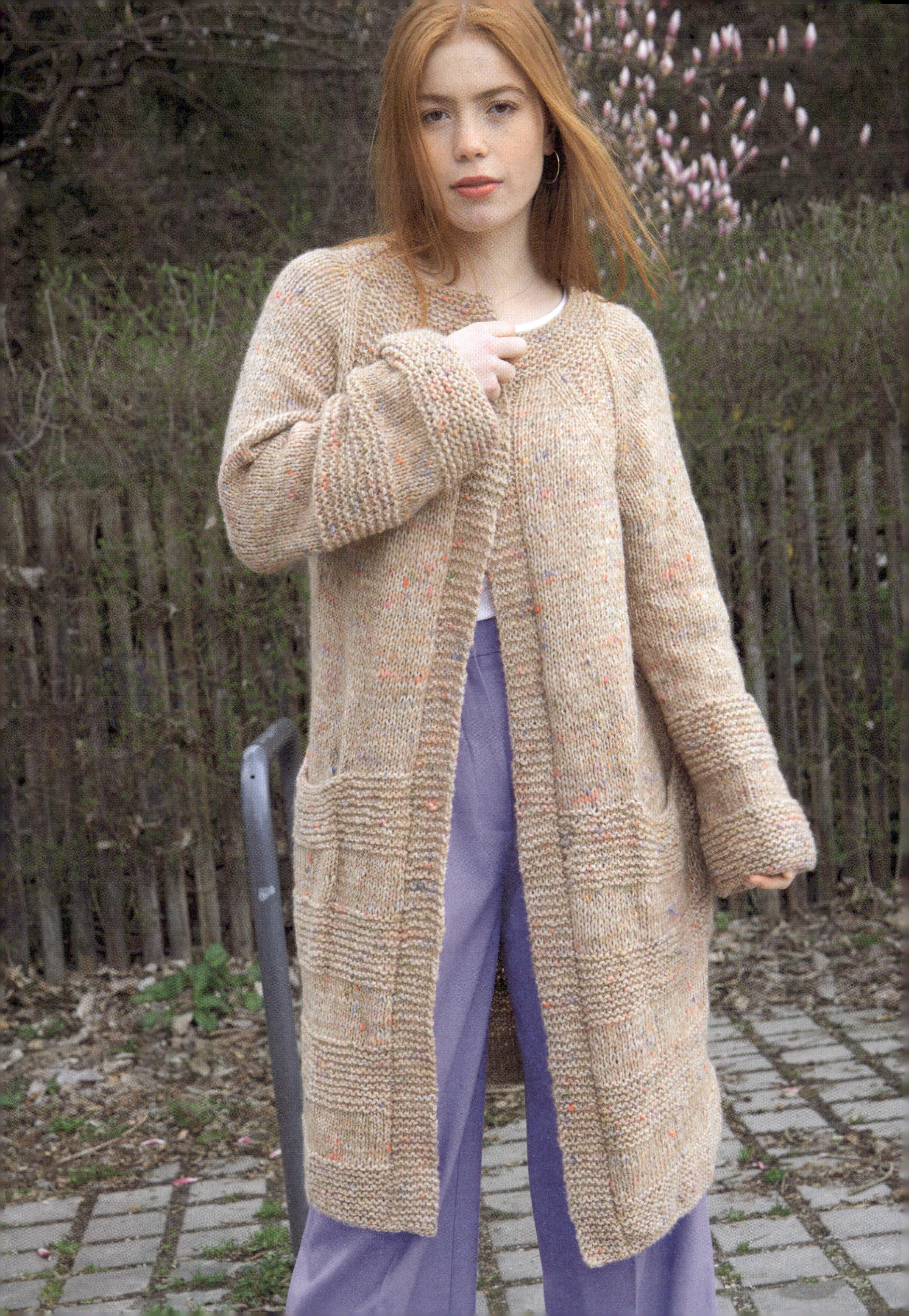

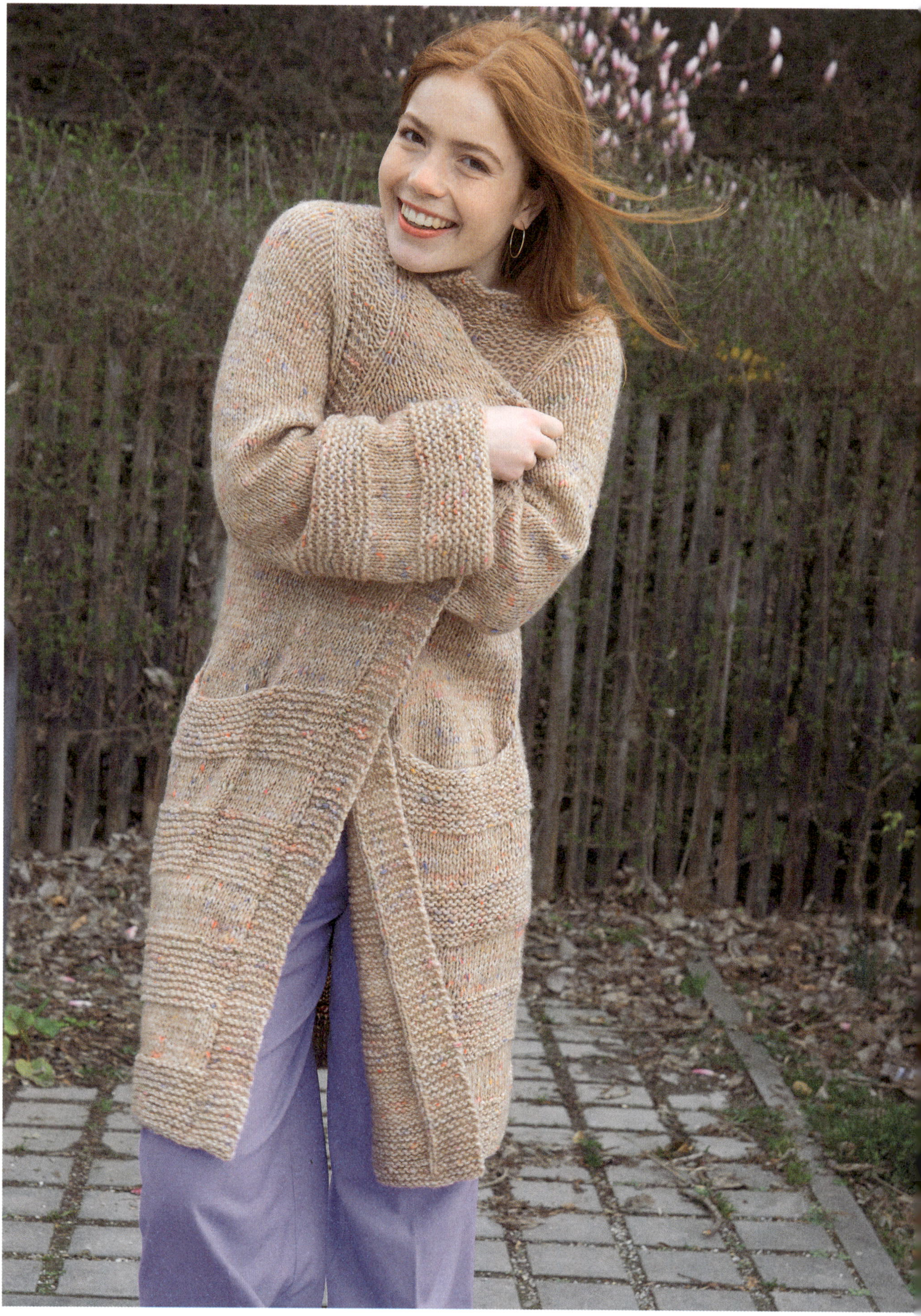

SO WIRD'S GEMACHT

Halsblende: 82 M mit Nadel 6 mm anschlagen. Danach wechseln zu Nadel 7 mm und weiter kraus rechts 14 R = 7 Querrippen stricken.

Mascheneinteilung

In der folgenden Rück-R die M wie folgt einteilen:

Blende: 8 M rechts (in den Hin-R 7 M rechts und 1 M links), Vorderteil: 5 M links (in den Hin-R rechte M), Raglan-M: 6 M rechts (in den Hin-R 1 M links, 4 M rechts, 1 M links), Ärmel: 7 M links (in den Hin-R 7 M rechts), 6 Raglan-M wie beschrieben, Rückenteil: 18 M links (in den Hin-R rechte M), 6 Raglan-M wie beschrieben, Ärmel: 7 M links (in den Hin-R 7 M rechts), 6 Raglan-M wie beschrieben, Vorderteil: 5 M links (in den Hin-R rechte M), Blende: 8 M rechts (in den Hin-R 7 M rechts und 1 M links).

Raglanpasse

1. R: Alle M in der oben beschriebenen Einteilung stricken und 1 Raglan-Zunahme wie beschrieben arbeiten: für die Blende 7 M rechts und 1 M links, 3 rechte M für das Vorderteil, 1 M aus dem Querfaden zunehmen, 2 rechte M für das Vorderteil, 6 Raglan-M als 1 M links, 4 M rechts, 1 M links stricken, ***2 rechte M für den Ärmel, 1 M aus dem Querfaden zunehmen, 3 weitere Ärmel-M, 1 M aus dem Querfaden zunehmen, 2 Ärmel-M, 6 Raglan-M***, 2 rechte M für das Rückenteil, 1 M aus dem Querfaden zunehmen, 14 M rechts für das Rückenteil, 1 M aus dem Querfaden zunehmen, 2 weitere Rückenteil-M, 6 Raglan-M, 1x von *** bis *** wiederholen, 2 rechte M für das Vorderteil, 1 M aus dem Querfaden zunehmen, 3 rechte M für das Vorderteil und die R mit 1 M links und 7 M rechts für die Blende beenden = 90 M.

2. R: Alle M stricken wie beschrieben.

Die 1.–2. R noch 18x (20x / 22x) wiederholen = 234 (250 / 266) M. = Vorderteile mit Blenden je 32 (34 / 36) M, Ärmel je 45 (49 / 53) M, Rückenteil 56 (60 / 64) M und 4x 6 Raglan-M.

Die Passe ist nun beendet.

Neue Mascheneinteilung

Die M teilen sich nach der 38. (42. / 46.) R nun wie folgt auf:

Rückenteil 56 (60 / 64) + beidseitig + 5 Raglan-M = 66 (70 / 74) M.

Vorderteile mit Blenden je 32 (34 / 36) M, + jeweils 5 Raglan-M = 37 (39 / 41) M

Ärmel je 45 (49 / 53) M + beidseitig je 1 Raglan-M: 47 (51 / 55) M.

Die Ärmel-M stilllegen.

Vorder- und Rückenteil: Die jeweils 37 (39 / 41) M der Vorderteile sowie die 66 (70 / 74) M des Rückenteils auf eine Nadel stricken, dabei an den Übergängen zwischen Vorder- und Rückenteil jeweils 10 (12 / 14) M neu anschlagen = 160 (172 / 184) M.

Die Blenden weiterhin kraus stricken wie beschrieben und Vorder- und Rückenteil 20 cm glatt rechts stricken. Danach in einer Hin-R den ersten kraus rechts gestrickten Blockstreifen beginnen und gleichzeitig die Tascheneingriffe stricken.

1. Blockstreifen „Kraus rechts" über 18 R:

8 Blenden-M, 12 (14/16) M rechts, 24 M stilllegen und dafür 24 M neu anschlagen, weiter kraus rechts stricken bis 44 (46/48) M vor Reihenende, 24 M stilllegen und dafür 24 M neu anschlagen, 12 (14/16) M rechts, 8 Blenden-M. In dieser Einteilung insgesamt zwischen den Blenden 18 R kraus rechts stricken.

2. Blockstreifen „Glatt rechts" über 12 R:

8 Blenden-M, 144 (156/168) M glatt rechts, 8 Blenden-M über insgesamt 11 R.

3. Blockstreifen „Kraus rechts" über 18 R:

8 Blenden-M, 144 (156/168) M kraus rechts, 8 Blenden-M.

Den 4.–7. Blockstreifen im Wechsel wie den 2. und 3. Streifen arbeiten.

Nach insgesamt 72 cm ab Unterarm-Maschenanschlag alle M locker abketten.

Ärmel: Die 47 (51/55) M der Ärmel wieder mit Nadel 7 mm aufnehmen und zusätzlich aus den neu angeschlagenen M 12 M auffassen = 59 (63/67) M. Die M zur Rd schließen und die 2 M an den Übergängen zu den neu aufgefassten M zusammenstricken = 57 (61/65) M. Die Unterarmnaht in der Mitte der neu aufgefassten M markieren. Glatt rechts in Rd weiterarbeiten und in der 3. und noch 3x in jeder 4. Rd rechts und links der Markierung die jeweils 2. und 3. M zusammenstricken. Vor den markierten M 1 Überzug arbeiten (=1 M abheben, 1 M rechts stricken, dann die abgehobene M über die gestrickte M ziehen) und die 2 M nach der Markierung rechts zusammenstricken. Nach allen Abnahmen sind noch 49 (53/57) M auf der Nadel.

Nach 25 cm ab Unterarm-Maschenanschlag 3 Blockstreifen arbeiten: 1 Blockstreifen kraus rechts über 18 Rd, 1 Blockstreifen glatt rechts über 12 Rd und 1 Blockstreifen kraus rechts über 18 Rd.

Danach in 45 cm Ärmellänge ab Unterarm-Maschenanschlag alle M locker abketten.

Den 2. Ärmel ebenso arbeiten.

Taschenbeutel: Die stillgelegten M mit Nadel 7 mm wiederaufnehmen und 20 cm glatt rechts stricken. Dann alle M abketten. Den 2. Beutel ebenso stricken.

Zu guter Letzt: Alle Fäden vernähen.
Die Taschenbeutel auf der Innenseite der Vorderteile annähen. Damit der Ausschnitt nicht ausleiert, auf der Rückseite der Anschlagskante 1 R Kett-M häkeln.

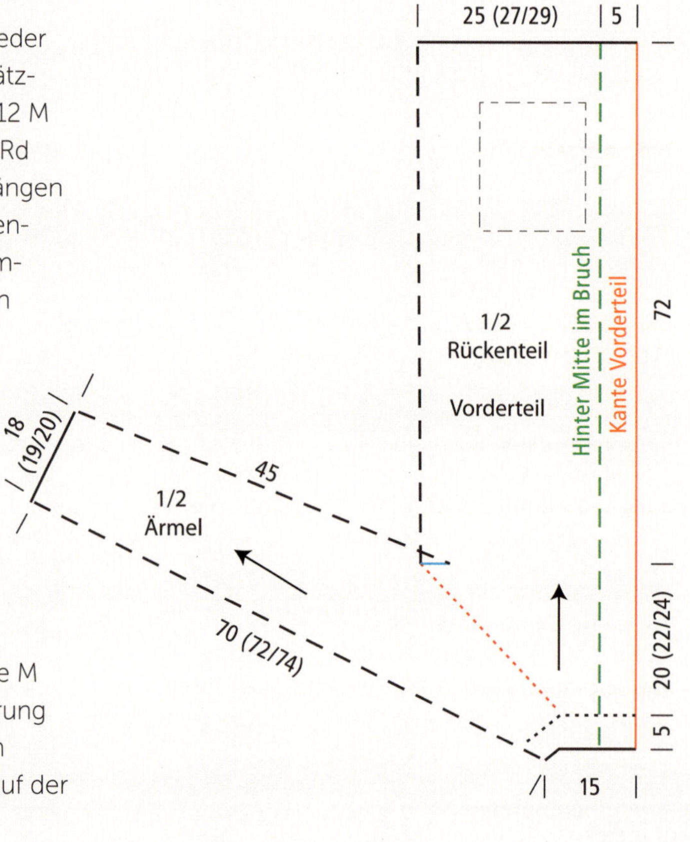

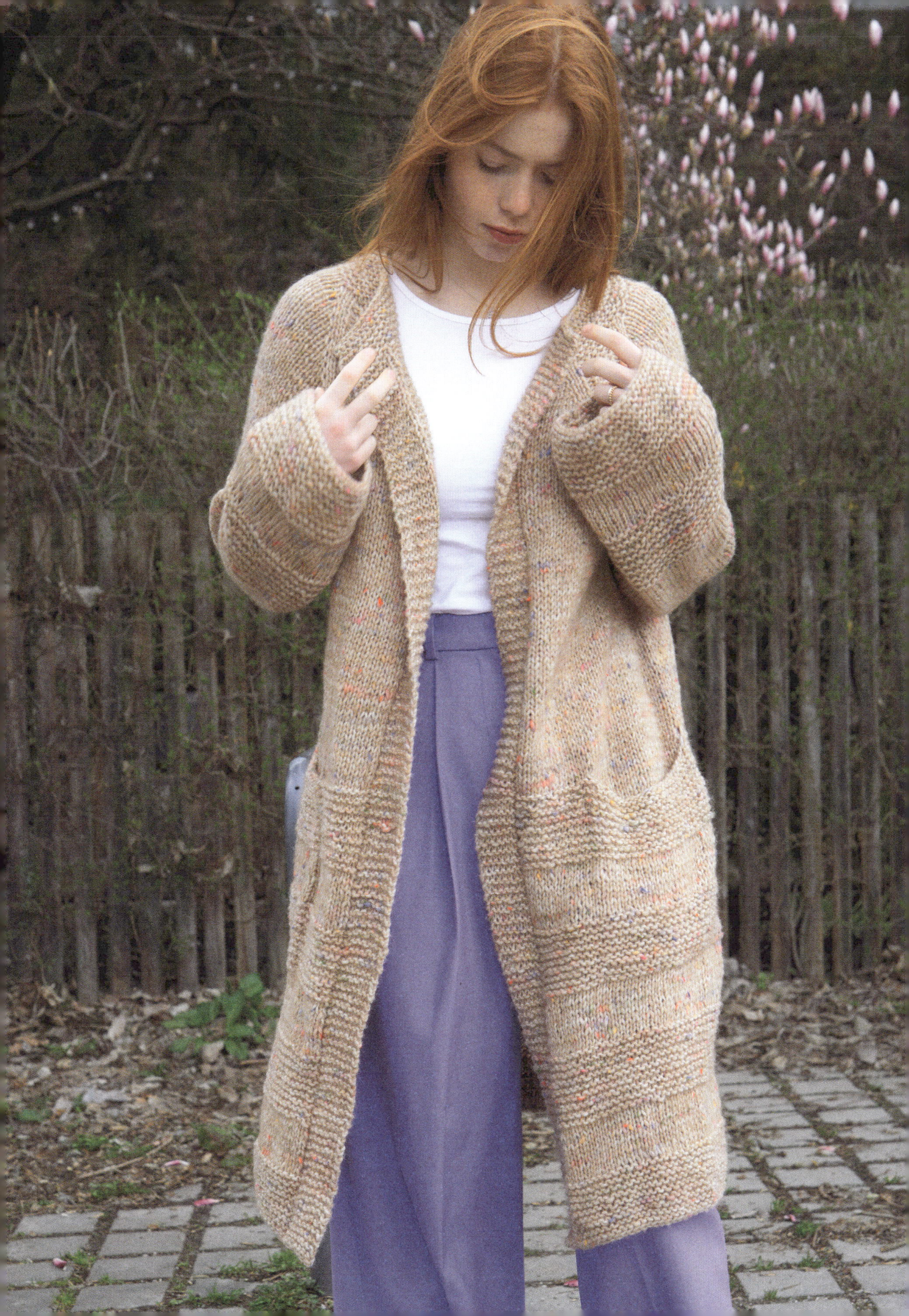

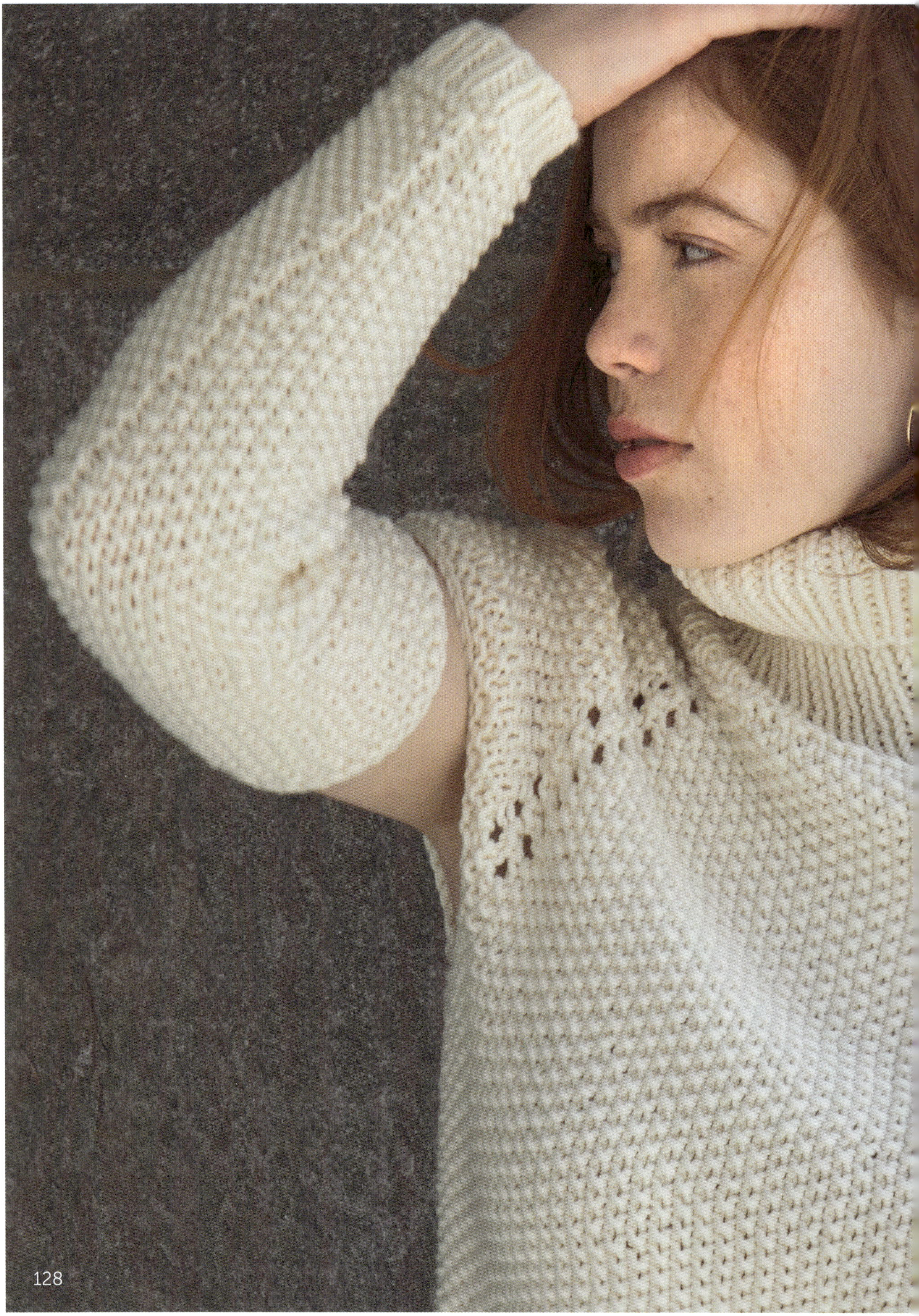

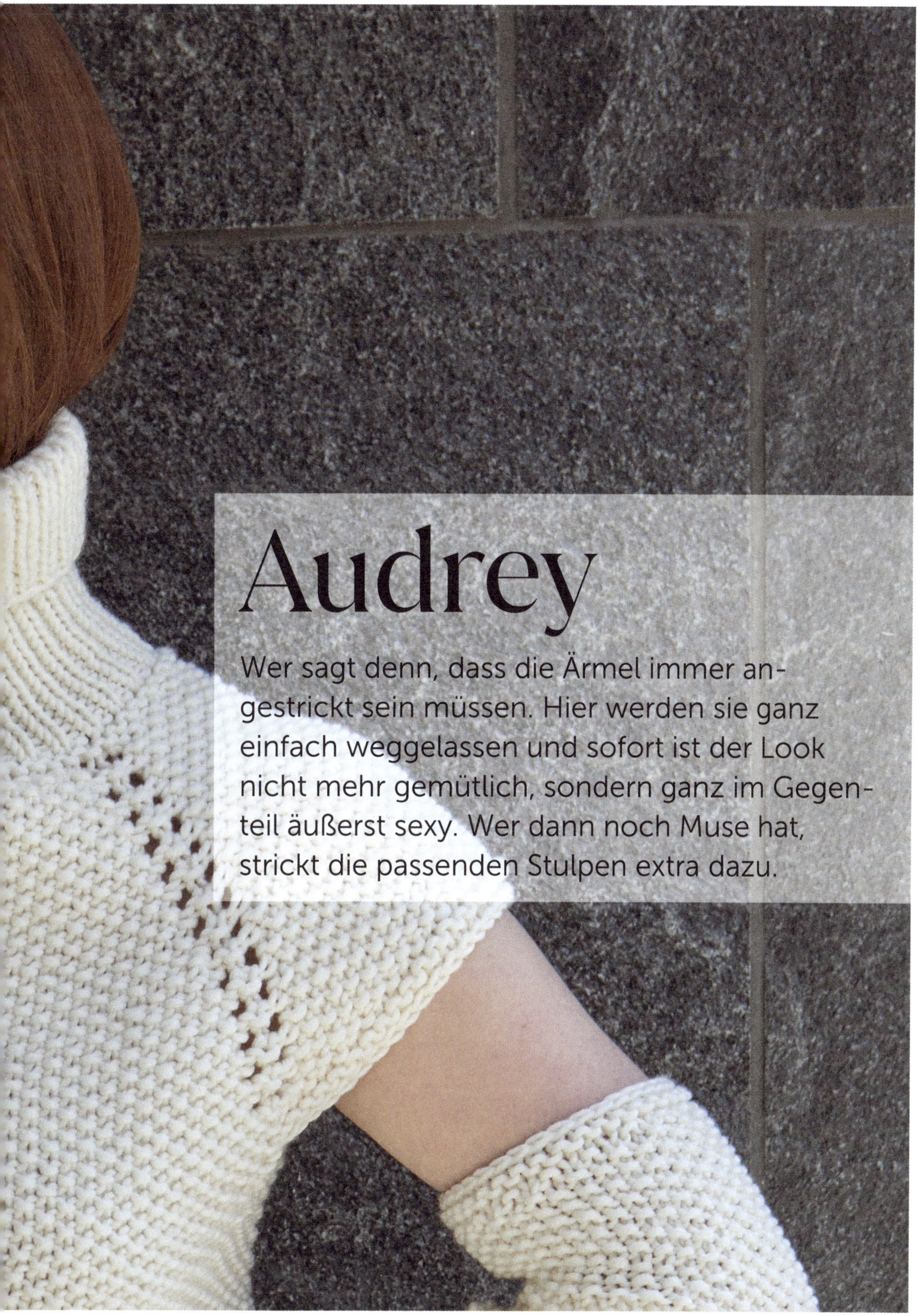

Audrey

Wer sagt denn, dass die Ärmel immer angestrickt sein müssen. Hier werden sie ganz einfach weggelassen und sofort ist der Look nicht mehr gemütlich, sondern ganz im Gegenteil äußerst sexy. Wer dann noch Muse hat, strickt die passenden Stulpen extra dazu.

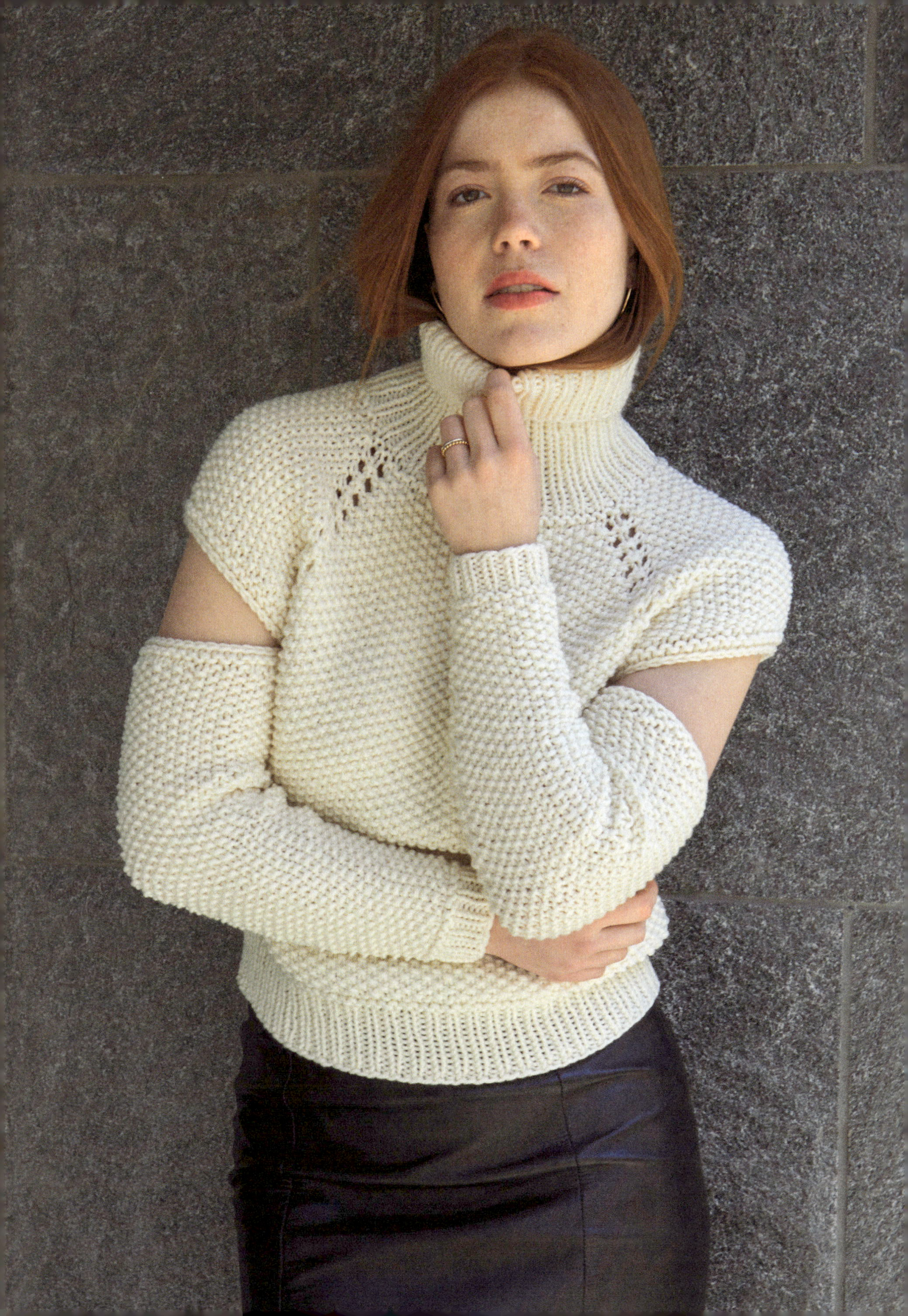

Audrey

Sexy – Lässig – Zweiteilig

SCHWIERIGKEITSGRAD

mittel

GRÖSSE

36–40, 42–44.

Die Angaben für Größe 36–40 stehen vor der Klammer, für 42–44 in der Klammer: 36–40 (42–44)

MATERIAL

750 (850)g Merlana (100% Schurwolle) in Ecru (Fb. 28) von Schulana mit einer Lauflänge von 55m / 50g;

Rundnadel 7,0mm und 6,0mm

Nadelspiel 7,0mm und 6,0mm

MASCHENPROBE

Mit Nadel 6,0mm im Perlmuster ergeben 13 M und 23 Rd 10cm x 10cm.

Bündchenmuster 1:1-Rippe

1 M rechts und 1 M links im Wechsel stricken.

Perlmuster

1. Rd: 1 M rechts, 1 M links im Wechsel stricken.

2. Rd: 1 M links, 1 M rechts im Wechsel stricken.

Die 1. und 2. Rd fortlaufend wiederholen.

Raglan-Maschen

1 Raglan-M: Jeweils vor und nach der Raglan-M wird ein Umschlag auf die Nadel genommen. Die Strickschrift zeigt, wie die rechts und links der Raglan-M liegenden M gestrickt werden. Die 1.–3. Rd fortlaufend wiederholen.

SO WIRD'S GEMACHT

Rollkragen: Mit Nadeln 6 mm 72 (76) M anschlagen. Die M zur Runde schließen und im Bündchenmuster stricken. Nach 20 cm 1 Rd rechte M, 1 Rd linke M und noch 1 Rd rechte M stricken.

Danach weiter im Perlmuster mit Nadel 7,0 mm stricken und die M einteilen.
Die Übergänge mit Maschenmarkierern kennzeichnen.

Mascheneinteilung: Vorder- und Rückenteil: Je 23 (25) M, Ärmel: Je 11 M, Raglan-Maschen: 4x je 1 M.

Raglanpasse: Der Rd-Übergang liegt am Rückenteil am Übergang zum linken Ärmel vor den Raglan-M. Die M so einteilen, dass in der 1. Rd der Raglan-Passe die Raglan-M eine linke M ist. Diese ist in der Strickschrift rot eingezeichnet. In jeder Zunahme-Rd werden 8 M zugenommen.

Raglan-Maschen

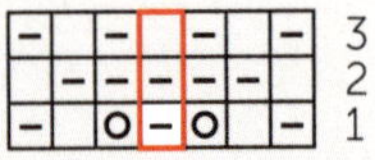

| 5+2 M = 7 M |

☐ = 1 M rechts
⊟ = 1 M links
⊡ = 1 Umschlag

1. Rd: Weiter im Perlmuster stricken und 1 Zunahme-Rd wie in der Strickschrift eingezeichnet stricken = 80 (84) M.

2.–3. Rd: Nach Strickschrift arbeiten.

Die 1.–3. Rd noch 10x (12x) wiederholen = 160 (180) M.

Nach der 33. (39.) Rd ergibt sich folgende Mascheneinteilung: Vorder- und Rückenteil: Je 45 (51) M, Ärmel: Je 33 (37) M, 4x 1 Raglan-M.

Die Passe ist nun beendet.

Für die neue Mascheneinteilung nun für die Ärmel die 33 (37) Ärmel-M, die beiden Raglan-M sowie beidseitig eine weitere M = 37 (41) M als Ärmel-M markieren. Für Größe 42–44 am Übergang eine weitere M aus dem Querfaden stricken = 37 (42) M.

In den folgenden 3 Rd mustergemäß stricken, aber über den 37 (42) markierten Ärmel-M 1 Rd rechte M. 1 Rd linke M und 1 Rd rechte M stricken. In der folgenden Rd die Ärmel-M abketten, dabei rechts stricken.

Vorder- und Rückenteil: Die verbleibenden je 45 (51) Vorderteil- und Rückenteil-M fortlaufend auf eine 7-mm-Nadel stricken und an den Übergängen unter dem Arm beidseitig 9 M neu anschlagen = 108 (120) M.

Weiter in Rd und fortlaufend im Perlmuster weiterarbeiten. Nach 19 (21) cm ab Unterarmanschlag noch 1 Rd rechte M, 1 Rd linke M und 1 Rd rechte M stricken. Dann wechseln zu Nadel 6 mm und für das Bündchen noch 6 cm im Bündchenmuster 1:1-Rippe stricken.

Alle M locker abketten, dabei im Maschenrhythmus stricken.

Passende Stulpen: Mit dem Nadelspiel 6 mm 24 (28) M anschlagen. Die M auf 4 Nadeln à 6 (7) M verteilen und zur Rd schließen.

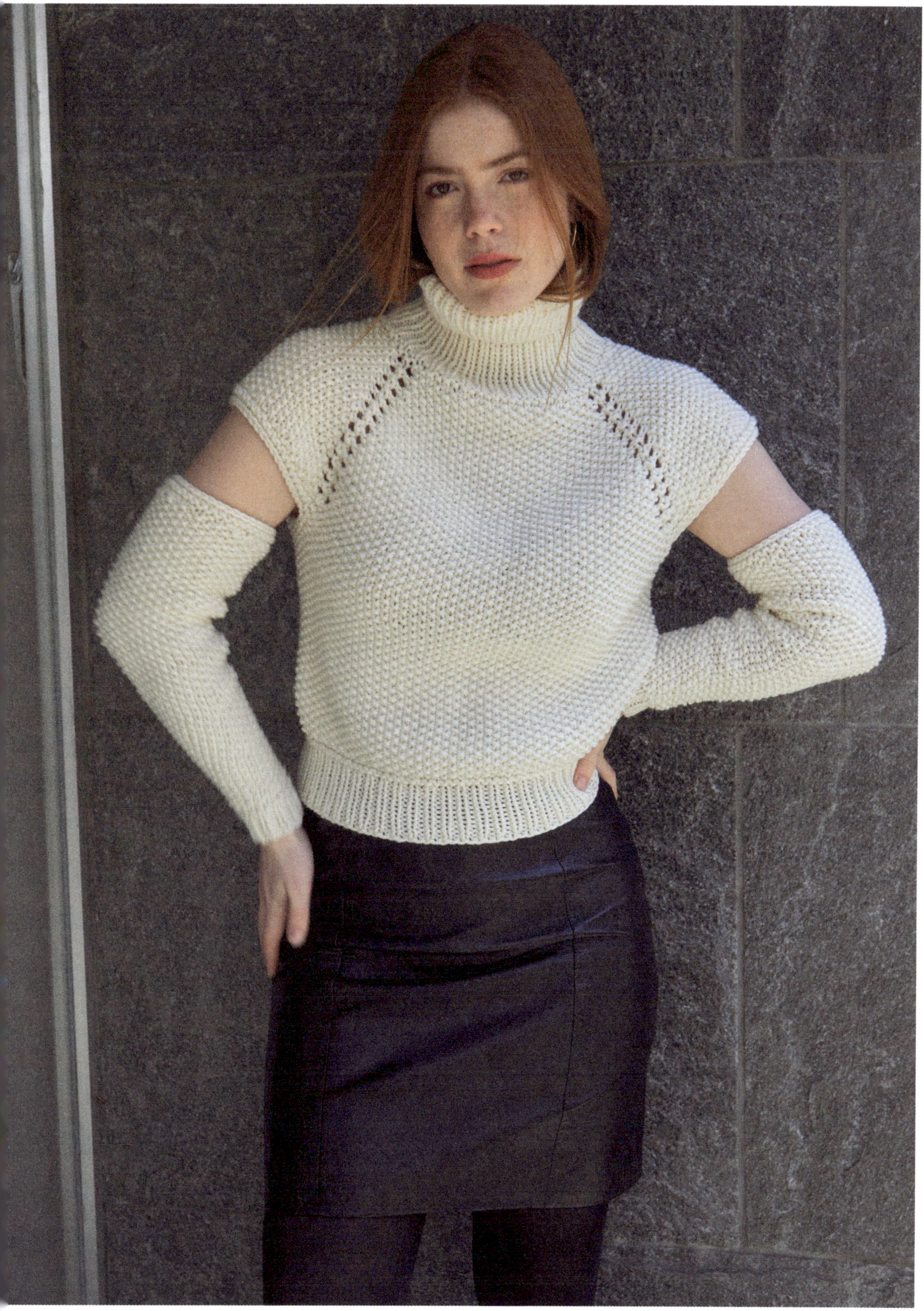

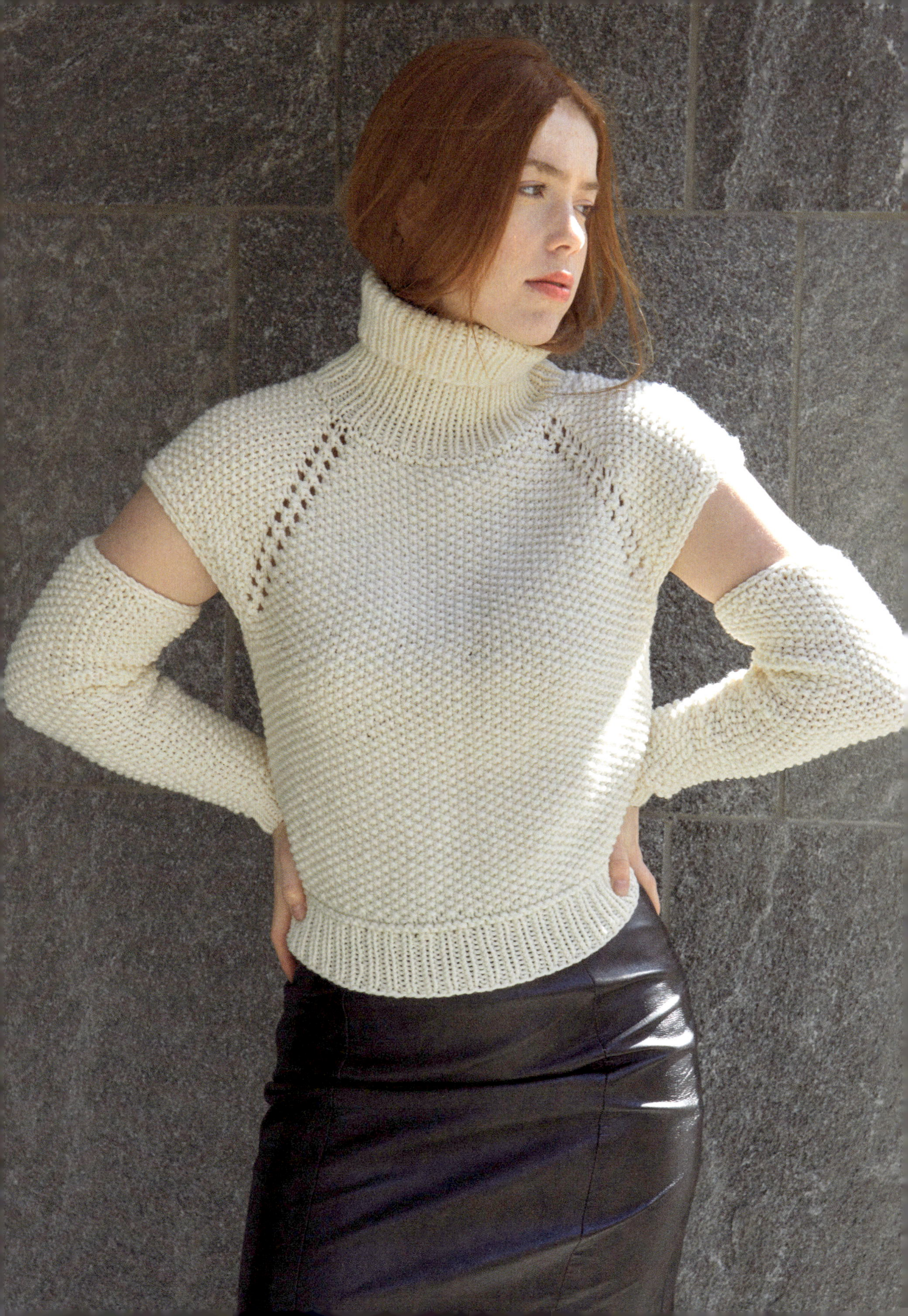

3cm im Bündchenmuster stricken. Nach dem Bündchen wechseln zu Nadel 7mm und 1 Rd rechte, 1 Rd linke M und 1 Rd rechte M stricken. Nun weiter im Perlmuster stricken. Die 1. M der Rd in allen Rd immer links stricken, alle anderen M immer mustergemäß. Für die seitlichen Ärmelschrägungen 6x in jeder 7. Rd nach der 1. M und nach der letzten M der Rd 1 M zunehmen, indem 1 M aus dem Querfaden auf die Nadel genommen wird und mustergemäß in das Perlmuster eingefügt wird = 36 (40) M. In 39 (41) cm Gesamtlänge noch 1 Rd rechte, 1 Rd linke und 1 Rd rechte M stricken, dann alle M locker abketten.

Die 2. Stulpe ebenso arbeiten.

Zu guter Letzt: Alle Fäden vernähen. Den Pullover glatt hinlegen, leicht anfeuchten und unter feuchten Tüchern trocknen lassen.

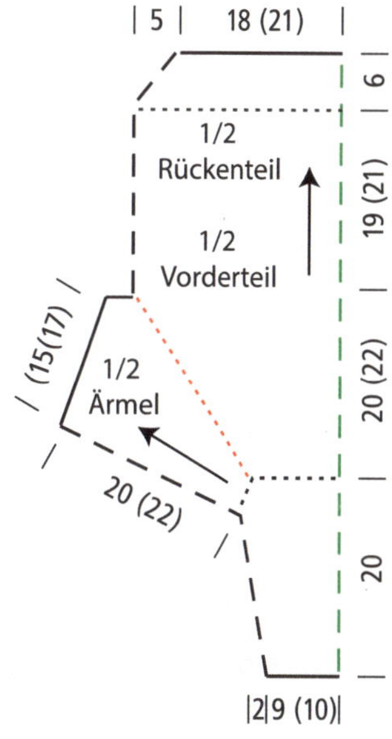

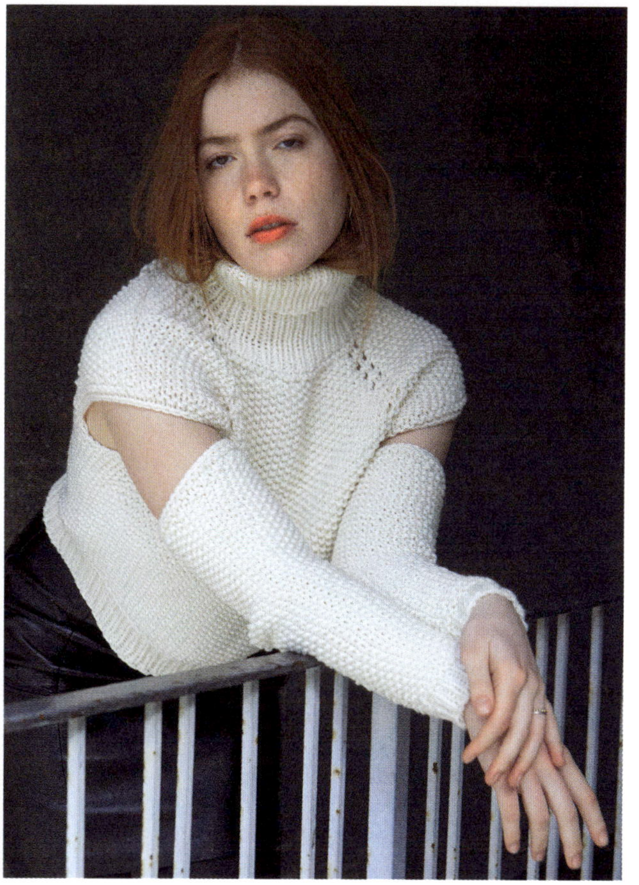

Wolle ist nicht gleich Wolle

Es lohnt sich, bei der Auswahl des Garns, das du verarbeiten möchtest, ganz genau hinzuschauen. Willst du dir ein richtiges Luxusstückchen erschaffen oder suchst du etwas Praktisches, das man getrost auch mal in die Waschmaschine werfen kann? Bist du Allergiker*in oder machen dir flauschige Fasern direkt auf der Haut nichts aus? Schau dir die Banderole des Garns genau an. Hier findest du zur Waschbarkeit und den verwendeten Qualitäten genaue Angaben. Wenn dich das Thema interessiert, findest du noch mehr Informationen dazu z. B. auf der Website der Initiative Handarbeit unter www.initiative-handarbeit.de/handarbeits-lexikon/.

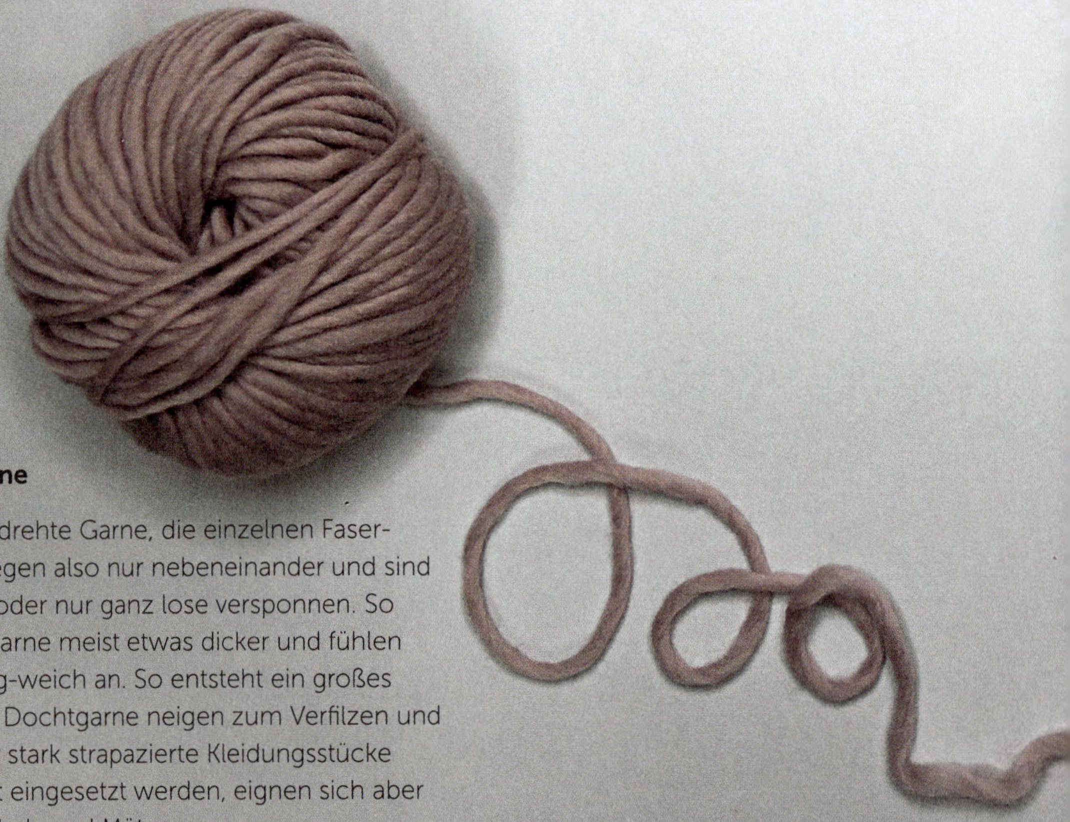

Dochtgarne

sind ungedrehte Garne, die einzelnen Faserstränge liegen also nur nebeneinander und sind gar nicht oder nur ganz lose versponnen. So sind die Garne meist etwas dicker und fühlen sich wattig-weich an. So entsteht ein großes Volumen. Dochtgarne neigen zum Verfilzen und sollten für stark strapazierte Kleidungsstücke eher nicht eingesetzt werden, eignen sich aber gut für Schals und Mützen.

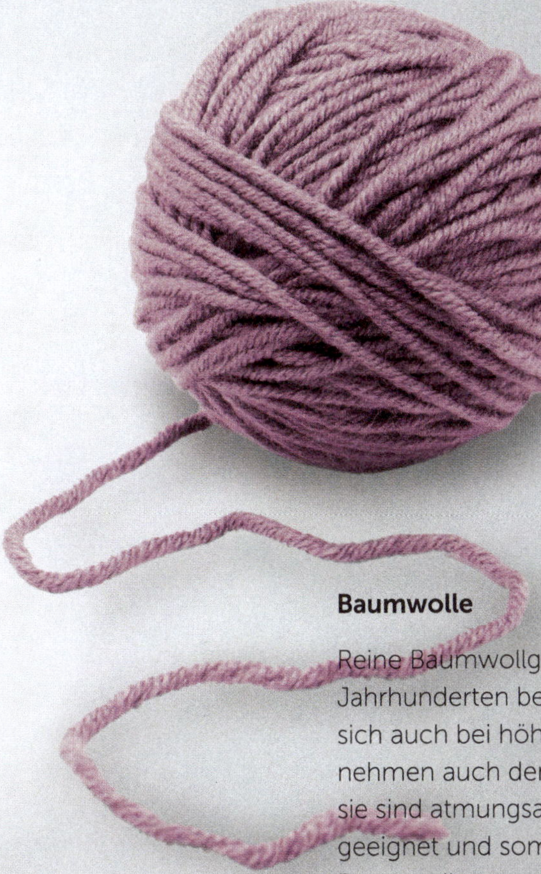

Baumwolle

Reine Baumwollgarne sind für Bekleidung seit Jahrhunderten bewährt. Sie sind pflegeleicht, lassen sich auch bei höheren Temperaturen waschen und nehmen auch den Wäschetrockner nicht krumm, sie sind atmungsaktiv, bestens für Allergiker*innen geeignet und sommers wie winters einsatzbereit. Baumwollgarne gibt es in allen Lauflängen von superdünn für Spitzendeckchen bis bulky für coole Retromodelle.

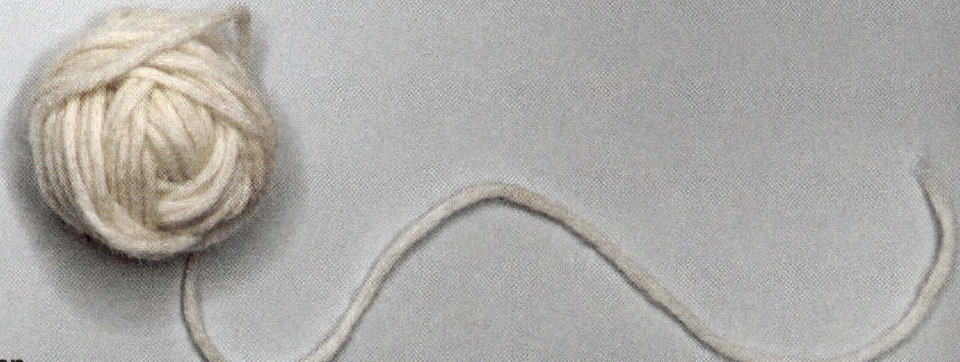

Schlauchbändchen

bestehen aus feinen, gestrickten Schläuchen, die in ihrem Inneren z.T. mit einem sehr leichten Polyamid gefüllt werden. So erhält man ein dickes, voluminöses Garn, das aber leicht bleibt. Durch die glatte Struktur des Schlauchs ergeben sich ebenmäßige Maschenbilder. Der Garnverbrauch reduziert sich im Vergleich zu gedrehten Garnen.

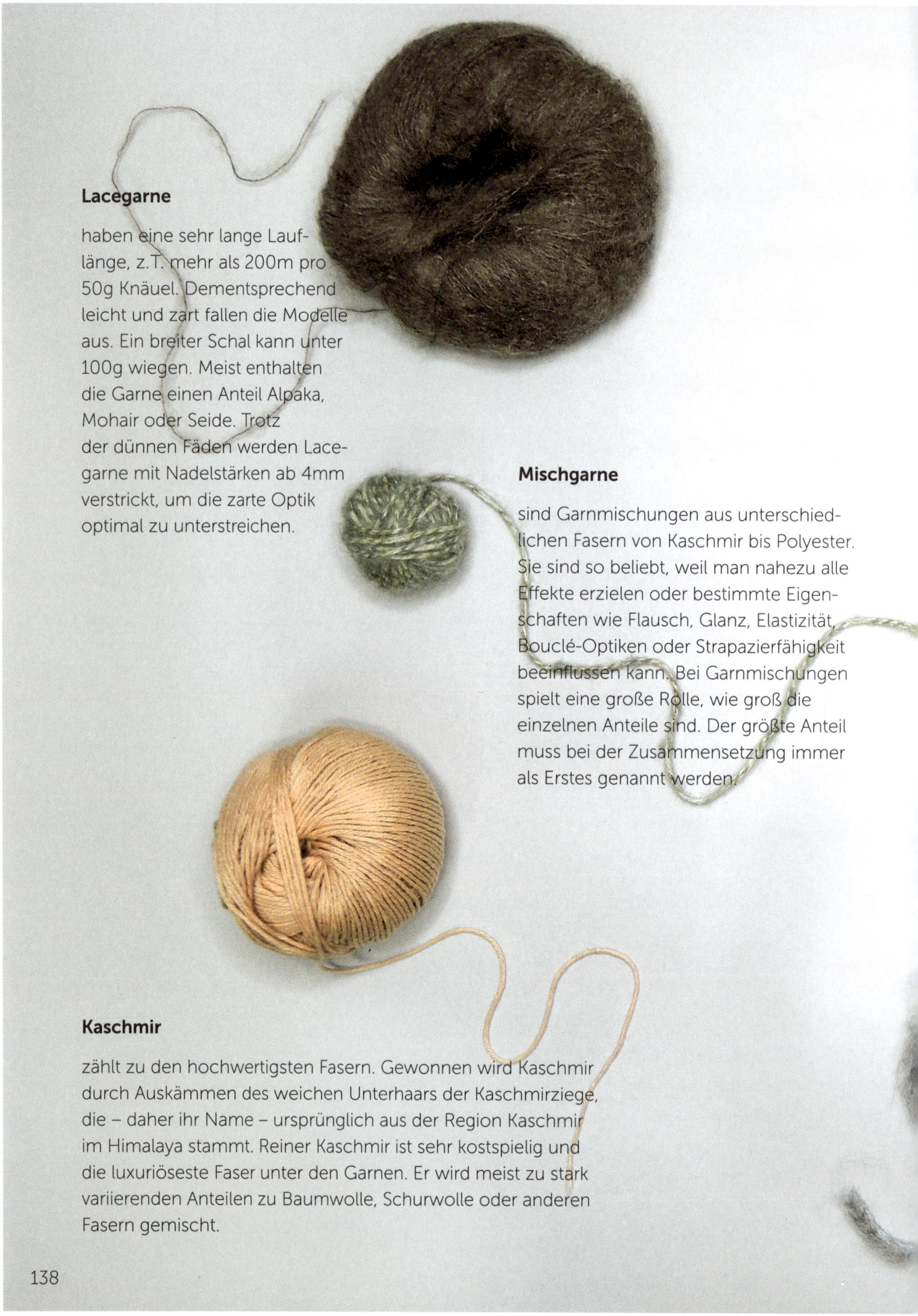

Lacegarne

haben eine sehr lange Lauflänge, z.T. mehr als 200m pro 50g Knäuel. Dementsprechend leicht und zart fallen die Modelle aus. Ein breiter Schal kann unter 100g wiegen. Meist enthalten die Garne einen Anteil Alpaka, Mohair oder Seide. Trotz der dünnen Fäden werden Lacegarne mit Nadelstärken ab 4mm verstrickt, um die zarte Optik optimal zu unterstreichen.

Mischgarne

sind Garnmischungen aus unterschiedlichen Fasern von Kaschmir bis Polyester. Sie sind so beliebt, weil man nahezu alle Effekte erzielen oder bestimmte Eigenschaften wie Flausch, Glanz, Elastizität, Bouclé-Optiken oder Strapazierfähigkeit beeinflussen kann. Bei Garnmischungen spielt eine große Rolle, wie groß die einzelnen Anteile sind. Der größte Anteil muss bei der Zusammensetzung immer als Erstes genannt werden.

Kaschmir

zählt zu den hochwertigsten Fasern. Gewonnen wird Kaschmir durch Auskämmen des weichen Unterhaars der Kaschmirziege, die – daher ihr Name – ursprünglich aus der Region Kaschmir im Himalaya stammt. Reiner Kaschmir ist sehr kostspielig und die luxuriöseste Faser unter den Garnen. Er wird meist zu stark variierenden Anteilen zu Baumwolle, Schurwolle oder anderen Fasern gemischt.

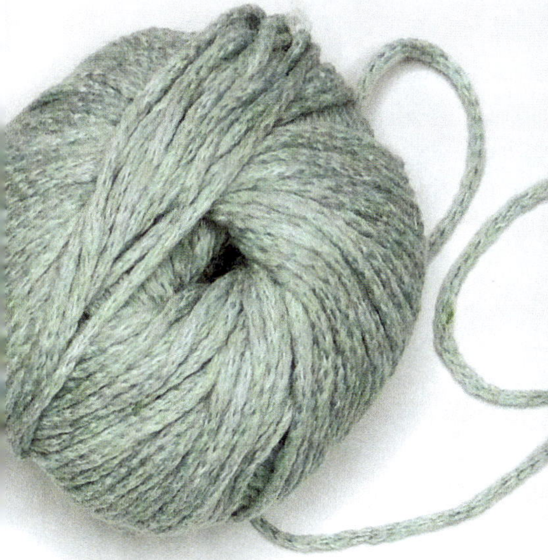

Kettengarne

sind eine geniale Erfindung. Sie sind nicht wie üblich versponnen, sondern bestehen aus einem winzig kleinen gestrickten Schlauch, wie wir ihn von der Strickliesel kennen. Dadurch bekommt das Garn Volumen für mittlere bis große Nadelstärken, ohne dass das Garn zu schwer wird. Die Elastizität ist hoch, sodass Strickstücke aus Kettengarnen weniger schnell ausleiern oder ausbeulen und sich nicht so stark längen.

Klassische Schurwollgarne

sind aus dem Handstrickbereich nicht mehr wegzudenken. Gewonnen werden sie durch die Schur von Schafen. Für das Tierwohl sollte man auf mulesingfreie Wolle achten. Schurwolle gibt es in vielen Lauflängen und mittlerweile auch waschmaschinenfest und filzfrei ausgerüstet. Der Allrounder unter den Garnen eignet sich für alles, vom Babymützchen über Musterpullover bis zu Homeaccessoires. Die meisten Anbieter haben eine große Farbpalette zur Auswahl.

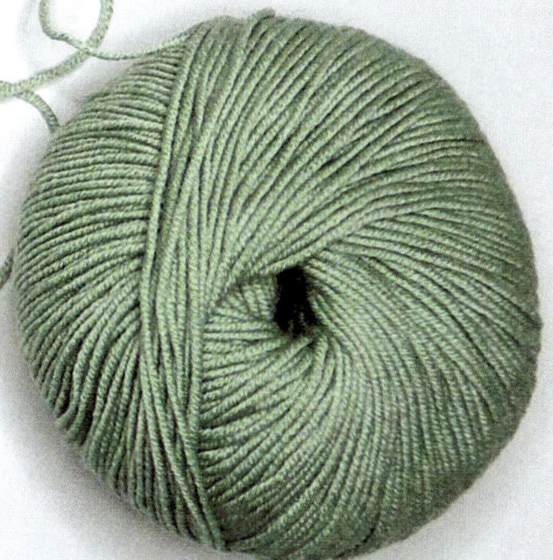

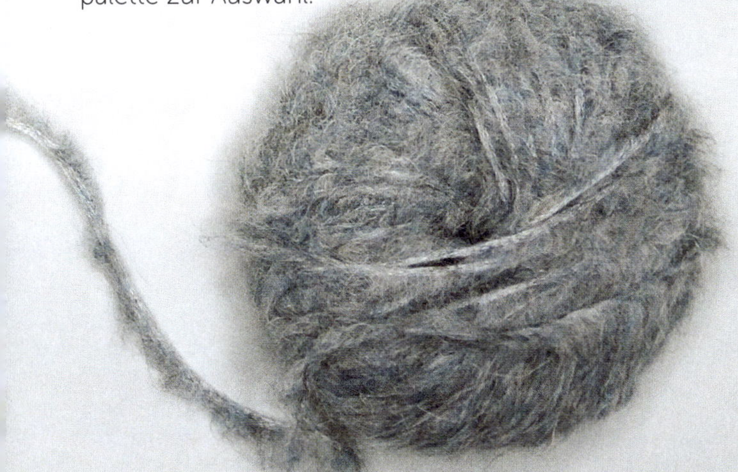

Flauschgarne

von hoher Qualität eignen sich für alles, was sehr locker gestrickt werden kann und muss. Verstrickt man sie zu dicht, filzen sie schnell. Meist enthalten die Garne Alpakafasern der in den Anden lebenden, gleichnamigen Kamelart, die regelmäßig geschoren werden muss. Alpakafasern sind sehr langhaarig, seidig, weich und leicht glänzend. Sie wärmen hervorragend und können auch von Menschen mit Wollallergien getragen werden, da sie kein Wollfett enthalten.

Impressum

Autorin: Emma Kaspar
Modefotos: Corinna Brix
Alle weiteren Bilder siehe Bildnachweis
Produktmanagement: Helgrid van Impelen
Lektorat: Anna Maier
Korrektorat: Mareike Weber
Umschlaggestaltung/Layout: Andreas Kersten
Herstellung: Julia Hegele
Repro: Ludwig:media
Printed in Poland by CGS
Fotos: Seite 2–3: Kostikova Natalia/Shutterstock 577883212; Seite 6: Dekazigzag/Shutterstock 2277695929; Seite 10–11: Dekazigzag/Shutterstock 2329992905; Seite 12–13: MARIIA_MALYSHEVA/Shutterstock 1919430650; Seite 14–15: MaxCab/Shutterstock 2290698969; Seite 16–17: MURRIRA/Shutterstock 1739356040; Seite 50–51: Art Furnace/Shutterstock 1156634005; Seite 84–85: Creative way/Shutterstock 742600885; Seite 110–111: images and videos/Shutterstock 1419312044; Seite 142–143: Kostikova Natalia/Shutterstock 573203359

★★★★★

Sind Sie mit diesem Titel zufrieden? Dann würden wir uns über Ihre Weiterempfehlung freuen. Erzählen Sie es im Freundeskreis, berichten Sie Ihrem Buchhändler oder bewerten Sie beim Onlinekauf. Und wenn Sie Kritik, Korrekturen oder Aktualisierungen haben, freuen wir uns über Ihre Nachricht an Christophorus Verlag, Postfach 40 02 09, D-80702 München oder per E-Mail an lektorat@verlagshaus.de.

Unser komplettes Programm finden Sie unter

www.christophorus-verlag.de

Herstellerverzeichnis:
Wir bedanken uns ganz herzlich bei den Firmen Lana Grossa www.lanagrossa.de und Schulana www.schulana.de für die großzügige Unterstützung mit Garnen, dem immer offenen Ohr bei Fragen zu Qualitäten und Farben und dem Fachsimpeln über zukünftige Projekte. Es hat wie immer großen Spaß mit euch gemacht.

Die Deutsche Nationalbibliothek verzeichnet diese Publikation in der Deutschen Nationalbibliografie; detaillierte bibliografische Daten sind im Internet über www.dnb.de abrufbar.

2. Auflage 2025

ISBN 978-3-8410-6755-5

Kreativ-Service

Sie haben Fragen zu den Büchern und Materialien? Wir beraten Sie gern rund um alle Kreativthemen. Rufen Sie uns einfach an! Wir interessieren uns auch für Ihre eigenen Ideen und Anregungen. Sie erreichen uns per E-Mail kreativ-service@c-verlag.de oder unter der Telefonnummer 0049-89-1306 99 577.

Besuchen Sie uns im Internet: www.christophorus-verlag.de & www.selbstgemacht.de

Ebenfalls erhältlich ...

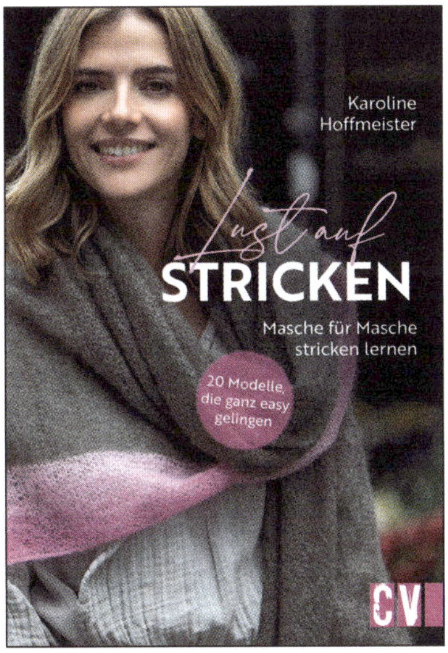

ISBN 978-3-8410-6742-5

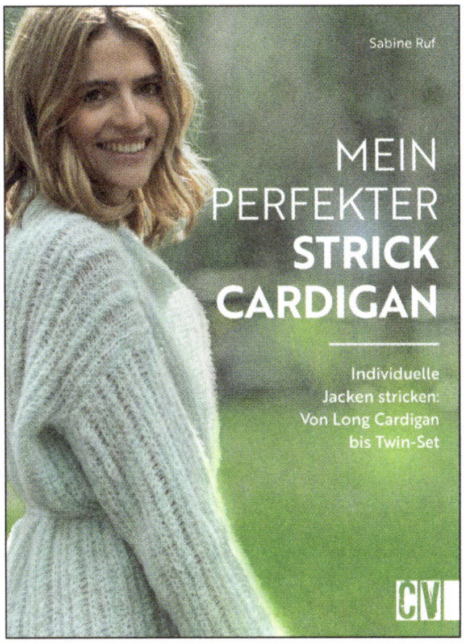

ISBN 978-3-8410-6737-1

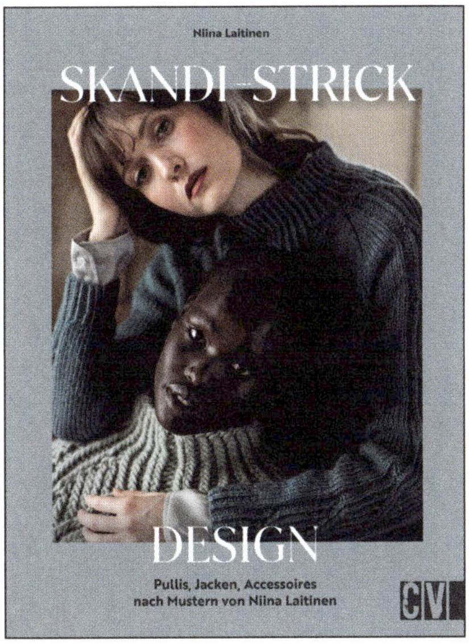

ISBN 978-3-8410-6752-4

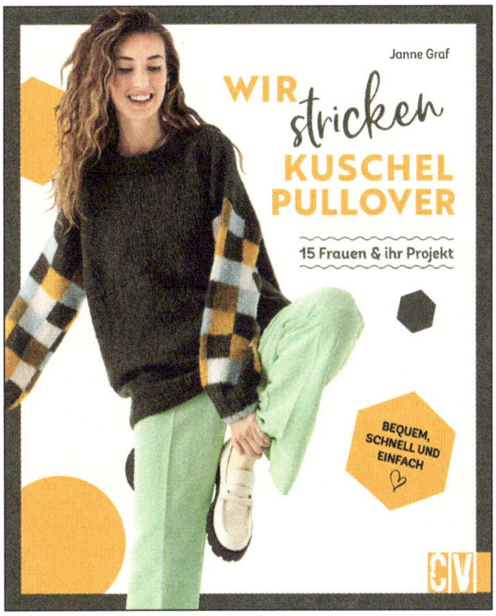

ISBN 978-3-8410-6726-5

CV

www.christophorus-verlag.de

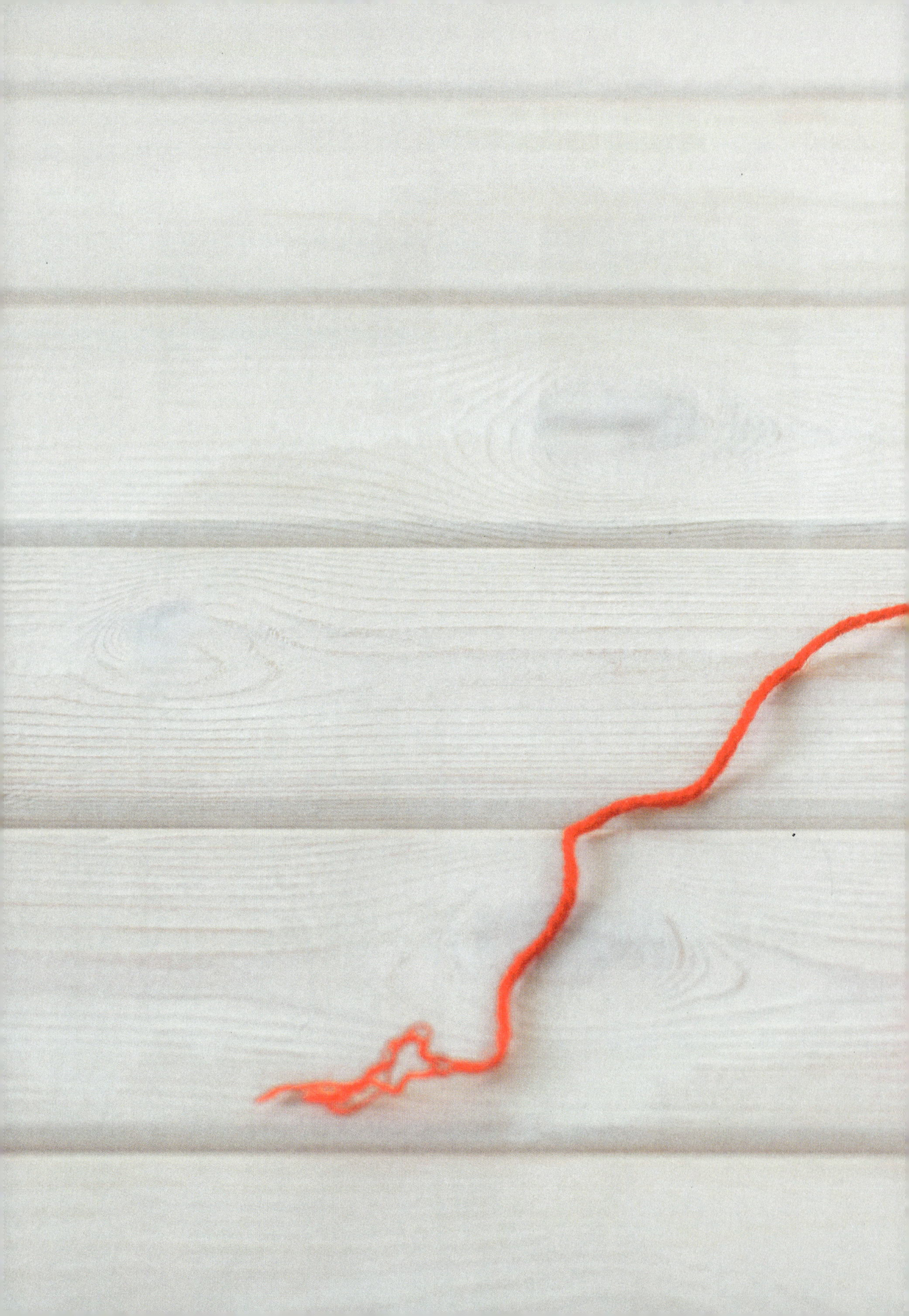